南京大学人文基金资助集刊
中文社会科学引文索引（CSSCI）来源集刊

# 民国研究
STUDIES ON REPUBLICAN CHINA

2014年秋季号　总第26辑

主　编/张宪文

社会科学文献出版社
SOCIAL SCIENCES ACADEMIC PRESS (CHINA)

# 《民国研究》编辑委员会名单

**中国内地**(以姓氏笔画为序)

马振犊　张宪文　张　磊　李文海

李　玉　汪朝光　陈红民　陈谦平

茅家琦　金普森　姜义华　徐思彦

崔之清　章开沅　谢俊美

**港台地区**(以姓氏笔画为序)

张玉法　梁元生

**国　　外**(以中文笔画为序)

久保亨〔日本〕

方德万(Han J. van de Ven)〔英国〕

罗梅君(M. Leutner)〔德国〕

柯伟林(W. C. Kirby)〔美国〕

高念甫(Andrei N. Karneer)〔俄国〕

萨马拉尼(Guido Samarani)〔意大利〕

裴京汉〔韩国〕

**主　　编**　张宪文

**副 主 编**　陈谦平　李　玉(常务)　徐思彦

# 目 录

**经济与社会**

论民国上海同业公会的"政治行为" ………………………… 樊卫国 / 1
关于近代中国农村信用合作社性质的再认识
　　——基于上海商业储蓄银行档案材料的讨论 … 王　昉　缪德刚 / 30
"道义—理性"背后的社会逻辑
　　——以20世纪初贾汪矿区冲突为中心 ………………… 张福运 / 45
抗战时期重庆的媒介生态研究
　　——以北碚《嘉陵江日报》为例 ………………………… 张　瑾 / 57
公园与民国北京市民的"新生活" ……………………………… 王建伟 / 74
1927~1932年间的陕西旱灾 ………………………… 张　玮　秦　斌 / 88

**民国人物**

读书人与"革命"的互动:北伐前后周作人对"革命"
　　态度的变迁 …………………………………………… 蔡炯昊 / 103
蔡元培国防经济思想探析 ……………………………………… 蔡志新 / 122
个体记忆与历史书写
　　——再论《陈洁如回忆录》 …………………………… 陈　雁 / 131

诗名还是宦名？
　　——从朱经农看民国知识分子的职业选择与人生
　　处境 ································· 徐保安　李　萌 / 148

## 民国政治

民初《五旗共和歌》的政治象征解读 ················· 赵飞飞 / 167
少年中国学会与1920年北京大学学生游日团 ··· 李永春　史　飞 / 176
易帜后的东北政制转型及其困境
　　——以东北政务委员会为中心的探究 ············· 佟德元 / 186

## 专论

宗族制度与国家控制
　　——以20世纪三四十年代江西万载县为个案的考察 ··· 杨吉安 / 201
南京国民政府家族制度立法探讨
　　——以《亲属法》《继承法》为中心 ················· 易　青 / 212

## 史料视窗

美国驻汉口总领事馆1934年5月政治报告 ··· 金　玉　以　清 译 / 226

## 学术综述

"民国时期的边疆与社会研究（1911～1949）"
　　学术研讨会综述 ···························· 吴会蓉　黄雪垠 / 235
2013年中华民国史研究综述 ························ 黄　鹏 / 243

稿　约 ································································· / 258

Studies on Republican China
Autumn 2014   No. 26

# Contents

**Economy and Society**

On the Political Behavior of the Shanghai Trade Association

    during the Republican China (1912 –1949)    *Fan Weiguo* / 1

A Reconsideration of the Character of Rural Credit Cooperatives

    in Modern China :Based on the Archival Materials of Shanghai

    Commercial & Saving Bank    *Wang Fang & Miao Degang* / 30

The Logic Behind the Debate of Morality and Reason:A Case Study

    of Conflict at the Jiawang Mine in the Early 20th Century

    *Zhang Fuyun* / 45

Research on the Media Ecosystem of Wartime Chongqing:A Case

    Study of Jialing River Daily in Beibei    *Zhang Jin* / 57

Parks and the Peking Civilians' "New Life"

    during the Republican China    *Wang Jianwei* / 74

The 1927 –1932 Drought in Shaanxi Province    *Zhang Wei & Qin Bin* / 88

**Figures in Republican China**

The Interaction between Intellectuals and"Revolution": A Focus on Zhou

    Zuoren during the "Northern Expedition" Period    *Cai Jionghao* / 103

Cai Yuanpei's National Defense Economic Thought     *Cai Zhixin* / 122

Personal Memory and Historical Writing: On the Memoir of
 Chen Jieru     *Chen Yan* / 131

Intellectual or Official?: Zhu Jingnong's Study of Career Selection and
 the Plight of Intellectuals in Republican China    *Xu Baoan & Li Meng* / 148

## Politics in Republican China

An Interpretation of the "Five-Flag Republican Anthem's"
 Political Symbolism during the Early Republican China    *Zhao Feifei* / 167

The Young China Association and the Peking University
 Student Mission to Japan in 1920    *Li Yongchun & Shi Fei* / 176

A Study of the Northeast Political Transition and Dilemma: A Focused
 Inquiry on the Northeast Administration Committee after the Changing
 of Flags    *Tong Deyuan* / 186

## Monograph

Clan System and State Control: A Case Study of Jiangxi's Wanzai
 County during the 1930s and 1940s    *Yang Ji'an* / 201

Discussion of Kinship Organization in the Civil Code of
 the Republic of China: Focusing on the Family Law and
 Inheritance Law    *Yi Qing* / 212

## Historical Materials

Translation of the May 1934 Political Report of the U. S. Chief
 Consul at Hankou    *Jin Yu & Yi Qing* / 226

## Academic Review

A Summary Account of Research on Frontier and Society during the

Republic of China (1911 −1949)　　*Wu Huirong & Huang Xueyin* / 235

Review of Mainland China's Research on the Republic of

China in 2013　　　　　　　　　　　　　　*Huang Peng* / 243

**Call for Papers**　　　　　　　　　　　　　　　　/ 258


（目录英文翻译:〔美〕何稼书）

【经济与社会】

# 论民国上海同业公会的"政治行为"

樊卫国[*]

**提　要**　对近代中国的同业公会,以往论著多以经济群体的角色来认定,关注它在行业治理、市场规范、交易秩序等方面的作用与影响。从另一方面而言,同业公会也是一个极重要的社会集团。民国时期,上海各类同业公会大都不同程度地参与或干预了许多国家层面及地方层面的政治事件和政治运动;运用其经济势力和社会影响,以合法路径,阐述政治立场,表达舆论取向,公陈群体诉求,维护和扩展相关权益,取得了相当大的"政治绩效"。作为最有"实力"的民间组织,凭借一定的地缘政治因素,上海同业公会侧身并活跃于民国"政治舞台",为世人瞩目,从某种意义上讲,已具有近代资产阶级"准政党"的属性和功能。

**关键词**　民国上海　同业公会　政治行为　压力集团

近代中国行业组织,就全国而言,无论是传统工商会所还是新式同业公会,其自主施展的政治行为十分有限。历次政治运动中,多数同业公会被动应变以图保全,其政治功能并不突出。相比各地情形,沪地工商资产阶级建言立论,抨击时政,不甚"安分"。在近代重大政治变革和政治事件中,上海同业公会[①],尤其是一些大行业的同业公会,或主动参与,或积极策应,或被动卷入,都有一定的"政治表现"。他们以沪地资产阶级中上层之立场表明其态度背向及政治主张。

---

[*] 上海社会科学院经济研究所研究员。
[①] 民国沪地行业组织多数称同业公会,本文同业公会泛指行业组织,包括一些行业公所及工商会馆。

有关民国上海同业公会的政治行为及政治化功能的论著并不多见,①相关论著大都以某一时段或某一类别的政治参与为畛域,进行史实论述,均有一定解释力;但立论略显单薄,缺乏将政治行为作为一种组织内生性功能的认知,对其政治行为的历史内蕴、行为特点及其政治生态等因素未展开多层次的剖析和阐释,尚有进一步探究的空间。本文从行为主体的视域,依凭有关档案资料,对民国上海同业公会等经济群体的政治行为做若干论析,以期深化研究。

## 一 民国沪地同业公会的若干政治行为②

民国年间,上海成为中国行业组织数量众多、形式繁杂、群体行为活跃的城市。③ 同业公会除了一般的同业市场规范和行业治理等经济功能外,也成为业主议政参政、发表政治主张、开展政治性施为的一个重要平台。

民国沪地同业公会的政治行为大概可以分为三类:其一为直接的政治行为,或曰政治活动,如直接参与、介入,甚至发动主导全国性或地方性重大政治事件、政治运动,表示态度背向,公陈政治主张;其二为与政府交往中,一些具有政治属性的言论、行为、举措等;其三为间接的政治行为,主要在于有关国家政府工商、金融、税收、财政等政策施行中,同业公会具有政治含义的请愿和诉求等。

### (一) 直接参与、介入重大政治事件和政治变革

清末,资产阶级作为新式社会精英,替代士绅步入社会舞台的中心。

---

① 专题研究近代上海同业公会政治行为的论著并不多,主要有彭南生《民国时期工商同业公会政治参与行为的实证分析——以民初上海工商同业公会为考察重点》(《近代史学刊》第1辑,2001),研究了民初沪地同业公会的社会化政治活动;魏文享《近代工商同业公会的政治参与(1927~1947)》(《开放时代》2004年第5期)和其专著《中间组织——近代工商同业公会研究(1918~1949)》(华中师范大学出版社,2007)第六章"社团政治",从宏观视角考察了国民党训政制度下同业公会与政府的合作及政治表达,其中涉及了上海同业公会的政治活动。
② 以修辞学辨析,"行为"与"活动"的意蕴有所不同,"行为"特指人有意识有目的的活动。政治行为,即社会主体行使政治权利、履行政治义务的有意识有目的的活动。政治活动一般都是人有意识有目的的行为,故在特定语境中两者意蕴相似,本文中两者间或可以替代。
③ 据初步统计,上海工商金融工商会馆、行业公所、同业公会等行业组织从清末民初的100余个发展至20世纪40年代末的300余个,几乎各业均有行业组织。另有总商会和市工业会等全市性工商组织,亦有各式马路商会等区域性工商组织。清季至民国末年,沪地各类经济群体展开着广泛的社会化活动,有些组织化活动具有全国性影响。

民国肇建，政治环境为之一变，工商业主社会地位提升，上海行业组织进入了社会化发展阶段，同时演化为民间资产阶级参与介入政治变革和参政议政的组织化工具。在辛亥革命、护国运动、五四运动、自治运动、五卅运动、北伐战争、抗日战争、国共和谈等历次重大社会政治变革中，上海同业公会都不同程度地介入，或深或浅地烙上他们的群体意志，成为不可或缺的重要社会力量。

武昌起义后，各地纷纷武装起义，宣布独立。大凡各地起义多为新军举义或官军反正，唯上海起义，主要力量源自沪地商团组织。清末，沪上商界人士鉴于国民躯体羸弱，纷起组织体育会和商团。各业商团又联合成商团公会，士商界之优秀青年踊跃加入，数量达千人以上。在各业行业会所的积极组建下，商团成长为上海民间一支准武装力量。1911年11月3日，上海起义，"商团公会急函通知各商团准备出防，各商团分头出动"。陈其美率队袭击制造局被执，各业商团集结于南市毛家弄商团公会会所。商团"人数虽众"，然"从未一临战阵"，但庭前团员群起鼓噪，大呼"若不发动，我等今日愿洒血阶前，誓不散归"。商团组成敢死队奋勇向前，终攻克顽敌固守之制造局。一亲历者曰，上海起义"能若是顺利者，实由于人心早已倾向革命故也"。① 上海乃工商社会，将民心转化为真实的革命力量，则是由各业行业公所组织商团民兵实现的。

上海光复后，许多行业组织纷纷募捐助饷，支持新政府，支援革命军。上海洋药公所专门拟就了代募同业捐助军饷启事，颇能反映当时工商界之政治眼光及其用事态度："窃自军兴以来，首重饷糈。各兵士摧锋陷阵，奔驰于严寒风雪之中，不惜牺牲其身命，无非为同胞谋幸福。光复以来，各业之乐输军饷者踵趾相接。吾业安居沪上，谁非国民之一份子乎？除函告军政府外，为此布告同业，慷慨乐输，多多益善，少亦无妨。"② 各业工商组织积极输捐助饷，急公好义，对新生之上海督军政府的巩固起了重要的经济支撑作用。据《北华捷报》报道，上海绅商和资产阶级向以孙中山为首的南京临时政府提供了约700万两的贷款。③

五四运动由北京爱国学生发起，上海工人阶级全力声援而席卷全国。以往论著多肯定上海工人阶级力挽狂澜的作用，对于上海工商实业界及其同业组织的作用不甚关注。实际上上海各业同业公会积极参与斗争，发表

---

① 上海社会科学院历史研究所编《辛亥革命在上海史料选辑》，上海人民出版社，1981，第149、150、151页。
② 上海社会科学院历史研究所编《辛亥革命在上海史料选辑》，第638页。
③ 参见《北华捷报》1912年7月13日，第109页；1913年3月1日，第650页。

宣言号令同业，组织罢市抵制日货等，同样具有重要的社会意义，有力地推动着运动向纵深发展。五四运动爆发之初，上海各工商团体决议"五九"停业，纪念国耻，声援北京学生。5月9日《申报》报道："振华堂洋货公所先期通告各同业，今日停市一天。南北市棉业联合会及糖、北货公会、五金九业公所等各大行商，亦皆通告同业，于国耻纪念日停业一天。又，油豆饼杂粮公会、麸皮公会、采菽堂贸易所、麻袋业、棉布等商业界，咸停止交易一天。"次日《申报》继续报道："其全体一例休业者，首推书业，次则药房、钟表、洋货、棉业等。国人恒称棋盘街为吾国文明发源地，洵非虚誉。该地一带，除各书店一律休业外，即仪器、文具各店莫不休业。"①

五四运动期间，在上海同业公会的组织下全市各业普遍展开抵制日货活动。他们声称："敝业亦国民一份子，各具天良，断不致见利忘义，不顾大局。事经公决，绝不食言。"②沪上各同业组织不仅积极参与五四运动，且不计利益得失组织同业展开与日经济绝交，其言行态度之激烈，与青年学生比较毫不逊色。各工商团体投入运动，因其经济地位因素，对于政府产生的实质性压力更大。正是由于同业公会的作用，上海民族资产阶级在1919年五四运动中得到了一次比较充分的政治动员，成为一支极重要的颇具革命性的力量。

1927年3月蒋介石抵沪，会见商界头面人物虞洽卿、陈光甫等人。虞氏等人组织起上海商界联合会支持蒋介石。该联合会团体成员除了上海总商会、闸北商会、南市商会外，主要为各大行业的同业公会，包括银行业同业公会、钱庄业同业公会、金业同业公会、华商纱厂联合会、面粉业同业公会、丝商同业公会、中华船商行会、上海纸业行会、上海航运联合会等。蒋氏表示同意在上海立即恢复和平秩序，并保证劳资关系不久将纳入正轨。③不久，银、钱两业公会分别借款予新政府，计300万元。④在这之前，银、钱两业公会婉拒军阀张宗昌的财政援助要求。此一拒一迎鲜明地反映了沪地金融业及实业界的政治态度。此后，1927~1935年间仅钱业就向政府认购债券、借垫及押款共计近3000万元。当然，1928年以后上海

---

① 参见《申报》1919年5月8日、9日、10日。
② 上海社会科学院历史研究所编《五四运动在上海史料选辑》，上海人民出版社，1961，第211页。
③ 参见〔美〕小科布尔《上海资本家与国民政府（1927~1937）》，杨希孟等译，中国社会科学出版社，1988，第33页。
④ 参加中国人民银行上海市分行编《上海钱庄史料》，上海人民出版社，1960，第206页。

商界及工商团体举贷于政府，多属强力压迫下之无奈。

九一八事变发生后不久，上海银、钱两业公会于9月21日致电国民政府，"今日再不努力图存，国将不国，遑论其他"。为此掬诚呼吁，两业公会提出三点建议：（1）兄弟阋墙，最为不幸，立即息争，以御外辱；（2）团结一致，捐弃前嫌，敌忾同仇，以纾国难；（3）通告全国，处以镇静，朝野一心，以挽危局，表示"两公会凛于国家兴亡，匹夫有责，用敢电请执政诸公当机立断，集合各地贤杰，聚义一堂，共挽狂澜，在此一举"。①银、钱两业公会义正词严，态度鲜明地呼吁国内各政治力量捐弃前嫌，同仇敌忾，共纾国难，请求政府"集合各地贤杰，聚议一堂，共挽狂澜"。这一全国合力团结抗战的政见，是在西安事变前五年提出的，其政治价值不言而喻。上海金融业两大同业公会的政治勇气和远见卓识不同凡响。

抗战胜利后，国共两党如何相处，是战是和，中国如何重建，成为国人十分关注的事情。在重庆政治协商会议即将召开之际，1946年1月14日，上海绸缎业、米业、制药业、呢绒业、苏浙皖棉纺业、纸业等同业公会100余人举行时局座谈会，联名发表宣言致电政协会议，在宣言上盖章的同业公会达200余家。联名宣言阐述工商界的政治主张：结束纷争局面，奠定和平建国之始基，期望早日举行国民大会，实行宪政和民主法治，还政于民；建立正常的经济金融秩序；反对东北特殊化，坚决维护中国的国土主权完整等。②沪上工商资产阶级以同业公会联合宣言的形式表达了他们对于时局的主张，不仅在有关税收、物价等方面陈述自己的看法，而且对民主宪政、社会民生、国家主权等方面也给出明确意见。其言其论可谓鲜明果决，充分阐述了民间资产阶级的立场。

### （二）二三十年代之交整顿工商团体时的朝野纷争

20年代末30年代初，国民政府以消除旧政府影响、强化国民党对人民团体的领导为由，对上海总商会和既有同业公会进行接收整顿。这次整合演化为上海同业公会等经济群体与上海党政当局的一次重要制度博弈。

大革命时期，商民运动跟随着工农运动渐起。1926年1月国民党二大通过《商民运动决议案》，对商民运动进行规范引导。该案体现了国民党推行商民运动纲领策略。《决议案》将商人分为不革命和可革命两类，认

---

① 《上海银行商业同业公会档案》，上海市档案馆藏，档案号：Q173-2-5。
② 参见《本市二百余工商团体发表对时局宣言》，《申报》1946年1月15日。转引自魏文享《中间组织——近代工商同业公会研究（1918~1949）》，第332~333页。

为买办商人、洋货商等大商人为不革命者，断定现有之商会为旧式商会，组织不良，被少数人操纵，受帝国主义和军阀之利用，是买办阶级之工具，要发动中小商民组织商民协会取代既有商会。国共分裂后，国民党改变了有关工农运动的政策，但商民运动策略没有大的变化。在上海市党部的组织策动下，沪上各类商民协会纷起，并成立了市级商民协会，由此否定总商会，也即意味着否定既有之各业同业公会。上海出现了两大商业团体体系——总商会及其各业同业公会与市商民协会及其各级商民协会的严重对立，彼此展开了组织合法性和商界领导权的争夺。1928年7月国民党中常委第157次会议改变了商民协会取代商会的策略，要求各地两者分立并存。1929年3月在国民党三大上，上海市党部负责人陈廉伯以统一商民运动为由，向会议提交《解散各地商会提案》，借此打压沪总商会这个能量巨大且难以控制的"体制外组织"。上海市商民协会更是赴京请愿，称上海总商会为反革命组织。4月南京政府派国民党中央宣传部部长叶楚伧来沪调查，在沪成立上海特别市商人团体整理委员会，接管上海各类市级工商组织，并对全市工商团体进行登记调查。

在此紧要时刻，上海银行公会、钱业公会、卷烟业同业公会、上海针织业公会、华商纱厂联合会、上海纸业公会、云锦公所、上海煤炭公会等数十工商团体联名致函总商会反对整理商会组织，历陈上海总商会资助国民政府、支持北伐的事实，严词驳斥商会不革命的诬陷。银行公会和钱业公会还发表宣言反对撤销商会，宣言历数总商会对于国民政府种种资助之情形，表达了上海金融、工商各主要同业公会对市党部一意孤行废除总商会的强烈愤懑之情。

因商民协会多由中下层商人组成，其涵括之社会经济实力远逊于总商会，在工商界不足以左右和号令资产阶级群体。在既有商会及同业公会的呼吁和反对下，国民政府权衡了利弊后，采取了取消商民协会保留商会建制的政策，但对商会进行整理重建。1930年6月21日商整会召开全市同业公会代表大会，宣布市商会成立。7月1日，市商会新选人员宣誓就职，商整会遵章即日撤销。新建的上海市商会与过去之总商会相比，已为国民党党政系统着力控制，听命于党国政府。① 尽管如此，市商会还是通过合法程序，由全市同业公会代表大会产生，为各业商界认可和拥护。不料，1931年12月18日，奉国民党中央党部命新筹组的上海特别市商人运动委

---

① 此时市商会的建制归属，在政治上属国民党上海市党部民众训练委员会领导，在行政上受上海市政府和市社会局领导，重大事宜由市政府核转中央有关部门备案或批复。

员会突然宣称掌管全市商运事宜,并派大批人员接收市商会。对于商运会接管市商会可能导致的市商会属性及行事制度等的变化,各业公会深为不满,立即做出反应,准备以同业公会联席会议的名义向政府提出抗议,施加压力。不料正在各业代表集会之际,突有市公安局武装警士多人莅场包围,强制干涉,据言,奉市商会指派逮捕开会者,并迫令不得私自集会。各公会代表皆手无寸铁,在胁迫之下,抗争无补,只得暂为屈服,设法迁地举行集会。①

事件发生后,各业代表"咸感极为愤慨",各业公会联席会议即发表"为市商会非法压迫事故敬告各界"书。《敬告书》质疑被接管的市商会的合法性,痛斥"此等蛮横践踏民主权利的市商会,绝不能代表商人的利益诉求",② 由此否决市商运会接管市商会的代表资格。这是一个以各业同业公会名义,沪上资产阶级激烈反抗国民党当局将经济群体任意"政府化"的事件。同业公会联席会议对于"如此不惜摧残我民主精神,剥夺我民权自由"的情形,表示了极大的愤慨。此后民间工商组织与商运会势力在报纸上展开了相互攻讦和论战。这一同业公会对抗伪市商会具政治色彩的事件,终由行政院致电上海有关团体不得强行接收(市商会),以免引发骚乱而趋于平息。上海民间资产阶级挫败了一次国民党市党部系统强力接管颠覆上海市商会的企图。

沪地工商界力图维护原来总商会自主性的价值传统和组织秩序,这种维护力量的社会基础来源于或曰根植于广大的行业组织——同业公会。

### (三) 权益诉求中的政治化博弈

近代中国资产阶级对于民主政治颇有希冀,无论辛亥革命、五四运动、国民革命等均站在进步势力一边。然新统治者初出于收拾人心之需做些惠民让利之举措,久之仍行专制独裁之道,令资产阶级归于失望。近代中国历届政府均为自利政府,不仅缺乏民主政权的人民性,并且也不对任何一个阶级、阶层负责。

在上海资产阶级资助下上台的国民政府,对资产阶级索取无度。1927年5月,南京政府采取强硬手段迫使上海商人、银行家等认购月息0.7%的3000万元的短期公债。江苏财政委员会遵令将这些公债以不同数目分配

---

① 《上海市各业公会代表联席会议为上海市商会非法压迫事故敬告各界》(1931年12月6日),上海市档案馆藏,档案号:S174-1-27。

② 《上海市各业公会代表联席会议为上海市商会非法压迫事故敬告各界》(1931年12月6日),上海市档案馆藏,档案号:S174-1-27。

给上海主要商业、银行和工业企业认购。① 1927年8月上海钱业公会接到总商会要求其再次筹款电函，于26日复电总商会。电文充斥着牢骚："我同业接续分担，搁此巨款，已决（觉）万分为难……复经敝董再四敦劝到会同业，乃谓商力之困穷如此，军需之紧要如彼，万不获已，亦只能按向来办法，照银行公会允介之数减认一半，但须声明，嗣后无论如何要需，应请邀免，俾同业免有颠沛之虞，而于市面金融亦极有关系，自不能不郑重申言之……其归还日期，终以逾早逾妙，俾同业或可稍纾喘息。"② 钱业公会的不满亦是上海多数工商业组织对国民政府的怨愤。

1928年6月20日，上海总商会、县商会、闸北商会及各工商团体联席会议，各业公会代表一百余人在总商会集议，公决组织商业请愿团，进京请愿。《请愿书》提出颁布约法、监督财政、永保安宁、裁减兵额、财政统一、整饬党籍、关税自主、免除杂税、劳资合作、恢复交通等十项请求，并称其中前三项为本，后七项为标。文称"前述十种请求，皆人民还受之痛苦，骨鲠在喉，不得不吐"。③ 在国民政府甫立之时，上海工商团体代表资产阶级向当局提出了他们的政治要求。

20世纪三四十年代，上海同业公会与当局的权益博弈主要体现在抨击和抵制不民主的行政举措、不顾民生的经济政策、政府自肥的工商财政法规等。

1930年代初叶，国民政府为了提升国内运输效率，施行铁路航运联运制度，但仅批准国营企业招商局承办，将广大民营航运业拒之门外。"竟专许国营之招商局独家承办，而不准船只吨位超过招商局数倍之全国民营航业一体参加。"水路运输量巨大，招商局运力有限，无法满足需求，民营企业却无缘联运。上海航业同业公会多次吁请，铁道部回文充斥拖延搪塞之辞。上海航业同业公会甚为不满，致电当局，以同业停业向政府施压。1933年11月，上海航业同业公会主委虞洽卿直接致电蒋介石，电文颇激烈："自政府将招商局收为国有，民众本深疑虑……初不料国营以后，惮于对外，竟先对内，挟政府之权势，压迫民航，不一而足。今变本加厉，竟将全国水路联运独揽专营，不许民营承办，是直为打倒民营矣。夫挟国家权力，打倒民航，何求不得。"④ 在上海航业同业公会多次上书及蒋

---

① 参见〔美〕小科布尔《上海资本家与国民政府（1927～1937）》，第36～40页。
② 《钱业公会档案》，上海市档案馆藏，档案号：S174-1-66。
③ 参见《商业请愿团请愿书》，《钱业公会档案》，上海市档案馆藏，档案号：S174-1-66。
④ 《虞洽卿上蒋委员长代电》，《上海市轮船商业同业公会档案》，上海市档案馆藏，档案号：S149-21。

介石批示下，铁道部"决定国营民营合作组织联合办事处，办理联运"。铁道部勉强同意向民营航运公司开放联运市场，但未真正实行。1936年交通部铁道部训令：查民营航业公司参加水路联运一案，自订定办法以来，为期已久，迄未实行。现经呈奉行政院令，准将民营航业公司参加水路联运办法暂时停止施行。① 有关当局又将民营航运公司关在联运门外。国家垄断，利益攸关，当局终不愿轻易放手。

政府对于企业的捐税课征和企业纳税的态度，不仅构成政府与企业间的税务关系，并且也涵盖着民间业主与执政当局间的某种政治契约关系。在政府与企业的税捐征纳关系中，存在着政府与民间业主间有关财政税政的制约与反制约的互动关系，其间充满着民间业主与政府间的利益博弈。在旧上海，国民政府的税收部门对企业课征税捐，存在着因人因势而异的不平等状况。首先对于洋商，直接税收根本征课不了。"这些洋商对于中国税收，除关税外，一概不理……他们也不理睬直接税局的税务人员，这是叫'硬逃税'。直接税局对这班洋商毫无办法……其次就是……这些形形色色的官僚资本厂、号，直接税局也征不了他们的税。所以当时税务人员中流行的一句话：'洋大人、二大人都惹不了。'……再其次，就是地头蛇所办的工商业，如黄金荣、杜月笙等帮会头子及其系统所办的公司、厂、号，这些人上通南京官府，下压中小工商业，兴风作浪，也是上海地区一股不可忽视的力量……直接税收每年庞大的税入预算任务除了洋大人、二大人、地头蛇外，完全落到民营工商业者身上，连夫妻老婆店在内的所有公司、厂、号全部负担繁重的税收，而直接税对这类工商业的手段也是最残酷的。税愈苛，而弊愈深，贪污受贿的现象在这类工商者征收时发生得最多。"② 1931年1月沪上部分同业公会代表集议税则问题，请求上海市政府允许各业代表参加起草营业税大纲，平等对待华界和租界的中外工商业，并成立各业公会税则研究会赴南京请愿。30年代前期工商各业不景气，而政府税收有增无减。抗战后，1948年3月，126个同业公会联名致函市政府，要求简化营业税稽征，按照原比率征收，认为如按查账征税容易导致腐败。1948年4月市商会提议的《上海市营业税简化稽征纲要》被市参议会通过。③ 面对税收中实际存在的"权势豁免"所导致的畸轻畸重倾向，广大个体业主依靠同业公会进行组织化抗争，许多同业公会便有了不

---

① 参见《上海市轮船商业同业公会档案》，上海市档案馆藏，档案号：S149-21。
② 郑君可：《解放前上海的税收制度》，上海市政协文史资料委员会编《上海文史资料存稿汇编》第4辑（经济金融），上海古籍出版社，2001，第168~169页。
③ 参见《上海工商社团志》，上海社会科学院出版社，2001，第334页。

厌其烦地减税免税的呈文请求。在与政府的税捐博弈中，庶族工商业者争取的不仅是经济利益，并且也蕴含着对平等权利的追求和对赋税不公的不满。

1948年，南京立法院提出"临时财产税条例"动议，"以同业公会为对象，则所征收者非豪门而为工商业"。沪上众多同业公会、商会、工业会对此进行抨击，毫不留情地提出了"权贵豪门"敛财聚富的问题，锋指当局。6月在市工业会筹备会召集的各工业同业公会代表谈话会上，"与会各代表继之热烈发言，会场情绪激昂，一致反对征收临时财产税，会议历时四小时，最后决议两项：（一）通过致立法院代电一通，由八十个工业同业公会会衔发出，请各立法委员权衡利害，否决征收临时财产税提案。（二）授权工业会筹备会，与市商会取得联系，随时接触，取一致步调，以商决次一行动步骤"。① 工商业同业公会对国民党政府不顾社会经济，漠视民生，竭泽而渔的做法进行了猛烈抨击和揭露，并力图以法律方式进行抗争。嗣后，有关临时财产税立法的进程并没有停止，9月立法院财政金融委员会推定五委员起草条文，随即进行审查讨论，公布施行。草案规定凡财产在20万元（金圆券）以上者均须开征财产税；原以50亿元法币为起征点，按300万：1折成金圆券为16.67万元，起征点提高了3.33万元。②

作为经济群体，同业公会与政府的大量互动源自经济利益，其中有些经济诉求溢出了经济畛域，涉及制度层面或采取了政治化的手段，演化为政治性博弈。

## 二　民国上海同业公会政治行为的基本特点

上海资产阶级无可争辩地发展为近代，尤其是民国年间，中国社会一支极重要的政治力量。同业公会作为上海工商界的上层组织，实际上成为工商业主议政参政的社会渠道和媒介。纵观民国30余年上海各业同业公会政治行为的变迁历程，似有若干特征可寻，下文对此略作归纳。

### （一）重大政治活动以同业公会群体联合，或以上海总商会为旗帜开展和进行

民国年间，在"二次革命"、五四运动、自治运动、五卅运动、北伐

---

① 《上海工商社团志》，第238页。
② 《临时财产税条例施行草案全文》，参见严谔声主编《工商法规·工商消息》第1年第32号，1948年9月22日，第1061~1062页。

战争、抗日战争、国共和谈等历次重大社会政治运动中，都有上海同业公会的身影；有些政治活动，同业公会发挥了极重要的作用。面对重大政治变革，同业公会往往采取集体式行动：或以几个重要的同业公会（如银行公会、钱业公会、航业公会、华商纱厂联合会等）领衔发动，其他同业公会附议的形式发表宣言及呈文当局；或由某一大同业公会率先行动阐述主张，其他同业公会追随着采取类似行动；或由一些同业公会自行组织成立某一联合性社团展开活动（如五四运动中的上海商业公团联合会、1930年11月组建的各业公会代表联席会议等）；或由国民经济部门如金融业、商业、工业、运输业等所属同业公会联合进行有关活动；等等。除了同业公会自发联合采取集体行动和相互声援外，以总商会、市商会的名义与当局交涉也是常见的形式，或一个、数个同业公会呈文总商会、市商会，要求转达他们的主张见解，或部分同业公会以提案的形式上呈总商会，然后总商会出面与政府或有关方面陈情交涉，或总商会根据形势变化决议组织号令全市工商业展开活动等。从某种意义上讲，上海总商会及市商会所做的决议及其采取的行动，实际上就是沪地同业公会之集合行为。1948年上海工业会成立后，市工业会亦成为工业同业公会与当局交涉的一个重要途径。

总（市）商会和市工业会能自觉地将工商业同业公会的诉求上呈，特别是将涉及全局性政治经济要求的表达视为自己应尽的责任和义务，故对于多数所属单位会员的要求能够敏捷回应，通过总（市）商会、市工业会决议的形式将其上升为全体工商界的意志，然后与当局博弈，或向社会阐述政治主张。

同业公会参与社会政治活动，与展开经济活动和请求政府提供行业政策优惠不同，较少以同业公会个体名义进行之，"群体联合"成为同业公会介入社会政治活动或重大制度变迁的一种常态。这种"群体联合"形式是在上海经济群体政治实践中逐渐形成的。

1919～1920年上海工商界要求选派华人代表进入工部局公董局董事会的斗争中，起先马路联合会展开反对工部局增加捐税运动，以对抗租界当局，后来总商会改变了缄默态度，表示支持反捐税运动，终使1920年4月，纳税外人会议通过了设立华人顾问委员会的议案。同年10月，集合工商界各派力量的公共租界纳税华人会成立，通过了《上海公共租界纳税华人会章程》。当时商界名人朱葆三说：如果你们，商人们，反对这些赋税，我想我们自然也应该采取同样的态度，既然我们都是商人，那么就应该采取联合行动。① 此后二三十年代上海纳税华人会在各业同业公会等经济群体的支持下,动员上海经济社会不断对租界当局施以压力,经过"群体联合"抗争,获得了华人参与租界董事会和增设华董、租界捐税协商等一系列群体博弈的成功。

近代沪地工商界自清末民初以降渐生长出一种"自主自律"的上海意识。1916年上海中国银行抗拒北京政府"停兑令",是沪上经济理性被社会认同,市场秩序被经济群体联合捍卫的一个标志性事件。② 因租界等一些异质化因素,这种市场社会发育中形成的"自主自律"的意识,源于沪地工商界"我们都是商人,我们应该联合行动"的群体共识。二三十年代,虽各帮各业间多有纷争龃龉,除了短时间的商民协会与总商会对立外,整体上沪地工商界没有出现大的公开分裂现象。之所以如此,一个重要因素是实业界在强大的外资工商业金融业竞争下,需要共同维持民族经济的发展;另一极重要因素便是在历届自利性政府威权压力下,他们需保持民间经济社会的一致性,以制约政府侵害。民国时期,资产阶级普遍存在着群体社会认同,这种相似的价值认知及社会态度,是同业公会间奥援,发动集体行动和社会运动的基础。从某种意义上讲,同业公会集合——上海总商会(1904~1929)具有地方资产阶级"联合阵线"的组织属性。

1930年后,国民政府对上海各类工商群体、行业组织"依法"进行改组整顿,各行各业大都组织起了同业公会。尽管国民党当局整顿商会、同业公会的目的是进一步强化政府对经济群体的控制和"领导",但毋庸置疑,30年代的改组和整顿提升了上海工商界的组织化水平。民国时期的上海,越是经济势力强大的行业组织,其政治参与度越高;政治活动越多,其社会影响也越大,越为人瞩目。许多新建之同业公会大多比较弱小,不免"人微言轻",他们往往追随大同业公会或"老牌"公会进行有关社会政治方面的活动;或争取与老牌同业公会发表联名宣言,以壮声势;他们希望通过大同业公会的声援扩大其影响力。而许多大同业公会对于中小同业公会追捧所产生的"社群领袖"效应甚为受用自得。更重要的是,在与政府的博弈中,同业公会间的声援联合,能使政府感受到巨大的社会压力

---

① 《北华捷报》1920年4月24日,第185页。转摘自〔法〕白吉尔《中国资产阶级的黄金时代》,张富强、许世芬译,上海人民出版社,1994,第237页。
② 时人赞曰:"中国银行宋汉章,不听袁令抗中央,力将钞票通常兑,博得人间信用彰。"叶仲钧:《上海鳞爪竹枝词·第134"各银行之钞票"》(1935),参见顾炳权编《上海洋场竹枝词》,上海书店出版社,1996,第293页。

和舆论压力,改变其强硬的态度。压力集团所涵盖的社会群体越多,聚集能量越大,博弈中也越易使政府让步。同业公会组织化的活动催发了资产阶级整体意识的觉醒。在30年代初商会与商民协会的争夺和关税改革中、40年代抗拒财产税限价令的博弈中,同业公会的群体联合及统一意志,确使政府改变了某些既定政策,颇具成效。

同业公会"群体联合"以应对时局变化并展开一定社会政治经济活动,构成了上海各业企业的一种外部社会环境和制度,企业个体的政治态度和诉求通过大范围的"集群"整合,而变得"强大",从而提升了资本家阶级的政治活动的"有效性"。以经济组织"集群"形式介入社会政治领域,可以说是近代上海乃至中国民间资产阶级展开政治实践的一种重要形态。

### (二) 合法化博弈,有限对抗政府

西方的民主制度构成了中国资产阶级参政议政的路径指引。近代上海资产阶级及其经济组织——各类同业公会、总商会(市商会)、市工业会等与政府博弈,大多发生于对政府财政制度、经济政策的不满和抗争。其主要形式为集众请愿、呈文陈情、集会宣言、全国通电、争取立法、游说最高当局,等等。仿照欧美国家的合法斗争形式,在认可政府威权和既有社会制度的前提下,同业公会以和平合法的途径获取政治、经济、社会利益,或以某种法律允许的不合作方式对抗当局,迫使政府改弦更张,在体制内获得新的政策配置,甚至制度安排。

1928年7月,上海总商会致电宋子文,对于新估税方法表示不满。电文直言道:只要商界认为是适当合理的,他们是会缴税的。但是如果不首先征询他们的意见,那么他们就拒绝缴纳,而这是他们认为唯一合理的程序,也是与国民党政府所标榜的民有、民治的原则相符合的。国民党政府如果不允许银行家、商人在财政政策上有点发言权,那就与先前的军事政权没有什么区别了,而这种军事统治是现今国民政府大加谴责并大肆宣称已经结束了的。[1]

宋子文在国民政府甫立之际,主张限制军费开支,以与资本家自愿合作的方式而不是凭借专制手段征税。在1928年8月的国民党中央执行委员会第五次全会上,宋氏提出了他的财政计划。以虞洽卿为首的上海资本家

---

[1] 美国国务院893/5614,《美国驻上海领事克宁翰致美国驻北京公使马克谟1928年8月11日》,转引自〔美〕小科布尔《上海资本家与国民政府(1927~1937)》,第63页。

代表团一百人赴南京游说疏通,支持宋子文。"这个代表团包括上海总商会、南市商会、闸北商会、上海银行公会和六十个上海行业公会的代表。"① 正是宋子文的温和主张,赢得了沪地资产阶级的好感。在1933年10月宋氏被迫辞职的时候,上海主要工商业团体致电南京政府表示反对。②

抗战后,1947年国民党准备召开国民大会,工商界人士甚为期待。上海市商会致电国民政府和立法院,认为职业团体(主要是各业公会)的国大代表和立法院分配名额应占区域选举的半数,并派常务理事骆清华赴京面陈,力图争取工商界国大代表和立法委员名额。不料经立法院审议,大会将职业团体代表名额定为450人,且指定包括72个妇女名额,比例大幅下降。7月14日市商会发表《争取职业团体商界立法委员及国大代表名额宣言》,提出商界反对的10个理由,并决定采取6项措施。8月23日市商会致函各省区商会,认为这种安排歧视商业团体,违反宪法第七条"中华民国人民无分阶级在法律上一律平等"的精神。此后国民政府即令立法院补救,市商会也做出让步,9月21日国务会议同意将商业团体代表名额增加68个。③

民国的政治环境使资产阶级具有社会主流的地位。资产阶级追求"政治利润",积极地参与国家政治和社会政治活动,其投入就期望博取"回报",但在以暴力权势为胜的环境中,民权宪政犹如虚空,大量的民间资产阶级作为"政治人"仍缺乏成就感和满足感。

多数资产阶级及市井之徒没有豪气干云的政治激情,他们与当局的博弈并不极端,只是希望做些通融,甚至交换。同业公会往往凭借其经济地位与政府周旋,绝少正面冲突,绵里藏针般地维护着自身利益。1948年"八一九"大限价颁定后,政府向工商业同业公会施加了巨大的压力,"沪社会局晓喻各业坚守八一九定价"。8月25日市社会局召集本市各业公会负责人前往谈话,"晓以应遵守政府命令,不得超过八一九价格,结果甚微良好"。④ 当局着力实施的"八一九"大限价,对于同业公会而言,不仅是个价格问题,并且更是个政治任务。这些同业公会对"八一九"限价表面顺从遵守,或提出原料问题,或提出捐税问题,或提出产地价格,或以

---

① 美国国务院893/10213,《美国驻上海领事克宁翰致美国驻北京公使马克谟1928年8月11日》,转引自〔美〕小科布尔《上海资本家与国民政府(1927~1937)》,第59~60页。
② 《时事新报》1933年10月28日,第1版,第2页。
③ 参见《上海工商社团志》,第329~330页。
④ "沪社会局晓喻各业坚守八一九定价,各公会指出该业困难情形",严谭声主编《工商法规》第1年第26号,1948年9月1日,第917页。

批发零售障眼混淆,将涨价责任暗中引向政府,而行实际否决之意。同业公会让社会局碰了个"软钉子",可见其绵里藏针之手腕。

近代上海同业公会与政府博弈主要为抗争政府的"不法"侵害,博弈抗争的激烈程度与资产阶级权益受损的程度呈正相关关第。对于政府以"合法"程序,利用"权能",施行严厉"统制"剥夺工商业主的情形,庶族资产阶级往往无可奈何,经过反复陈情仍不得其愿的情形屡见不鲜,只得"忍气吞声",腹谤而已。同业公会呈文及其与官府来往文书,讲究礼数客套,言辞谨慎,态度恭谦;公会决议属内部文件,大都语气直白,不加掩饰,更反映业主们的真实情感,对于政府法令常有"万难从命""誓不退让"等词句。会众集议之"民间私语"远比"正规文书"激烈。

至20世纪40年代后期,随着国民党政府对资产阶级竭泽而渔政策的施行,在金融管制、限价加税等方面,沪地工商界的不同政见和消极抵抗已清晰地显示出来。杜维屏、荣鸿元等工商大佬至亲的被捕,反映了当局对此难以容忍,两者矛盾呈表面化;同业公会与政府交涉的态度趋于强硬,但仍在"合法"博弈间,没有突破。

同业公会对于政府各项有关的政治举措、工商法规、财政政策、对外取向及同业公会法律地位等甚为敏感,时常为民请命,与当局展开"民主化"博弈,维护行业利益。他们多以请愿呈文、发表言论、游说立法、集会宣言等形式伸张意志,扩展影响,向政府施压。在与政府关系上,同业公会始终存在着博弈抗争和配合服从的两重路径。这两种相悖的立场取向往往交杂在一起,其转化演变,主要取决于政府态度。在同业公会与政府的关系中,掌握主动权,处于支配地位的是握有公权的执政者。相互博弈而彼此妥协,是同业公会与执政者关系的常态。这种妥协并非总是政府一方得势,同业公会有时也能占据上风,迫使当局让步,巧用"经济武器"是其"精明"之处。此外,善用社会舆论,把握事态顺势而为,动员社会支持力量等,也是同业公会与政府交涉获取成功的要诀。

### (三) 自由主义和国家主义的双重价值取向,存在着攀附官府之偏好

民国年间,上海近代化金融工商业日益崛起,这些新型行业业主和行业公会领导人不同于传统会所中人,他们不囿于旧式商人的窠臼,较多地放眼看世界,关注西方社会制度,吸收欧美政治经济思想。他们渴望能在中国形塑一个维护其"自由发展"的类似西方国家的制度环境。

民间资产阶级有潜在的"自由主义"政治倾向,他们不似自由主义知

识分子那般张扬标榜，实际上他们是自由主义的"社会基础"。他们希望在正常的市场状况下，政府尽量少干涉企业的经营行为，让其"自由自主"地生存发展；而在市场恶化时，政府能如西方国家一样对民族经济行业进行救赎。在20世纪30年代经济萧条时，上海工商团体呼吁政府进行经济统制，统购统销，以解市场不利之急。纱联会在纱贱花贵市况恶化时，不仅要求政府减免花纱捐税，且还通过决议希望政府仿日政府购丝、美政府购棉成例，购买市场上过剩棉纱，以纾商困。在危机中，工商业者将政府当作救赎者，尽管同业公会的许多求赎努力，往往什么也没有得到，但当国民政府将经济统制持久地全面地推向市场时，多数企业主和同业公会又深感厌恶。30年代同业公会"国家化"后，公会约束由自律渐转为他律。政府法规成为公会约束的"主体"构件。同业公会应对政府出现了新动向，捍卫"市场规则"及争取"经济自由"成为工商企业主的主要行为取向。

另外，数千年的专制社会，形铸了主权在官的权力观和官贵民贱的价值观。庶民交结官府便身价百倍。民间组织获得官方授权或认可，行事御众便名正言顺，理直气壮。晚清沪地不少工商会所由官绅发起，一些民间自发工商会所也以官府勒石宣告为荣。一旦同业组织中的人入仕为官，该组织便将其视为精神领袖。30年代，国民政府对同业公会的改制整合，虽不无冲突抵牾，但也未发生普遍抵制。在政府承认既有商会及同业组织合法性的条件下，多数工商会所奉命改制为同业公会。而同业公会的法人化及政府授权使它们获得了新的制度资源，得以进一步强化其社会地位。由原来的同业代理人转为官方委托者，面对同业，公会俨然政府代理人。

文化传统及王权主义的思想观念导致同业公会运作中普遍存在攀附当局的倾向，30年代后尤甚。

三四十年代一些行业组织化的一个潜在目的，即形成行业势力集团，以此攫取较多（与政府对话）的社会话语权。在强政府弱社会的政治格局中，大量权力资源控制于政府之手，民间组织若要获取或借用某种稀缺的权力资源，只有依靠政府授予或交结官员。社会组织多不可避免地存在着攀附政府的偏好，以提升其体制内的"身份地位"。同业公会结交官员、依傍官府有利于凭借官权治理同业，有利于在政府分配中谋取经济利益，甚至有利于在与邻近行业竞争时赢得优势。同业公会以1938年为界，行业治理由社会化治理渐转为行政式规制，其属性由企业间合约蜕化成企业群体与政府合约，目标由节约市场交易成本转向节约政府管理成本，由此企业活动不可避免地受到结构演化后形塑的环境制约。这些由官方因素渗透而提升行业公会功能和效用的现象与欧美等国颇不同，是中国经济社会的一大特征。

同业公会"国家化"，使之具有某种公权机构的性质。这些权力来自政府的授予，超越同业企业之上。于是原本由企业合约自下而上让渡某些权利的受委托人，发生了异化，同业公会自身有了自上而下赋予的一定的独特权力。同业公会的"半官方"权力之大小，负责人"品秩"之高下和它与当局的关系疏密直接相关。此外，同业公会与政府合约，获取某种"让渡公权"，可以谋取"超额经济利益"，如1947年黄金风潮中的上海金业公会；也可以谋取物外之"政治利润"，如某些与政府合作甚默契之同业公会负责人被当局委以官职。政府与同业公会确实存在着某种上下交利的关系。

在近代上海这个官商关系异常复杂的都市里，确有不少企业主及商人依靠与官方的特殊关系而崛起于市井，纵横于商界。这些人做了公会领导人后，更是热衷于与当局拉扯关系，博利自肥。许多实业界经营者和行业组织为了生存和发展，往往不得不对各级官员进行"感情投资"，以"润滑"各种权力关系。不循规矩，不择手段，牟取常人难得之利，成为"海派行为"的一大特色。

### （四）以经济利益为立场基点，施展政治行为；政治取向取决于公会主要领导者的态度，或多数会众的意志

同业公会作为经济群体，除了在巨大政治压力和民族道义约束下会舍财取义外，在一般社会政治活动中，其立场基点是行业及企业的根本利益。在国内政治变革社会运动中，不同的同业公会因经济利益不同而采取的态度也有差异；往往是大的方向一致而态度急缓不同，其决定因素是经济利益。1925年五卅惨案发生后，罢工浪潮掀起，纱联会6月3日、6月9日先后举行紧急会议。"本会中鉴于时局严重，推举聂君云台"等人协助外交当局"向领事及工部局参照穆君提出条件，据理力争。倘彼方推诚相与容纳条件，然后敦劝开市，较诸空言似易奏功"。[①] 在荣宗敬的建议下，会议议决：罢工风潮华厂不久可望开工，（罢工）委员会暂缓组织。纱联会在五卅运动中的态度，迫于社会舆论又顾及经济利益，对租界当局态度

---

① 《华商纱厂联合会会议事录（第六区机器棉纺织工业同业公会）——1924.4~1927.5》，上海市档案馆藏，档案号：S30-1-39。

较为温和。此与当时沪地其他同业公会的激进表现颇不同。

民国年间,国内曾举行过多次抵制日货运动,但成效很不理想,甚至出现了越抵制日货越畅销的现象。其中一个极重要因素是中国工商界对抵日运动的态度很不一样,"然因各方利害不同……华人图利,相互庇护也"。① 首先是工业企业及其同业公会与商业企业及其同业公会的态度不一样。商业同业公会中,经销日货的行业与不经销日货的行业态度也很不同。在工业行业中,有些使用日货原料的行业与不使用日货原料的行业也不同。其中最积极的行业是与日货竞争的民族工业及其同业公会,最反对的是经营日货的商业行业,而一般商业企业因抵日运动影响正常经营,采取消极的态度。在经济利益的驱动下,有些企业在抵日运动前,大量购置日货,以备不时之需;有的企业在抵日运动中,暗中以低价购进日货,以图事后牟取暴利。在20世纪30年代收缴日货行动中,一些经营日货的商业企业及其同业公会往往阳奉阴违地与抵日群众周旋,或将日货假冒国货,维护其经济利益,其中洋布商业尤甚。"历来抵制之总无效果,就匹头之经过言,情况至为复杂。沪上之匹头商,果罪无可恕,各方面之环境,实亦有促成之也。"② 在1931年的抵制日货运动高潮中,洋布公会与市抗日救国会特别检查队发生激烈冲突,公会主委及其保镖"甚至突出手枪示威"。③ 在抵制日货等社会政治活动中,工商企业及其同业公会,为了应付舆论或出于民族正义,能做出一定的牺牲,但这只能是其利益的"小部分",若要涉及其利益的"大部分",则会发生改变。实力不济、摇摆不定的资产阶级,自由主义和实用主义是他们常抱持的价值取向。一些同业公会的政治行为具有机会主义色彩,随风而变,有时其动作像"手术刀"一样精确。这是企业及其同业公会的一种"经济本能",如同在抵制日货运动中日货低价时,许多普通市民悄悄囤购一般。切实的经济利益在一定条件下很容易覆盖了虚空的政治姿态,贫穷的近代中国社会尤其如此。这似乎有点不堪,却是历史真实。经济地位决定政治态度,经典作家斯言,不谬也。企业是谋利单位,企业合约之同业公会不可能不是行业自利组织。

同业公会在政治运动、社会活动中的立场、态度,一般情况下取决于公会领导人或主要大同业的意志。民国年间,上海各业同业公会应对政治

---

① 《日本对华纱布贸易之前途》,银行公会编《银行周报》第304号,1935年4月。
② 中国社会科学院经济研究所主编《上海市棉布商业》,中华书局,1979,第171~172页。
③ 中国社会科学院经济研究所主编《上海市棉布商业》,第177页。

变局或社会风潮，往往由公会会长主持下的董事会（改制后的执委会）公议决策，很少像应对市场危机和突发行业事件那样召开会员大会或临时会员大会。从不多见的民国沪上同业公会的会议记录看，有关抵货运动、五四运动、北伐战争、抗日救国、国共和谈的宣言、言论、集会、捐助（数量不太大的捐助）等大都经公会董事会议决便通告同业，或代表同业付诸施行。董事会（执委会）成员和会长一般均是行业的大同业业主和行业领袖人物，他们左右和决定了行业的政治取向。在社会政治活动中的"进退左右"，不似经济利益么关乎企业的即时得失，多数同业，尤其是行业中的一般中小同业并不十分介意。一方面他们因知名度较低，对社会政治不如大同业那么感兴趣，另一方面因行业关系，他们所持的立场观点不会与大同业存在很大的差异，所以一般会员能够随服从公会董事会决议，成为大同业的追随者。即使召开会员大会，由于同业公会会员分配制度上的资本化倾向，即会员分配多寡按资本大小和生产规模分为不同数量等级，大同业可以派出较多的代表与会，从而在票决中获得优势，伸张自己的意志。但是，当公会内部上层与会众发生重大意见分歧时，公会上层迫于会众压力也会改变态度（不然公会可能面临解体的风险），由此公会多数会员的价值取向左右了公会的政治态度。

与民初比较，国民政府时期，随着政府对"人民团体"控制的强化，经济群体的政治功用和社会号召力有所减弱，独立的社会政治活动归于沉寂，上海同业公会追求政治利益、政治地位的欲望被抑制。

## 三　近代上海地缘政治因素与同业公会的政治禀赋

比之同时期北京、天津、广州、南京、汉口等城市相对沉寂的工商群体，沪地同业公会的政治行为和运作气象颇具鹤立鸡群之状。上海同业公会非同寻常的政治表现欲与政治能量的"自然事实"，与民国时期中国的政治形态有关，更是直接滋生于近代上海特殊的地缘政治因素及其生态环境。

### （一）近代上海地缘政治因素及政治生态

按照地缘政治学解释，所谓地缘政治因素是制约影响国际政治现象的各种地理要素和人文要素，包括疆域、气候、地理位置、人口分布、文化属性、经济活动等。地缘政治学即为通过综合这些因素作用，分析解释世界范围内的战略态势和国家决策的理论。本文移用地缘政治学概念来阐释近代上海的地缘政治生态及同业公会的政治行为。

择其大端论之，近代上海的地缘政治因素如次：（1）全国综合性经济中心，近代工商、金融、外贸、埠际贸易占全国一半，大半为私人资本；（2）全国最大的商埠口岸和移民城市，五方杂处，人口数百万；（3）全国新文化中心，教育重镇，大中小学校众多，私立学校比例很大，[①] 市民法律权利意识较强；（4）新闻媒体众多，近代报刊丛集，广播电台等亦很发达，多民间商办；（5）上海有全国最大的租界，列强势力强大，中国政府鞭长莫及，形成特殊的政治空间。

上海这些地缘政治因素衍生出独特的政治形态。其一，上海是开放度很高的国际化城市，具有特殊地位和相对自由宽松的政治氛围，为国内外瞩目。其二，上海民间经济社会崛起，清末即形成与北京政治中心不同之"社会中心点"。沪上资产阶级、新式知识分子集中度高，人群规模大，具有相当大的经济实力、社会声望和文化影响力。其三，上海作为全国最大都市，政治地位特殊，各届政府均欲着力控制，但因其特殊性，政府行为比较收敛，而租界制度客观上限制了中国政府或军阀的肆意妄为。其四，上海民间媒体业十分发达，具有极为强大的舆论传播力，言论自由度高，成为全国舆论中心，客观上造就了外在于政府行政系统的民意压力体系。[②] 其五，租界当局因制度和管理形态的原因，社会控制力相对薄弱，黑道力量强大；上海帮会等社会势力坐大成势，民间资本与帮会势力彼此渗透，相互利用，颇具呼风唤雨之能力。

近代上海地缘政治因素促成或曰有利于近代市民社会的崛起，并形塑了人们的行为方式和生活态度。近代上海地缘政治因素中最重要的因素是经济因素。近代上海的工商、金融、贸易规模占比为全国一半左右，经济发展首位度极高，且在经济结构中，私人投资占绝对多数。城市经济发展导致民间经济力量生长，从而改变了社会与国家的力量对比。近代上海某些先赋性的地缘政治因素（口岸、租界等），为早期上海市场发育和资产阶级崛起提供了宽松的政治环境和适宜的社会条件，造就了近代上海局部市场经济形态，而沪地资产阶级依仗着沪地经济社会的崛起，步入并活跃

---

① 根据《民国二十五年上海市年鉴》（上册）数据计算，1934年上海私立学校中初等学校635所，占总数895所的70.9%；中等学校121所，占总数138所的87.7%；高等学校22所，占总数32所的68.8%。

② 1922年《申报》发行量已达5万份。1926年《申报》网罗人才，改进业务，设立分馆，扩大信息来源和广告范围，并购进新式印刷机，销量大增，到1926年，日出报14万多份，1928年增至16万份，与另一家《新闻报》一起，成为全国发行量最大的两家报纸。九一八事变后，《申报》抨击政府的不抵抗政策，受到当局压制。1934年《申报》业主史量才被暗杀。

于政治舞台，反过来强化了上海的地缘政治形态。市场经济的发展，使人们更注重个体自由、政治平等和市（公）民权利，人们的政治观念、价值取向等思想意识发生变化，从而产生新的民主化诉求。"盖自甲午以迄庚辛之交，全国蒙昧，虽不异畴昔，而上海一隅，则与外人接触较繁，感受国际间之激刺亦较早，故能悉易其顽劣之头脑，以跻于世界文明之域。"①

### （二）沪地同业公会的政治禀赋

近代上海的地缘政治因素及其政治生态，历史性地形塑了沪地同业公会独特的性格禀赋。

其一，涵括的经济体量巨大，具有强大的经济实力。上海近代工商业、进出口贸易、金融业的产值均占全国总量的一半以上，而且越是先进的产业，上海占比越高。许多沪地同业公会会员企业在数量、产值、资本额上都占全国半壁江山。据1933年有关统计，上海银行同业公会会员银行资产总值达33亿元，占全国银行资产总值的89.9%。②沪地还有如华商纱厂联合会似的全国性行业组织，领导全国同业。

其二，凭借租界环境具有相对独立性。上海成为社会中心点，时人分析道，"其最大原因，足以确立社会中心点之基础，与政治中心点北京有并峙之资格者，则实以租界为国内政令不及之故"，③上海民间社会对于上海的特殊性已有认知。"社会势力仍不若政治威权之无上，然以三数人鼓吹于一隅，政府纵能以政治为野蛮之干涉，政府卒不能禁被干涉者之屡仆屡起，宁非上海为凭籍之故哉！"④民国年间，不少沪地经济群体、工商金融人士与政府的对抗性纷争，如民初陈其美拘捕宋汉章案、民国5年中国银行上海分行抗停兑令事件、⑤1932年三友实业社劳资纠纷案，其冲突双方的博弈行为、事态结局等莫不与租界制度相关。⑥租界的独立空间成为

---

① 姚公鹤：《上海闲话》，上海古籍出版社，1989，第129页。
② 张仲礼主编《近代上海城市研究（1840~1949）》，上海人民出版社，1990，第63页。
③ 姚公鹤：《上海闲话》，第150页。
④ 姚公鹤：《上海闲话》，第50~51页。
⑤ 上海主要金融机构（中外银行和保险公司）大部分在公共租界，尤以外滩及邻近的圆明园路、四川路等居多。参见《上海公共租界工部局地价表》，上海市档案馆藏，档案号：U1-1-1044。
⑥ 租界巡捕章程规定："或奉法租界官员之命，或奉会审衙门之命，或奉其他华官之命，而无合例之牌票，或不协同巡捕拘人者，皆为违章拘人。一经查出，巡捕立即将违章之员役，拘获请惩。"《公共租界巡捕房职务章程》，《曾订上海指南》，商务印书馆，1930。参见熊月之主编《稀见上海史志资料丛书》第5册，上海书店出版社，2012，第53页。

工商群体敢于抗争的一个重要"掩体"。

其三，沪地商办媒介众多，具有充分的意志表达渠道。上海商办报纸杂志、广播电台众多，成为体现民间诉求和话语的平台，如史量才之《申报》"将天下可传之事，通播于天下"；刊发消息非来自官方，而是通过自己的信息渠道获致，以公正客观的观点报道新闻，发表评论，敢于放言批评政府。凭借这些以"新闻自由"标榜的大众媒体，上海同业公会可以直抒胸臆，获得了一个宣导自己意志的"公共领域"，不仅成为沪地资产阶级之集团力量，并且也成为全国工商界之代言人（外地同业公会上书政府常请上海同业公会领衔）。

其四，注重秩序甚于制度变革，热衷于关系运作，以钱权交易等赎买方式谋取政治权益。上海同业公会切入政治的主要目的是以特殊关系和路径获取政治资本及合法的"政治化利润"，而非空泛的政治声誉。政治抗争的主要方式是非暴力不合作，同业公会的政治底线是自身经济利益，非一般的政治权利（前文已论述，不赘）。

其五，成为令人关注的第三方力量。在近代中国的政治形态中，作为近代中国资产阶级的组织化代表，上海同业公会具有非凡的政治、经济影响力，各派政治力量常以上海银钱业公会等经济群体为争夺之重要民间力量和第三方社会力量。朝野各派系和社会势力均十分看重上海主要同业公会的社会影响，在纷争角逐中，将其当作一个重要的政治砝码。在近代各派政治力量角逐纷争中，特别在政治变局之际，各派力量势均力敌之时，上海银行公会等重要经济团体往往变为各方关注和拉拢的一支重要"中间"力量。1927年初，国民革命军兵锋临近上海时，军阀孙传芳、张宗昌和国民党政治会议上海分会等先后或训令，或致函，或电告上海银行公会，威逼或冀望其支持自己一方。① 在社会政治活动中，社会各派更是十分注重联合上海银行公会、钱业公会、华商纱厂联合会等经济组织。1919年五四运动发生的次日，上海南北商店相率罢市，学生联合会打电话给纱联会，请求声援。纱联会主持会务之副会长聂云台当日下午召集董事会紧急会议，决定各厂批发所停止营业声援学生，并急电北京政府，请释放逮捕学生，② 对爱国学生运动予以积极有力的支持。

---

① 可参阅上海市档案馆藏这一时期上海银行公会的来往文书、电文档案，档案号：S173-1。
② 《华商纱厂联合会·会务日志·民国八年五月五日》，上海市档案馆藏，档案号：S30-6。

### （三）不同管理制度下同业公会的政治地位

北洋政府和南京政府对于行业组织分别实行社会法团主义和国家法团主义的不同管理模式。不同的管理体制下，同业公会的政治地位很不一样。

民初至 1920 年代末，在北洋政府社会法团主义管理体制下，无论是自发成立的同业会所，还是奉令组织的同业公会，都依法行使着行业组织治理行业的专业化功能，维持着市场运作和日常交易秩序，协调着企业、行业、政府等多角关系，具有很高自主自律的社会效率。

南京政府 1929 年颁布《同业公会法》，1938 年颁布《工业同业公会法》《商业同业公会法》《输出业同业公会法》及其施行细则，将原本对于同业公会社会化活动的宽松化管理转向不断严密的规制化管理。借着抗战爆发，政府全面强化了对于同业公会的控制。政府对于同业公会的日常职能、行业业务、公会财产、违规处罚、会员争执等方面皆有督察和处置权，将行政干预深入至公会内部事务和具体活动，对公会运作的活动方向和活动方式做了许多限制性规定。

从史料看，南京政府时期上海同业公会的自治程度显然不及北京政府时期。南京政府强大的政党体制是个极重要的变量。政党政治是近代政治的一种形式。一个执政党如果没有相应在野党和民间力量的制约，那么就会将这种权力濡染至经济、社会、文化领域，甚至意识形态，形成泛政治化的党国体制。在党国体制下，执政之国民党竭力建立一种排他性的世俗权威，任何党外势力都将受到无情的压制。

"国家化"管理体制下，在经济群体的利益表达机制方面，国民党政府并没有专门的组织机构和制度安排，有关表达的渠道、内容、方式等方面的制度细则均付之阙如，从而形成了表达渠道、表达内容、表达形式多样化的自由状况。① 这种体制外的表达机制需要转换为体制内的压力才有效，其成本高而绩效差，② 往往是通过营造强大的社会舆论来迫使当局有所改变。社会舆论压力大小与诉求效果成正比。

从行为特征看，北京政府时期，上海同业公会主动性政治行为较多，

---

① 参见张志东《商会的组织结构及其与政府的关系》，朱英、郑成林主编《商会与近代中国》，华中师范大学出版社，2005，第 216~221 页。
② 民国年间沪地同业公会的利益表达形式，主要为呈文社会局等政府主管机关，或公开刊发言论，或集会宣告，或组织代表团上访，或游说高官，或进行司法诉讼，甚至群体暴力对抗。除呈文和发布言论外，其他表达方式的成本均很高。

南京政府时期，同业公会的政治行为多属被动性质。如战后劫余纱布案和临时财产税案等，虽博弈激烈，但皆是政府高压下的无奈之举。

国民政府执政后，沪地各业同业公会接受国民党的统治，屈服于当政者的威权；同时对于当局一些违背、损害资产阶级政治经济权益的行政施为，展开了抗争和博弈。

民国年间，常有同业公会与当局的合法博弈，最后以同业公会的失败或无果而告终。在权力分布严重不均衡的政治格局中，近代中国同业公会等经济群体的存在及积极运作，对于官民关系、朝野关系的制衡作用极其有限，在多数情况下微不足道。但这一制衡仍具重大政治意义，因为它昭示着理性民权和公民精神的萌动生长。

## 四 结语：泛政治功能——考察民国上海同业公会的另一种视域

上海区域性市场经济兴起后，社会分化中各类利益群体必然会产生冲突。这些冲突仅靠市场机制难以解决，需要辅以其他路径或某种超经济的方式解决，"政治"是极重要的路径和方式。行业组织作为企业主和经营者的群体，其组织功能和目标指向除了"经济"外，不可避免地要介入政治"空间"，表达政治诉求，施展政治协调，采取政治行动。在世态纷繁的民国时期，作为全国经济群体翘楚的上海同业公会，不仅具有维系市场秩序、进行专业治理等经济功用，并且凭借着上海地缘政治环境，客观上亦有相当的政治作为，产生了广泛的政治影响。近代上海同业公会凸现的政治行为，正是沪地资产阶级政治性需求扩张的表现。从"泛政治功能"的视域考察、阐释民国上海同业公会"政治行为"在民国既定政治格局中的行为性质及"功能绩效"，有助于我们深化近代中国同业公会研究，认知其多元化的社会作用和历史意蕴。

### （一）沪地"准市民社会"的主导力量——替代传统绅士领袖群伦的功能，对于社会政治具有一定的主导功用

近代上海区域性市场经济是开埠后自然演化而来，民间自发的经济制度是市场制度的主干。同业公会是民间经济制度的制定者、执行者，专业市场秩序的维护者、治理者，在许多政府势力不及的市场领域和社会空间具有自发的社会化权威，是上海市场社会的结构性因素，具有无可比拟的社会影响力和控制力。与现代中国行业协会缘起不同，近代商会、同业公

会等经济组织所占据的市场社会领域不是由国家主动地让渡而来，而是原来的传统民间领域和市场领域。一部分重要的同业公会，如钱业公会、银行公会、轮船公会、纱联会等客观上已形成了市民社会领袖群伦的地位，政府要管理经济和治理社会离不开同业公会的协助；没有了同业公会合作，上海的经济管理、市场运作及社会治理是难以想象的。同业公会的历史地位和现实功用决定了它的政治地位和政治话语权，尤其对于上海地方政治，经济群体拥有"天然话语权"，任何政治力量和外来势力难以剥夺，亦不可小觑。

科斯认为，企业通过企业家支配资源的方式，节省了市场价格机制所必需的运作成本。如若以此做理论延伸，企业通过同业公会这一"合约"形式进一步节省企业外部价格机制的运行成本。业主、经营者在社会政治领域对行业组织具有很高的依赖度，他们若有政治选择、政治诉求和政治意见往往首先想到的是行业组织，上书组织，通过行业组织交涉于政府，施为于社会。比之一般资产阶级社团、政团，行业组织成为资本家阶级，尤其是中小资本家阶级（市场占有率小、市场协调能力弱的企业对于同业合约的偏好胜于大企业）直接主张其政治权利、公陈其政治意愿、表达其政治态度的组织资源。民初，穆藕初等放言商人应突破"在商言商"之传统，体现了新兴资产阶级主体意识的自觉，而此时正是行业组织社会化发展时期。

西方市民社会的形成，首先表现为同业公会势力的崛起，15世纪的西欧自治城市中同业公会是最重要的自治团体，并制定了相关的法律和自治章程。近代上海的同业公会也有类似的自治诉求，通过有效的传媒平台和组织运作，左右社会选择，主导公共事务，伸展话语权。

20世纪20年代中期工农运动高涨，国民党主导的北伐军打到了长江流域。上海各社会团体再次显示了其社会政治整合的蓬勃热情。上海自治运动的主要团体"三省联合会"，在1926年12月成立的市民公会大会上，提出了组织大纲，其主要内容为由职业团体和地方团体联合选举的代表组成临时市议会，由临时市议会推选行政委员，行政委员职务之分工由临时市议会定之。[①] 职业团体和地方团体的主干即为沪地各同业公会。与20年代初自治运动中总商会和银行公会受追捧不同，在北伐军到沪前夕的上海社会政治变革中，中间阶级及其团体的作用更显著，反映出这些团体对新秩序的期望。

---

① 参见〔韩〕李丙仁《北伐与上海社会》，《档案与史学》1997年第5期。

上海金融业、制造业、航运业等同业公会和总商会等重要的经济组织，成为民间上层社会代言人；而构成了他们不可忽视的政治地位的基础，在于其掌控的丰富经济资源和由此生发的重大社会影响力。

### （二）政府系统外有组织的压力集团，最具力量的社会组织，有效地刷新了社会政治结构

传统社会，除了行政组织和少数书院，几乎没有社会化的组织，旧式会馆公所由于其封闭性，也非真正的社会群体。封建社会官民关系表现为组织化官吏与个体化草民的对应关系。近代社会，社会群体兴起，过去的那种官民关系结构发生了变化，与组织化官吏对应的不仅是分散的民众，并且也有组织化的民众。资本家、企业主很重视作为社会集合主体"公会"的概念认知。这一概念指向对社会政治、市场关系及压力集团的效能极为重要。

同业公会作为新型的社会化民间组织，一种"非政府组织"，它的存在一定程度上改变了官民直接冲突的格局，成为民间社会与政府博弈的一种新形式。虽然近代中国社会组织的发展规模、社会能量、政治经验尚处于较低水准，远不足以撼动僵硬的官民二元化等级结构，但上海众多同业公会兴起及其运作，客观上发挥了不少具有社会公共性的作用，确实给政府与民间社会，尤其是民间上层的互动博弈带来了若干新气象。

上海资本家、经营者与政府频繁的关系互动中，作为资本家丛集的同业公会无疑是最主要的组织化工具和运作平台，受到朝野双方的广泛关注。政府希望同业公会协助当局管控经济社会，而民间业主则希望同业公会为民请命维护权益，无论怎样，同业公会都不可规避地扮演着极重要的角色。值得注意的是，同业公会不仅具有强大的经济资源，也掌握着相当多的社会资源。近代上海多劳动密集型产业，同业公会时常会以从业人员众多，影响社会治安等的说辞，向政府施压。[①] 作为重要的社会势力，近代沪地同业公会与政府关系颇为复杂。一方面，同业公会被政府赋予某种治理经济社会、协调社会政治的职权，有时同业公会成为某些政治派别（宋子文）的支持力量；另一方面，同业公会成为民间民主力量的主要代

---

① 1927年10月财政部派员在沪设立"江浙箔类特税征收局"，将锡箔业税收提升至值百抽二十五。上海箔业公会强烈反对，向财政部呈请降税，说如此征税锡箔业不堪重负，导致数十万工人"谋生无路，铤而走险"，"对社会治安影响极大"，以此向政府示威。1928年初政府将锡箔税降为12.5%。参见沈彬《锡箔：一场淘汰"夕阳产业"的拉锯战》，《东方早报》2013年5月21日，"上海经济评论"（专栏）。

表，与政府专制行为进行有限的斗争（合法博弈），在一定条件下成为政府的制约力量和异己力量。（近人）阮静如《同业公会之新使命》云，"同业公会集一业之大成，与商会之兼容并包者又有区别，故同业公会对于各业之关系尤切。假使同业公会之组织完备，则商人自卫力量即无形增大，遇有问题发生，立即可以解决。而政府之行政亦必倏然改观，不再如前此之颠顸与专断……若同业公会能努力奋斗，则此种团体所产生之力量，盖未可轻视也"。① 业主们力图以私权组织化的形式对抗公权力，其实质是一种具有现代意义的"社会运动"，② 体现了资产阶级的某种政治智慧。数量众多、生性活跃，富具政治偏好的同业公会本身亦成为近代上海一种地缘政治因素，成为个体企业及其业主进行维权等微观政治活动的有利条件。

### （三）近代沪地同业公会，某种意义上说具有"准"资产阶级政党之属性

如果说近代下层民众的政治觉悟主要源自革命政党的宣传和灌输，那么资产阶级及资本家阶级的政治意识则是发自自我的真实诉求，是在经济实力强大后，顺理成章的政治诉求。同业公会等经济群体不是资产阶级政党，其各项组织活动非刻意的政治行为，唯此更反映出蕴含其间的社会化阶级属性。

近代中国多数资本家不愿卷入残酷的党争而超越党派之外。真正的"资本家组织"，只有各业同业公会及其总商会等经济团体。民国上海同业公会的会章没有张扬的政治纲领和理论方针，在格式化表述中有接受政府及其执政党——国民党的领导的条款，但其经济目标和社会态度是明确的——维护同业之利益和福祉。这些主旨要求其实即蕴含着一定的政治主张。

上文论及近代沪地同业公会政治禀赋的第四点，即其注重秩序甚于制度革命。为何如此？笔者以为原因有二：其一，资产阶级力量弱小，不足以主导重大的政治变革；其二，发展不够成熟，尚未到有强烈政治诉求的阶段，仍以发展经济实力为主。上海资产阶级主体源自来沪淘金的移民，兴起于口岸、租界等特殊条件下，习惯于钻营"体制""争权夺利"。正因

---

① 阮静如：《同业公会之新使命》，《商业月报》第 12 卷第 5 号，1932 年 5 月。转引自魏文享《中间组织——近代工商同业公会研究（1918～1949）》，第 316～317 页。
② 社会运动，一般来说，是指由许多个体参加的、组织化的，在一定意识形态指导下的寻求或反对特定社会变革的制度外政治行为。

如此，同业公会成为他们最适宜的"政治化组织"。

清末以来，"群""合群"被赋予了与现代共同体相关的全新内涵，体现了"合多数之独而成群"的公共精神，是现代"国民"观念形成的基础。① 在相当长的历史阶段，行业组织是业主"自由人"结合的同盟。30年代初市商会存废事件，沪地数十个同业公会联袂行动显示出一种罕见的社会团结，不仅在于各同业公会会员有相似的利益诉求和行为方式，并且也在于他们广泛地分享社会价值的类群意识。行业组织不仅是经济群体，并且也是个政治"共同体"，以组织化的途径进行各项利益追求，本身就是一种"政治行为"。从有关同业公会档案看，公会与政府的来往文书远多于其他文件，处理与政府的关系是近代同业公会最重要的会务。

20世纪二三十年代，上海总商会和银行公会等工商团体，曾一度明确提出民间资产阶级参政的诉求。1927年9月，上海总商会致电国民党中央政治会议，提出上海市长请由各法团推选。"沪埠为东南最繁盛之区，市政设施，关系中外观瞻。乃历来主持市政之人，率皆以政局转变为进退，各抱五日京兆之心，自难其根本筹画……敝会等询谋佥同，并经开会公同决议，拟请于自治未完成之前，先就上海市市长一职由各法团推选物望素孚之地方领袖人士充任，以期策励市民。练习政务，并为发展民权之张本。"② 总商会所言之各法团者，即意谓各业同业团体也。这份电文显示了富具"经济财力"的上海资产阶级主导上海市政久蓄之政治抱负，并直言"较之官治，稍胜一筹"的民主主义价值判断。一·二八事变后，1932年5月25日，上海银行公会、钱业公会与全国商会联合会、上海市商会"鉴于内忧外患之严重，特发起废止内战大同盟，以其安内对外"，并发表全国通电。通电拟定章程十条。值得注意的是，第二条有关废止内战运动的程序，"如有政治纠纷发生引起内战时，本会应劝告双方信任若何民意机关（正式国民机关未成立前，法定民间职业团体可替代之）调处之。任何一方绝对不得以武力解决"。③ 职业团体者，即各同业公会也，由他们作为公正的第三力量调解政治纠纷。此言不仅反映了同业公会作为资产阶级团体，自我的政治期许颇高，并且也折射了其超越国共两党的自由主义政治取向。

---

① 参见俞祖华《晚清知识分子现代国家观念的生成》，《河北学刊》2013年第1期。
② （上海总商会）《致中央政治会议：上海市长请由各法团推选电》，《上海总商会月报》第7期第10号，1927年9月14日。
③ 《废止内战大同盟成立情况史料一组》，参见《档案与史学》1999年第6期。

政治是一种集团行为，个人很难有所作为。同业公会政治性功能是业主需求赋予的。通过组织化手段，业主可以有效地降低政治行为的成本，包括运作成本、谈判成本、风险成本等，达到其收益的最大化。尽管业主们认同行业组织是商人的"职业团体"，而非资产者的"阶级团体"，但同业公会作为社会上层的职业团体，实质上具有"准"资产阶级政党属性，承载着众多企业主、资本家群体的政治追求和政治希冀的职能使命。

# 关于近代中国农村信用合作社性质的再认识*
## ——基于上海商业储蓄银行档案材料的讨论

王 昉** 缪德刚***

**提 要** 建立农村信用合作社曾是民国时期挽救中国农村经济危机的重要探索。学术界虽然从不同角度对近代中国农村信用合作社进行了研究，但在其性质的判定上并未形成一致的结论。本文试图在爬梳与上海商业储蓄银行有农贷业务合作的农村信用社档案材料的基础上，运用金融中介理论，对近代中国农村信用合作社的性质及判断标准进行讨论。本文认为，从基本职能、组织机构及经营目标三个方面来看，尽管受近代中国农村金融市场的发育程度及一些政治因素所限，近代农村信用合作社最终表现出来的未必是单一的经济行为，但其金融中介的性质则是非常明确的。

**关键词** 近代中国 农村信用合作社 上海银行 金融中介

## 一 引言

建立农村信用合作社是中国 20 世纪 20～30 年代挽救农村经济危机的重要工具性探索之一。自 1923 年 6 月中国第一个农村信用合作社——香河县第一信用合作社成立之后，① 农村信用合作社逐渐成为 20 世纪 20～40 年代商业银行、地方政府、中央政府向农村配给资金不可或缺的基层机构，而且出现了"商资归农"这一农村合作与商业资本结合的社会经济

---

\* 本研究受上海财经大学"211 工程"重点学科建设项目、"博士研究生创新基金资助项目"（CXJJ - 2011 - 418）、"国家留学基金"资助。
\*\* 上海财经大学经济学院副教授。
\*\*\* 上海财经大学经济学院、多伦多大学经济学系联合培养博士生。
① 张镜予：《农村信用合作社的起源及其发展》，《社会学界》第 3 卷，1929 年 9 月。

现象。①

关于农村合作社的研究在 2000 年以前相对薄弱，2000 年后，以农村合作社为对象的研究成果不断涌现。李金铮、邓红对 20 世纪二三十年代华北乡村合作社的借贷活动进行了研究。王先明、张翠莉对 20 世纪二三十年代合作社的资金来源进行了梳理。赵泉民在多篇论文中分别从资金的来源、合作运动的主体力量、对乡村借贷关系的影响等方面对国民政府时期的合作社进行了研究。韩丽娟提出 20 世纪二三十年代银行出资培育农村合作社具有其必要性，但应在健全内部制度的基础上引进银行资金，以规避银行资本的契约控制。该研究从"近代农村借贷环境"入手，运用金融中介一般均衡模型，印证近代学者提出的通过银行出资催生农村内生金融主张的合理性，②但该研究没有运用相关材料对农村信用合作社金融中介性质做系统论证。此外，还有其他论文对国民政府时期的信用合作社进行了制度分析。③

从现有研究来看，学界对于近代中国农村信用合作社的性质这一基础性问题未能做充分研究，对于判断方法和依据也未有比较深入的讨论。本文试图在爬梳档案材料的基础上，通过考察农村信用合作社的农贷业务流

---

① 大多数学者认为，"商资归农"降低农村通行利率，促进农村金融流通，推动农村公共事业，对中国现代农业金融制度的发展，尤其是对乡村借贷关系的现代转型产生了积极作用。参见薛念文《1927～1937 年上海商业储蓄银行的农贷活动》，《民国档案》2003 年第 1 期；诸静《金城银行参加华北农产研究改进社活动述评》，《中国社会经济史研究》2006 年第 4 期；刘纪荣《论近代合作运动进程中的"商资归农"——以 20 世纪 30 年代华北农村为中心》，《中国农史》2007 年第 2 期；许永峰《20 世纪二三十年代"商资归农"活动运作的特点》，《中国经济史研究》2012 年第 2 期，等等。
② 韩丽娟：《银行资助与农村内生金融的形成——20 世纪 20～30 年代对培育中国农村信用社的探讨》，《贵州社会科学》2012 年第 2 期。
③ 参见李金铮、邓红《二三十年代华北乡村合作社的借贷活动》，《史学月刊》2000 年第 2 期；王先明、张翠莉《二三十年代农村合作社借贷资金的构成及其来源——20 世纪前期中国乡村社会变迁研究》，《天津师范大学学报》（社会科学版）2002 年第 4 期；赵泉民《嵌入性还是内生性：对合作金融资本供给机制剖析——以 20 世纪前半期中国乡村信用合作社为中心》，《财经研究》2010 年第 3 期；赵泉民《乡村合作运动中合作金融制度建设之议——基于 20 世纪前半期中国乡村经济史视阈分析》，《东方论坛》2008 年第 4 期；赵泉民《政府制度供给与乡村合作运动——基于 20 世纪前半期中国乡村社会经济史视阈分析》，《财经研究》2008 年第 11 期；赵泉民《进化与异动：合作对乡村借贷关系影响分析——以 20 世纪前半期中国的乡村信用社为中心》，《江海学刊》2006 年第 5 期；赵泉民《政府意志：20 世纪三四十年代中国乡村合作运动价值取向论》，《中国社会经济史研究》2006 年第 1 期；赵泉民《合作运动与国家力量的扩张——以 20 世纪三四十年代乡村合作运动中政府行为为中心》，《河北大学学报》（哲学社会科学版）2003 年第 4 期；陈希敏《中国农村合作金融制度变迁研究》，西北大学经济管理学院博士学位论文，2006 年，等等。

程及运作模式等,并基于金融中介的基本内涵和职能,对近代中国农村信用合作社的性质及其判断标准进行讨论。

## 二 已有研究及相关史料说明

### (一) 关于农村信用合作社性质已有的判断

已有研究在农村信用合作社性质的问题上未能达成共识。一种观点认为,"农村信用合作社是一种信用受体,它本身并不是金融机构"。[1] 这一观点主要是:从金融创新的角度来判断,其依据是从近代的实践来看,农村信用合作社以加入者的信用来降低贷款风险,并以此来促进中国农村社会信用共同体的发育,因此近代农村金融不单纯是资金的注入,更注重农村信用共同体的培育。另一种观点认为,"信用合作社是近代中国农村资本市场最有影响的'新式金融组织'",其判断的依据是:信用合作社借贷资金的"生产性投资"趋向,改变了传统借贷的消费性动机,促进了农业生产,增加了农民收入。[2] 也有的观点认为,"信用合作社作为合作社的主要经营形式,具有承上启下的特点,既是对传统借贷业的继承,又对现代银行业的兴起有着诱导作用",它既是对传统借贷形式,如"钱会""合会"的继承,又为现代金融业的萌芽做了铺垫,同时与保甲制一起成为国民政府企图实现地方自治的重要杠杆。[3] 此外,还有的观点认为,"在银行对农村的放款中,农村信用合作社成了金融垄断资本和民族资本商业银行向农村宣泄过剩资金的工具和渠道",因为官僚资本控制的银行和民族资本的商业银行将它们过剩的资金通过信用合作社放贷到农村;[4] 等等。

### (二) 关于档案材料的说明

1928 年至 1937 年抗战爆发前,上海商业储蓄银行、中国银行、金城银行等一批商业银行出于业务经营及服务社会的双重动机,进行过一场引

---

[1] 杜恂诚:《20 世纪 20~30 年代的中国农村新式金融》,《社会科学》2010 年第 6 期。
[2] 赵泉民、刘巧胜:《绩效与不足:合作运动对中国农业生产影响分析——以 20 世纪前半期乡村合作社为中心》,《东方论坛》2007 年第 2 期。
[3] 谷秀青:《近代农村信用合作社的制度分析(1928~1940 年)》,华中师范大学中国近代史研究所硕士学位论文,2005 年。
[4] 姚会元:《国民党政府改进农村金融的措施与结局》,《江汉论坛》1987 年第 3 期。

人关注的"商资归农"活动。① 本文主要利用和上海商业储蓄银行(以下简称上海银行)有农贷业务合作的农村信用合作社的相关档案材料进行研究。上海银行是最早对农村信用社进行商业放款的银行。1931年春,陈光甫在北京访问了华洋义赈会的合作社后,立即指示北平分行经理金仲藩接洽义赈会总干事章元善订立"搭成放款合同",确定上海银行由义赈会支配的2万元转为放款。1932年又成立了上海银行农业合作贷款部。②

上海银行的档案材料中有极为丰富的农村信用合作社规章制度史料。③ 合作行为在欧洲具有较长的历史,但早期的合作组织因制度不够健全并没有产生较大的影响。④ 1844年英国的消费合作社——罗虚戴尔公平先驱社成立之后,其合作制度得到了其他欧洲国家、美国、日本、印度等国家开展的合作运动的仿效。罗虚戴尔公平先驱社在组织制度、产权制度、管理及治理制度、利益分配制度方面的原则奠定了近代合作组织的基本制度安排。⑤ 20世纪20年代初期,宣扬农村信用合作社的提纲性规章制度在中国开始出现,如1923年5月华洋义赈会农利分委办会制定的《农村信用合作社空白章程》⑥,1926年该会合作委办会颁布的《农村信用合作社联合会空白章程》⑦ 等。而同期上海银行为农村信用合作社制定的章则已臻完备。上海银行的《农村信用合作社模范章程》在社员入社及除名、社员权利及义务、理事会的产生办法等方面较前两者更为具体、细化,具有一定的可

---

① 许永峰:《20世纪二三十年代"商资归农"活动运作的特点》,《中国经济史研究》2012年第2期。
② 1928年金城银行有了农业放款的统计,但具体的放款对象不明确。从金城银行的农业放款明细表来看,截至1937年该行仅对13户合作社放款。该行在20世纪30年代的农业放款最主要对象是农业仓库、棉花产销合作社、农业改进社,而上海银行的首批农业贷款就是通过华洋义赈会对河北地区的信用合作社放款的。《账务之处理》,上海市档案馆藏上海商业储蓄银行卷宗,档案号:Q275-1-202;《总行民国二十六年五月五日下午五时第十三次行务会议记录》,上海市档案馆藏上海商业储蓄银行卷宗,档案号:Q275-1-227等。
③ 需要说明的是,薛念文在其著作中以上海商业储蓄银行为视角介绍了其农业放款业务,参见薛念文《上海商业储蓄银行研究(1915~1937)》,中国文史出版社,2005,第157~173页。
④ 据吴颂皋的研究,早在15世纪的欧洲就出现了近代合作社的萌芽组织"Monte de Piete",参见吴颂皋《合作银行与中国的社会》,《太平洋》第3卷第9号,1923年3月5日。
⑤ 张曼茵:《中国近代合作化思想研究(1912~1949)》,上海世纪出版集团,2010,第39、38~76页。
⑥ 刘纪荣:《国家与社会视野下的近代农村合作运动——以二十世纪二三十年代华北农村为中心的历史考察》,《中国农村经济观察》2008年第2期。
⑦ 《农村信用合作社联合会空白章程》,《合作讯》1926年第11期。

操作性。①

随着业务经验的积累,上海银行农贷业务不断完善,这一过程在档案材料里有充分体现。上海银行的农业合作贷款部从无到有,在其《上海商业储蓄银行农业合作贷款部办事手续》中详细记载了农业放款的程序、种类及其他项目。该行各类会议记录里留存有涉及农贷业务的重大事项的讨论,这些讨论无一例外全都涉及与之合作的信用合作社。此外,在上海银行农业贷款报告中列明了从 1935 年 1 月 14 日至 1938 年 2 月 19 日的绝大部分工作周的农业放款额及损益状况,这些数字不但直接说明了该行农贷业务进展轨迹,并且更为研究银行与农村信用合作社之间的关系提供了重要参考。

## 三 金融中介性质的判断标准

广义的金融中介几乎包括所有金融机构,因为各种金融机构都是以不同方式联结资金供求双方的中介组织。而狭义的金融中介仅指从事间接金融业务的金融机构,最为典型的是商业银行。从本文第二部分的文献综述来看,已有的研究关于农村信用合作社的性质可以归纳为三种观点:一是农村信用合作社非金融机构;二是农村信用合作社为农业金融机构,但与传统的金融机构并无二致,且信用合作社的建立不但没有代替原有的中国农村高利贷剥削,反而变本加厉;三是农村信用合作社为传统金融机构与现代金融机构之间的过渡组织。在近代农贷业务的开展过程中,信用合作社在不同时期与不同的银行有过合作且在借贷过程中的作用从表面上看来不是十分明显,这或许是造成目前此类研究分歧的主因之一。另一个重要原因可能是通过已有的研究材料未能充分理清农村信用合作社的业务流程,由此导致对其功能认识不足。已有研究往往从与之合作的银行或从借款农民等角度来管窥信用合作社的运营情况,使得在其性质的判定上并未形成一致的结论。商业银行从事农业贷款,要解决的首要问题是通过何种途径放款才能降低贷款风险,第一种观点显然是从放款的商业银行的角度考察农村信用合作社在农业贷款活动中的作用而得出的结论。第二种观点忽视了农村信用合作社在借贷过程中的中介作用,且对其赋予了更多的政治含义。另外,笔者认为农村信用合作社最早产生于西方国家且具有自身

---

① 《农村信用合作社模范章程》,上海市档案馆藏上海商业储蓄银行卷宗,档案号:Q275-1-193。

独有的特点，谈不上对传统借贷形式的继承，也不能认为其诱导了现代银行的产生，因此，第三种观点似也有待商榷之处。

如何对金融中介的性质进行判断，现代金融理论给出了一定的标准。长期以来学界多从金融中介的功能上对其进行内涵的界定。格利（Gurley, J. G.）和肖（Shaw, E. S.）、本斯顿（Benston, G.）等认为金融中介是对金融契约和证券进行转化的机构；扎特（Chant, J.）则指出金融中介就是在最终借款人和最终贷款人之间存在的第三方，它将最终贷款人手中的钱贷放给最终借款人；弗雷克斯（Freixas, X.）和罗切特（Rochet, J. C.）认为金融中介是进行金融合同和证券买卖活动的专业经济部门。①《新帕尔格雷夫经济学大辞典》将金融中介界定为从事买卖金融资产的企业，其职能是通过利率及其他贷款条件，将某些经济行为者的剩余资金融通到资金需求者手中，包括银行、储蓄机构等银行金融中介和保险、信托公司等非银行金融中介。②

20 世纪 70 年代金融中介理论在对金融中介机构存在的阐释上吸取了新制度经济学中的交易成本学说和信息不对称学说，认为金融中介可以分担风险和降低交易成本以及成为"提供信息的专业代理人"。用这两种学说解读近代中国新式农村金融机构的产生及变革就避免了已有研究中大多采用的"金融供给－金融需求"的传统解释模式，及以资本的价格——"利息"为核心的单一考察视角。博伊德（Boyd, J. H.）和普雷斯科特（Prescott, E. C.）对金融中介归结出五个特征：将资金从其所有者手中借出后贷给需求者；一般而言，借贷双方数量庞大且各异，金融中介在双方之间起到杠杆的作用；金融中介可以评估不同借款方的信息；金融中介可以为潜在的贷款方提供有价值的信息；金融中介根据最终借款方的投资绩效索取收益。③

上述产生于 20 世纪中期的现代金融中介理论不但涵盖了古典金融中介理论对金融中介职能的论述，而且在金融中介存在的原因上也进行了解释。笔者认为，金融中介的核心特征应从其基本职能、组织机构以及经营目的三个方面进行把握：首先，金融中介具备什么样的职能，使其在经济

---

① 胡庆康、刘宗华、魏海港：《金融中介理论的演变和新进展》，《世界经济文汇》2003 年第 3 期。
② 〔英〕约翰·伊特韦尔、默里·米尔盖特、彼得·纽曼编《新帕尔格雷夫经济学大辞典》（第二卷），经济科学出版社，1996，第 364～371 页。
③ John H. Boyd, Edward C. Prescott, "Financial Intermediary - Coalitions", *Journal of Economic Theory*, Vol. 38 (2), 1986, Apr., pp. 211 - 232.

活动中产生？其次，金融中介的经营方式是怎样的？最后，作为一个经济组织，金融中介如何持续运作？其经营目的是什么？基于此，本文认为判断金融中介性质的标准应包括：募集市场中的个人或机构剩余资金并将其提供给资金需求者是金融中介的基本职能；金融中介具有完整的组织机构来负责经营、决策；金融中介是谋求经济利益最大化的经济组织。"任何伟大的经济学说，在历史的长河中都会变成经济分析的一种方法"，[①] 本文以金融中介理论为分析视角将原有的史料进行还原，因此，该理论在文中的运用是启示性的，而不是实证性的。

## 四 近代中国农村信用合作社的金融中介性质的判断

### （一）农村信用合作社的基本职能

由20世纪20年代起，在合作运动的倡导下，中国农村地区成立了各类合作组织，有些合作组织发挥了积极作用，如华洋义赈会在华北地区的赈灾活动中，有相当多款项通过信用合作社放出，这些合作组织成为银行进行农业放款的合作机构。但不同的银行因其业务偏好不同所选择的合作机构也不尽相同。如金城银行主要与农业仓库、棉花产销合作社、农业改进社等农业中介进行合作放款。上海银行则主要是与农业生产运销合作社、信用兼营合作社及农业仓库建立农贷业务关系。[②]

农村信用合作社进行农业贷款是上海银行农贷业务的重要组成部分。表1反映了1933~1936年上海银行对农村信用合作社贷款的数额。农村信用合作社在上海银行的整个农业放款开展过程中具有特殊地位。这不仅体现在该行的首批农业放款就是与华洋义赈会合作对河北地区的信用合作社放出的，并且更体现在与其合作的信用合作社数量较多且覆盖的放款区域较广。至1933年6月17日，被上海银行承认的生产运销合作社共8社，信用兼营合作社70个，这些合作社主要分布在江苏、浙江、安徽、湖南。在此后的几年时间里，信用合作社与其他合作社在绝对数字上的差距逐年增大。[③]

---

① 吴承明：《经济学理论与经济史研究》，《经济研究》1994年第4期。
② 早先上海银行也一度资助试办农民抵押借贷所作为信用合作社的过渡机构。《上海商业储蓄银行农业合作贷款部业务说明》，上海市档案馆藏上海商业储蓄银行卷宗，档案号：Q275 - 1 - 193。
③ 《上海商业储蓄银行农村贷款报告》，上海市档案馆藏上海商业储蓄银行卷宗，档案号：Q275 - 1 - 553 - 23。

表 1 1933~1936 年上海银行对农村信用合作社贷款数额统计表

单位: 元

| 年 份 | 1933 | 1934 | 1935 | 1936 | 总 计 |
|---|---|---|---|---|---|
| 信用合作 | 306433 | 362182 | 460000 | 160000 | 1289245 |
| 贷款总额 | 1022597 | 4441553 | 6080000 | 4800000 | 16344150 |
| 贷款余额 | 536904 | 2240171 | 2780000 | 1330000 | 6887075 |

资料来源: 许永峰:《20 世纪二三十年代"商资归农"活动运作的特点》,《中国经济史研究》2012 年第 2 期。

1931 年长江洪灾以后, 内地钱庄陆续倒闭, 内地的不安全及银行收缩放款, 加剧了资金在上海、天津等少数大城市停滞, 农村资金极度缺乏。① 以上海银行为例, 1933 年上海银行总行和天津分行均出现了资金过剩的问题。同年 6 月 21 日在上海银行总经理处第 94 次会议上, 陈光甫指出, "凡两年三年以上之存款此后一律不收, 惟一年及十五个月者则仍照旧办理, 如此则利息较低, 借此可以减轻成本……现在资金过剩, 我行已有 4000 万之余款无处可放, 不得不设法疏通"。② 为了将资金输送到农村, 先后有多家银行在商业利润和社会责任的共同驱使下开展农业放款业务。

在现实生活中, 市场交易常常必须为获取信息支付成本。③ 利兰 (Leland, H. E.) 和派尔 (Pyle, D. H.) 认为, 拥有私人信息的企业通过将自有资金投资于某项目的方式向投资市场发送该项目可靠的信号。金融中介将资金投资于拥有私人信息的企业中, 可以有效解决信息生产的可靠性、专用性问题。④ 在 "商资归农" 的运动中, 农贷业务开展的前提是出资银行事先获得借款人能够如期还款的信息。如果银行向农民直接放款就需要事先派人员到农村搜集详尽的信息, 而为了获得这些信息可能需要银行付出高昂的成本。即使双方信息对称, 从农民手里取得担保品也未必可靠。⑤

---

① 1931 年 1 月 31 日上海库存银两为 87080 千两, 银元 139400 千元, 而到了 1932 年 12 月 31 日, 库存银两增至 146760 千两, 银元增至 224920 千元。1931~1932 年, 上海部分月份的银行拆借利率出现了为零的情况。吴申淇:《中国都市金融与农村金融之病态及其救济》,《银行周报》第 17 卷第 16 期, 1933 年 5 月 2 日。
② 中国人民银行上海市分行金融研究所编《上海商业储蓄银行史料》, 上海人民出版社, 1990, 第 412~413 页。
③ 赵晓雷:《现代公司产权理论与实务》, 上海财经大学出版社, 1997, 第 49 页。
④ Hayne E. Leland, David H. Pyle, "Informational Asymmetries, Financial Structure, and Financial Intermediation", The Journal of Finance, Vol. 32 (2), 1977, May, pp. 371–387.
⑤ 〔美〕罗纳德·I. 麦金农:《经济发展中的货币与资本》, 卢骢译, 上海三联书店, 1988, 第 86 页。

因此开展农贷业务,银行往往考虑以下几个先决条件:资金的用途必须是用于农民生产;放款必须有稳妥的保障;在农村需要有健全的组织为银行辅助放款、提供有价值的信息。①

传统的金融机构在当时不能满足农村地区对资金的需求,设立分支机构由于银行自身的经营特点也不能实现。农贷业务的开展面临着对基层金融组织的制度性需求,而通过农村信用合作社进行贷款无疑是降低信息成本的有效方式。民国时期的学者对于普通银行和合作社之间的区别已有了比较清晰的认识,表2是民国时期政治家、法学家吴颂皋对普通银行与合作社的经营目标、利润分配、经营范围、存贷款等各项内容的比较。

表2  普通银行与合作社的区别

|  | 普通银行 | 合作社 |
| --- | --- | --- |
| 营业目的 | 商业利润 | 全体社员利益 |
| 股权决定因素 | 股本 | 每个社员皆有选举权 |
| 红利分配 | 大部分为股东所有,小部分职员所有 | 股东及社员 |
| 利率 | 放款利率高,存款利率低 | 存款利率高,放款利率低 |
| 存款 | 不限于股东 | 限于社员 |
| 放款 | 有抵押品的所有借款人 | 以信用担保借款用途 |
| 营业范围 | 范围较广,分布于大城市或商埠中 | 城市及农村 |
| 资本 | 非自愿集合,非绝对独立 | 自愿集合 |

注:原文中的合作银行即是本文所指的信用合作社。
资料来源:吴颂皋:《合作银行与中国社会》,《太平洋》第3卷第9号,1923年3月5日。

早期上海银行农业合作贷款部只放款于含信用社在内的各类合作社,贷款种类有农业信用放款、农业青苗放款、农产物押款、农业动产贷款四种,其中后三者放款时需要借款者向银行提供抵押品(见表3)。

表3  上海银行初期对合作社放款不同抵押品所能取得放款的最高额

|  | 青苗放款 | 物押款 | | 农业动产贷款 |
| --- | --- | --- | --- | --- |
| 抵押品 | 收获的农产品 | 运销的农产品 | 价值较稳定物品 | 牲畜及其他有流动性物品 |
| 借款额占押品比重 | 20% | 70% | 70% | 40% |

资料来源:《上海商业储蓄银行农业合作贷款部办事手续》,上海市档案馆藏上海商业储蓄银行卷宗,档案号:Q275-1-193。

---

① 《上海商业储蓄银行农村贷款报告》,上海市档案馆藏上海商业储蓄银行卷宗,档案号:Q275-1-553-23。

后来上海银行农业合作贷款部增加了对未参加合作社的个人放款的业务，但以通过合作社进行放款为主。上海银行对合作机构的放款业务种类逐步拓展为农业合作贷款、普通农业贷款、农村商业贷款、农业存款、农村汇兑、农业仓库六种。其中，农业合作贷款对农业生产运销合作社、兼营多种业务的农村信用合作社放款，贷款种类分为成产贷款、运销贷款、仓库贷款、利用贷款、购买贷款、垦殖贷款，其他合作贷款，这些贷款均需向银行提供抵押（见表4、表5）。①

表4　上海银行后期对合作社放款不同抵押品所能取得放款的最高额

| 项　目 | 成产贷款 | 运销贷款 | 仓库贷款 | 利用贷款 | 购买贷款 | 垦殖贷款 |
|---|---|---|---|---|---|---|
| 用　途 | 生产投入 | 运销 | 储押 | 设备购买 | 生活购买 | 垦殖荒地 |
| 抵押品 | 生产收入 | 农产品 | 农产品 | 加工设备 | 日用品 | 农产收入 |
| 借款额占押品比重（%） | 20 | 80 | 70 | 60 | 60 | 40 |

资料来源：《上海商业储蓄银行农贷部业务简章》，上海市档案馆藏上海商业储蓄银行卷宗，档案号：Q275-1-193。

表5　农村合作社生产性放款分类表

| 项　目 | 肥料、畜料、耕种等借款 | 购买车辆、牲畜修盖房屋、置备用具借款 | 掘河筑堤灌溉排水借款 | 生产农副产品借款 |
|---|---|---|---|---|
| 归还期限 | 收获后或牲畜售出后 | 二年 | 二年 | 六个月 |

资料来源：《上海商业储蓄银行农村信用合作社模范章程》，上海市档案馆藏上海商业储蓄银行卷宗，档案号：Q275-1-193。

上海银行贷给各类合作社的款项月息取一分。按照规定，信用合作社对社员的放款仅限于农业生产事业，放款的利率不能超过月息一分五厘，可以以个人信用、不动产、动产、农产品为担保。②

从上述与上海银行有农贷业务往来的农村信用合作社在整个业务流程中所体现的基本职能来看，合作社的社员以合作社的名义向上海银行借入资金，在此业务环节中农村信用合作社充当了借款中介。

### （二）农村信用合作社的组织机构

近代中国农村信用合作社有完整的组织机构负责合作社业务运作。农

---

① 《上海商业储蓄银行农贷部业务简章》，上海市档案馆藏上海商业储蓄银行卷宗，档案号：Q275-1-193。
② 《上海商业储蓄银行农村信用合作社模范章程》，上海市档案馆藏上海商业储蓄银行卷宗，档案号：Q275-1-193。

村信用合作社按业务分为信用部、购买部、利用部、运销部四个部门。信用部负责社员的存放款业务及非社员的储蓄业务，购买部负责购买生产必需品及日用必需品，利用部负责购买社员农业生产共同的器具，运销部负责出售社员的农产品及农副产品。

社员大会是信用合作社的最高管理权力机关。社员大会的职权有：（1）选举理事会理事及监事会监事；（2）修改合作社办事细则；（3）承认或开除社员；（4）决定以合作社名义向外借款的数目及办法；（5）决定社股的保管与动用；（6）审查理事会提出的常年报告及决算；（7）处理社员对理事会或监事会不满意事件；（8）处理其他理事会或监事会不能解决的事件。当有重大事项需要进行决策时，全体社员中有半数以上出席即符合法定人数，出席社员过半数同意则通过表决事项（承认新社员或开除社员须有四分之三以上通过），同意和不同意的票数相等时社员大会的主席具有最终表决权。

理事会负责信用合作社具体经营事宜。理事会由社员大会选举三人至七人组成，任期三年，每年改选三分之一。每年从原有理事会中选出一人担任理事会会长总理信用合作社一切事宜，选出司库一人管理出纳、放款业务，选出书记一人管理开会记录及文件往来事务。农村信用合作社的一切收据及契约只有在理事会会长及司库一致同意的前提下始得生效（见图1）。

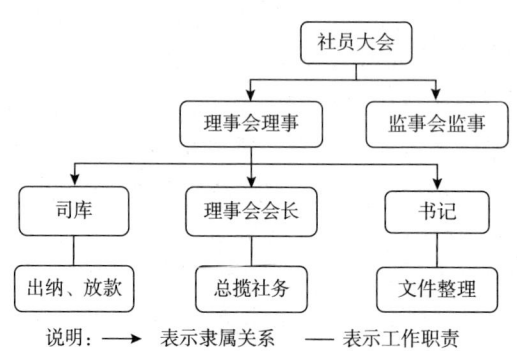

说明：→ 表示隶属关系　── 表示工作职责

**图1　近代中国农村信用合作社组织结构图**

借款时，首先经过合作社理事会讨论通过。如系以合作社的名义借款，所提交的材料有该社资产负债表、财产目录、信用评定委员会的信用报告书、借款用途说明书、已进行或正在计划中的事业说明书、全体社员名单及重要负责人履历、登记证。如系个人借款的，除提交上述材料外，还另加社员的借款申请书、信用评定委员会的信用评定单（个人）、理事会讨论意见、保证人或抵押品的详细说明单。审核通过后,总行农业合作贷款部向该提交贷款请求书的分行发放贷款核准通知书。非经理事会同意,社员借款一次之后,不得继续借款。①

### (三) 近代中国农村信用合作社的经营目的

近代中国农村信用合作社的经营目的是实现全体社员经济利益的改进。农村信用合作社合作章程规定信用合作社的目的是以聚集、流通生产资金的方式实现全体社员经济利益上的改进。农村信用合作社的全名为"某省某县某区某村无限责任信用合作社",社员之间负连带无限责任。入社社员除须缴纳社费外,还至少每人认购一股社股,股息为六厘。入社费概不退还,股金可以分期缴纳,但是第一次须至少缴纳二分之一,两年内缴清。社股非经社员大会同意不得转让或抵偿债务。②

信用合作社的连带无限责任使得社员之间互相监督。社员在借款请求书中说明借款用途,信用社随时对社员检查。对于用途不实或转贷的,勒令一个月内交还本息并另处十分之一罚金。对于延期还款的社员,合作社变卖其抵押品,如有特殊事由且有第二人担保偿还的,还款期限可最多延长一年。

农村信用合作社以1月1日至12月末为一个会计年度,在年终完成财产盘算、借贷对照表、业务报告书及盈余分配表。在盈余分配中,信用合作社每年从全损益中提取20%作为公积金存于上海银行,余下的部分70%按社员的交易额分配,20%作为合作教育及改造农产基金,10%作为职员的酬劳。

为了谋求经营目的的实现,《上海商业储蓄银行农村信用合作社模范章程》对社员的入社资格也进行了严格的规定,有正当职业及相当生活能力者方可入社(见表6)。合作社成立以后申请加入的须有社员两人以上填具入社志愿书,并经出席社员大会的四分之三以上社员通过,新入社的社员与旧社员承担同样的责任。被剥夺权利的、破产的、有恶劣嗜好的及禁止从事生产活动的农民不能入社。不履行社章义务、破坏合作社名誉、丧失信用及三次缺席合作社各项会议的社员被除名,除名的社员即时清偿所有债务及担保责任,两年之内必须解除所有与合作社有关的债务责任。对

---

① 《上海商业储蓄银行农村信用合作社模范章程》,上海市档案馆藏上海商业储蓄银行卷宗,档案号:Q275-1-193。
② 《上海商业储蓄银行农村信用合作社模范章程》,上海市档案馆藏上海商业储蓄银行卷宗,档案号:Q275-1-193。

违规使用农贷资金的社员，农村信用社有权对其进行索赔。①

表6　农村信用合作社社员信用度评价标准

| 项目 | 品行 | | | | | 才能 | | 储蓄存款 | | 财产 |
|---|---|---|---|---|---|---|---|---|---|---|
| 分值 | 50 | | | | | 15 | | 10 | | 10 |
| 子项目 | 信实 | 无恶劣嗜好 | 勤俭 | 谨慎 | 义气 | 生产能力 | 特殊技能 | 常年存储 | 不常支取 | |
| 分值 | 20 | 10 | 10 | 5 | 5 | 10 | 5 | 5 | 5 | 10 |

注：按《省、县、区农村信用合作社社员信用度评价规程》说明，各项目之和为100，故该信用程度评价标准有误，但仍可从中看出上海银行对入社社员信用的重视。

资料来源：《省、县、区农村信用合作社社员信用度评价规程》，上海市档案馆藏上海商业储蓄银行卷宗，档案号：Q275-1-193。

从组织机构运行模式和经营目的上看，信用合作社在很多方面与企业组织有些类似，但也有所不同（见表7）。为了便于指导农贷业务的开展，上海银行的管理人员对此也专门有过讨论。②

表7　合作社与公司制企业的区别

| | 合作社 | 公司制企业 |
|---|---|---|
| 组织目的 | 社员经济利益的改进 | 利润最大化 |
| 参加条件 | 人格优良 | 资本 |
| 红利分配标准 | 社员交易额 | 股数 |
| 股金限制 | 不能超过社股20% | 无限制 |
| 承担责任 | 无限连带责任 | 有限责任 |
| 表决权 | 每人一票 | 由股权决定 |
| 区域限制 | 合作社所在地居民 | 无限制 |

注：表中"承担责任"一栏列举的是信用合作社所承担的责任，其他不同的合作社另有无限责任、有限责任、保证责任的区分。

资料来源：《农业放款》，上海档案馆藏上海商业储蓄银行卷宗，档案号：Q275-1-202。

## 五　总结与讨论

金融中介理论的发展分为古典理论和20世纪50年代以后的新式理论

---

① 《上海商业储蓄银行农村信用合作社模范章程》，上海市档案馆藏上海商业储蓄银行卷宗，档案号：Q275-1-193。
② 《农业放款》，上海市档案馆藏上海商业储蓄银行卷宗，档案号：Q275-1-202。

两种。本文对近代中国农村信用合作社的分析，主要是建立在信息经济学和交易成本经济学的新式理论基础上的。中国近代部分学者对于农村信用合作社的性质也进行了讨论，例如王世颖认识到农村信用合作社作为金融机构，在农村金融市场中发挥着中介作用。他进一步指出，农村信用社的中介作用主要表现在向农民提供低息贷款以满足生产，避免游资成为农村高利贷资本或停滞于大城市。① 王世颖未必熟悉20世纪二三十年代流行于国外的金融中介学说，但是他的研究具有以古典金融中介理论中的信用媒介论进行分析的色彩。

由于材料所限，有相当多的已有研究在未将各类合作社进行区分的情况下，或以从事农贷业务的银行为视角研究"商资归农"的运作特点，或对合作社的绩效进行阐述。笔者认为，虽然近代中国的部分合作社兼营信用、产销等多种业务，但是作为学术研究或应针对不同的合作社进行具体分析。以与上海银行有业务关系的棉花产销合作社为例，从社股的种类而言，产销合作社的社股分为普通股和优先股。普通股认购者仅限于社员，每位社员认购的股数不能超过50股。优先股社员与非社员均可认购，但非社员即使购买了合作社的股票，对于合作社的会议也没有参加权及表决权。而信用合作社的社股非社员不能购买。生产运销合作社在其经营的区域内分为若干区并设区干事，区内7~13人合成一组，组内社员对于生产贷款负连环担保责任。而信用合作社则是全体社员之间负无限连带责任。另外，在盈余分配上，产销合作社与信用合作社也有所不同。②

在西方社会中，信用合作社等各类合作社的产生，都是起因于现实经济生活的需要。近代中国的农村信用合作社则是在存在内生需求的前提下，依靠外部力量的推动建立起来的，这种先天不足使得各类业务开展过程中，因各方利益相互博弈，合作社运营的实际绩效大打折扣，这一点从上海银行档案材料也可窥见一斑。近代中国的农村金融市场中，资金供给不足已经严重影响到了农民的生产、生活，然而20世纪30年代前，传统的金融机构不能弥补资金供给的缺口。上海银行的农贷业务开展伊始出于降低风险的考虑只与少数较为健全的合作社进行合作。银行出资使得农贷业务有了更为广阔的资金来源，尽管农村信用合作社非出资银行的附属机

---

① 褚汇宗：《中国合作事业与复兴农村经济》，《钱业月报》第17卷第1期，1931年1月15日。
② 《棉花生产运销合作社模范章程》，上海市档案馆藏上海商业储蓄银行卷宗，档案号：Q 275-1-193。

构或下属机构，但是也造成了由出资方干涉信用合作社经营的"外部人控制"①状况。

农村信用合作社是近代中国农村金融体系中的重要组成部分，本文在梳理与上海银行有农贷业务合作的农村信用社档案材料的基础上，运用金融中介理论，通过从农村信用合作社的基本职能、农村信用合作社的组织机构及其经营目标三个方面进行考察，认为在近代农业贷款业务的开展过程中，信用合作社在最终放款方和最终借款方之间发挥了中间作用，具有金融中介的性质。近代农村金融建设起始于学界的呼吁，商业银行、地方政府及中央政府先后进行了参与，由于近代中国农村金融市场的发育程度及一些政治因素所限，近代农村信用合作社的作用最终表现出来未必是单一的经济行为，但是其金融中介的性质须予以明确，只有认识到这一基本性质，才能正确解释信用合作社在近代中国农村金融体系运作过程中所体现出来的诸多独特现象。

---

① "外部人控制"是指外部人利用直接或间接的权力影响企业代理人做出与企业效率不符但符合外部人自身利益的决策，参见裴红卫《国有企业外部人控制：一个寻租视角》，《财经问题研究》2004年第7期。

# "道义—理性"背后的社会逻辑*

## ——以20世纪初贾汪矿区冲突为中心

张福运**

**提　要**　"斯科特-波普金论题"虽有先验论色彩,但提供了通过农民行为逻辑观察乡村社会运行机制的独特视角。自治传统下绅权与村庄经济、道德规范的共生性,中国传统"无讼"理想与乡村道义的重叠及保守型财政较低的要求,保障了道义伦理的基础地位。民初对绅权既尊重又制约的制度安排,强化了道义责任的基础性,促进矿区合作双赢局面的实现。南京政府主导的强制性制度变迁,改变了整个博弈场,导致个体理性的张扬和集体行动的非理性,迫使国家修正其植入性政策。这表明,行动的性质并非先验确定;行为偏好既受制度、权力和文化交织的社会网络即变动的社会场域的影响和制约,也重塑着制度的走向。

**关键词**　道义伦理　经济理性　社会逻辑

## 一　导言

在乡村社会研究中,"斯科特-波普金论题"即"道义经济"和"理性小农"之争可谓重要的学术资源。这场争论的核心问题:传统小农究竟是为自身利益的理性所驱使,还是为村社共同的价值观所驱使?斯科特指出,基于"避免风险"和"安全第一"原则的"生存伦理",构成乡村庇护关系、互惠和再分配机制及以"公正感"为核心的道义法则的基础,进而成为农民行为选择的主要依据,亦即共享的价值观、道义伦理等社会规

---

\*　本文为教育部人文社会科学研究规划基金项目"矿区社会冲突与协调机制研究"（10YJA840053）的阶段性成果。
\*\*　中国石油大学（华东）马克思主义学院教授。

范性要素在农民的行为选择中居于支配地位。① 波普金则认为，斯科特高估了亚洲小农社会价值观、合作精神与互助制度的作用，因为传统农民也是理性经济体，他们的行为动机主要是增进个人或家庭福利，而非为了集体利益或道义责任；亦即理性选择才是小农行为的根本。② 黄宗智试图以"综合分析"模式调和这场论争，认为"小农既是一个追求利润者，又是维持生计的生产者，当然更是受剥削的耕作者，三种不同面貌，各自反映了这个统一体的一个侧面"。③ 此观点在杜赞奇对20世纪上半叶华北乡村政治的研究中得到支持，即"道义经济"和"理性小农"理论"都不完全符合华北农民的行为特征，但他们各自强调的不同因素在华北乡村中似乎相处得十分融洽"。④

"斯科特-波普金论题"实际上是社会学上由来已久的"规范论"与"理性论"之争，被李丹称为"实质主义"与"形式主义"的对立。⑤ 但无论是斯科特的实质主义还是波普金的形式主义，都带有先验论色彩——行动者要么是文化、道义的工具，为内化的价值观念所驱使；要么是经济利益的傀儡，行为选择依据放之四海皆准的个体理性；并且只要明了人的行为取向，就可以先验性地推测出该区域内的整体行为特征。这样的解释框架，没有给行动者留下自主空间，也没有充分考虑具体变化的社会环境之影响。该论题尽管存在这样的缺陷，但学术价值仍不可低估；其核心意义在于提供了观察地方社会安排的独特视角，即通过农民的行为逻辑揭示乡村社会的运作机制。此外，既然黄宗智和杜赞奇的经验研究已证明农民行动中道义和理性成分的并存，那么相关讨论就不应再限于行动性质本身，而应着重回答为什么会有这样的行动。循此思路，本文从国家权力、地方精英、乡村民众与现代煤矿紧密互动的工业矿区这一复杂的社会行动场域出发，考察行动者在变动的社会环境中具体的行为选择，着重分析行为偏好出现的原因及其背后的逻辑；亦即从清末民初社会急剧转型期贾汪矿区乡村行为选择的变化中，观察国家制度、乡村权力和地方文化对各方

---

① 〔美〕詹姆斯·C.斯科特：《农民的道义经济学：东南亚的反叛与生存》，程立显等译，译林出版社，2001，第3~13页。
② Samuel Popkin, *The Rational Peasant: The Political Economy of Rural Society in Vietnam*, Berkeley: University of California Press, 1979, pp. 30-31.
③ 黄宗智：《华北的小农经济与社会变迁》，中华书局，1986，第5页。
④ 杜赞奇：《文化、权力与国家——1900~1942年的华北农村》，王福明译，江苏人民出版社，2003，第190页。
⑤ 李丹：《理解农民中国：社会科学哲学的案例研究》，张天虹等译，江苏人民出版社，2009，第15~16页。

的影响及行动的反作用,并据此探讨近代中国乡村社会的运行机制。

## 二 绅权时代道义基础上的经济理性

位于江苏铜山与山东滕县交界处的贾汪,一向地瘠民贫;近代漕运衰落后生存资源更为稀少,每遇灾荒往往是"老弱填乎沟壑,壮者流于盗匪"。① 自然生态的脆弱加剧了社会环境的恶化,到民国初年"农民流而为匪者极多",当地"成了著名之匪区"。② 对生存资源的极度渴求与激烈争夺,刺激了农民的个体理性,也对村社道义之维护提出更高要求。在抵御盗匪的共同目标下,武装"土围子"为中心的村落布局,强化了乡村的内聚性;乡绅的权力及以此为中心的主从庇护关系,也由此得以加强——直到绅权日趋没落的20世纪30年代初,当地乡绅仍拥有直接处置佃农、盗匪的权力。③ 在这样的社会生态下,无论是基于生存伦理的道义规范,还是利益算计下的经济理性,都会有突出的表现。

19世纪末贾汪一带成为矿区后,它与煤矿间的互依与对抗,成为乡村行为逻辑的重要起点。一方面,煤矿的生存发展高度依赖于乡村的土地供给及地下矿产资源,而矿区乡村的出路又在很大程度上取决于矿方所提供的就业机会和市场,即乡民"直接赖此采矿工资以为生活者既繁又众,而(煤矿)间接为地方一般之所利赖者尤多"。④ 另一方面,法律意义上矿产的国有属性与乡村理解之歧义所诱发的开采权之争,煤矿对乡村资源和环境整体破坏所产生的利益博弈,又使群体性对抗与冲突成为矿区关系的常态。这种典型的对立统一关系,使乡村行为逻辑中互惠与算计的两面性得以充分展现。

贾汪矿区的历史,通常被追溯到1882年胡光国父子在铜山县北部、微山湖西岸创办的利国矿务局。有意思的是,胡氏父子创业时并未遇到乡村的抵制,利国驿铁矿的兴办包括青山泉煤矿的勘探和前期开采均相当顺利;这与同期盛宣怀创办萍乡煤务局的情景极为相似,原因也大致相同,

---

① 胡光国:《灌叟撮记》,江宁胡氏排印本,1925,第7页。
② 毛泽东:《江浙农民的痛苦及其反抗运动》,江苏省档案馆编《江苏农民运动档案史料选编》,北京档案出版社,1983,第5页。
③ 吴寿彭:《逗留于农村经济时代的徐海各属》,《东方杂志》第27卷第6号,1930年3月25日,第71~72页。
④ 《华东煤矿公司致实业部函》(1935年5月28日),徐州矿业集团档案室藏华东煤矿公司卷宗,档案号:9-19(2)。

即地方精英冀其由此带动乡村经济的发展并能给自己带来额外收益。① 这表明，农民因天然保守落后本能地排斥现代文明的现象并非普遍，其行为选择主要还是基于现实性的道义责任或经济理性。但在胡氏父子经营近十年之际，随着乡村预期的落空，特别是青山泉煤矿"一度获利颇厚"时，一场乡民"强行阻止开矿"、"气势汹汹地要求赔偿巨额损失"的冲突发生了。② 受邀出面调解的乡绅为胡光国指明"通商惠工，保民振业"的和解之路；在强化再分配机制和道义责任，使矿区乡村整体受益时，地方精英又得到"出场犒劳，节日馈赠"的特别优待。③

1898年粤商吴味熊接手后，矿场移至邻近滕县的贾汪，企业更名为"贾汪煤矿公司"。在这位满口"蛮语"且颇为自负的新矿主面前，地方精英的个体理性开始突显，利益表达方式也走向极端。徐州师范大学余明侠教授的调查显示，吴因"人生地疏且缺乏应变之才"，接连遭到"土豪劣绅的敲诈勒索"，且"一波未平一波又起"，最终酿成两败俱伤的惨局：1906年吴忧郁而死，煤矿倒闭，乡村经济重陷低迷。④ 面对过犹不及的严重后果，地方精英不得不重新审视与矿区的关系，并迅速调整自己的行动策略。

此后一段时间，地方精英成为矿区秩序的维护者，他们试图以互惠合作的方式分享工业化成果。经其盛邀重理矿业的胡光国受到前所未有的礼遇。1912年袁世传接手后，扩建矿井和修筑运煤专线贾（汪）柳（泉）铁路的计划均得到他们的支持。1918年煤矿架设通信电杆时，还出现了"地方人民赞助交通"、矿方"设宴款待，以资联欢"的其乐融融之景。⑤ 在乡村的配合下，矿区工业化取得突破性进展。到20世纪20年代初，贾汪矿区延伸至整个铜山县东北境，煤炭产量也摆脱了年产长期徘徊在3万吨左右的局面，其中"出煤最旺"的1921年达到24万吨。⑥ 受益的矿方主动回报乡村，不仅"保民振业"政策得以延续，1917年贾柳铁路开通后

---

① Jeff Hornibrook, *Mechanized Coal Mining and Local Political Conflict: The Case of Pingxiang County, Jiangxi Province in the Nineteenth and Twentieth Centuries*, Ph. D. Dissertation, University of Minnesota, 1996, p193.
② 余明侠：《徐州煤矿史》，江苏古籍出版社，1991，第98～99页。
③ 胡光国：《灌叟揽记》，第9～11页。
④ 余明侠：《徐州煤矿史》，第124页。
⑤ 《华东煤矿公司呈铜山县党部文》（1931年12月5日），徐州矿业集团档案室藏华东煤矿公司卷宗，档案号：26-3。
⑥ 徐州矿务局韩桥煤矿志编纂委员会：《韩桥煤矿志（1882～1986）》，中国矿业大学出版社，1992，第78页。

还为乡民提供搭乘之便，次年建成的贾汪煤矿医院又对矿区乡民义务接诊。1927年"代办"贾汪煤矿的上海远记公司将馈赠成例制度化，知名乡绅全部在煤矿挂名领薪。

这一时期乡村与煤矿的互利合作，将道义伦理的基础性作用发挥到了极致，即在互惠前提下，双方共同实现了利益最大化。理想目标的实现，除乡村精英对前期过激行为反思后的自律外，主要得益于官绅共治模式提供的制度保障。民初铜山县在保留警察局和"区董"制这两项清末"新政"主要成果，即在承认乡绅治理权并将其纳入官方系统的基础上，又以设立乡公所和议事会并由后者推举乡村领袖的方式，广泛吸纳民间精英与约束绅权。① 这种权力既受尊崇又被制约的安排，促使乡村领袖致力于地方长远利益和民众福祉，道义责任的基础地位得以巩固。

## 三　公权力下道义和理性的角力

1931年初著名实业家刘鸿生重组的华东煤矿公司成立后，矿区互利合作的局面被打破。这年9月，铜山县第二区公所和区党部率先发布《为贾汪华东公司蹂躏民命剥夺民权告同胞书》，依据地方共同体的道义权利，即秉承"靠山吃山"之传统的"本地人"作为一个利益共同体所拥有的排他性权利，以及华东煤矿公司的"外来人"身份和"私营"属性，建构起矿区二元对立关系，进而主张"我们的土地，他们没有树立电杆和修筑铁路的权利，也不能够供给他们享受地下掘煤、地上挖沟的利益"。② 随后联合薛允生等地方精英，以"贾柳路民众反对华东煤矿侵害权产委员会"名义，清算矿方的"罪恶"。"排水不修水道"、"铁路侵占民田"、"强栽电杆"等发生于袁世传时期的隔代旧事，重新编码后成为华东煤矿公司的侵权罪证；当年发生的交通事故和乡民阻止矿方钻探案，被解读为矿方"草菅人命"和"任意践踏良田"；据此呼吁乡民"联合起来""争回我们被侵去、被强占的财产权利"。③ 经过广泛动员和精心准备，11月19日晨乡

---

① 聂恒斌：《民国时期铜山县区乡政府》，《铜山县文史资料》第10辑，铜山县文史委员会，1990，第12页。
② 《为贾汪华东公司蹂躏民命剥夺民权告同胞书》（1931年9月15日），徐州矿业集团档案室藏华东煤矿公司卷宗，档案号：26-3。
③ 《铜山县贾柳路民众反对华东煤矿侵害权产委员会宣言》（1931年10月15日），徐州矿业集团档案室藏华东煤矿公司卷宗，档案号：26-3。

民砍毁矿方通信电杆80余根,"旋即星散"①,一场时称"贾柳路乡民暴动"的矿区冲突由此展开。

贾汪这种从合作到对抗的变化,起于地方权力结构的变化。鉴于北京政府时期的官绅共治模式并不利于社会控制和资源汲取等政权建设目标的推进,1928年南京政府统一北方后便重置区公所,直接委派官员控制乡村权力。国家在赋予区政权行政、司法和武力权时,并未采取防范措施,导致其权力滥用。该年底铜山县柳泉区公所(1930年更名为第二区公所)成立不久,便鼓动乡民以矿方"强栽电杆""无偿占用民田"为由发起进攻;后经乡绅调解,达成由远记公司"出国币300元补助柳泉小学房屋维修费并按月津贴柳泉区公所50元"的解决方案。② 远记公司破产两年后即华东煤矿公司成立不久,第二区区长刘鉴秋便借上述交通事故和钻探风波,试探权力寻租空间,试探无果后便与薛允生等达成对付矿方的一致。

地方精英与公权力的结合,同样源于国家主导的强制性制度变迁。南京政府抛弃官绅共治模式,本身就意味着地方精英被排斥在权力中心之外。在国民党势力强大的铜山县,政权建设表现为党政力量的同步扩张。地方党部通过训练组织将权力扩张到村落,介入民间纠纷和社会管理,③地方精英的权力空间被进一步挤压。就在这些失意的地方精英准备借煤矿重新开张夺回矿区话语权时,矿方的革新行动又打破了他们的梦想。在总结远记公司经营失利教训的基础上,华东煤矿公司认为笼络乡绅、联络地方之积弊"势非彻底革新,不足以期整饬"。④ 公司成立伊始即废止了馈赠成例,后又借改组之名赶走全部挂名领薪的乡绅。既得利益受损的地方精英,转而与国家权力结盟。

地方精英的倒戈,使冲突发生后的调停演化为私利的博弈。1932年2月初首场谈判中,薛允生等要求对电杆占地"过去损失"一次性赔偿的300元,成了内部分赃;有关"将来损失"虽按县政府和县党部的意见达成取消给第二区公所每月50元的补贴、直接支付乡民租金的议案,但在矿方按约重置电杆时则遇到乡民"蛮横无理"的阻止。薛允生以内部分歧为

---

① 《贾汪贾柳路民众昨砍毁华东公司电杆》,《新徐日报》1931年11月20日,第1版。
② 《恳请令县保护恢复电信交通并详陈暴动原因》(1931年11月28日),徐州矿业集团档案室藏华东煤矿公司卷宗,档案号:26-3。
③ 铜山县县志编纂委员会:《铜山县志》,中国社会科学出版社,1993,第448~551页。
④ 上海社会科学院经济研究所:《刘鸿生企业史料》(上册),上海人民出版社,1981,第256页。

由相推诿，第二区公所顺势亮出底牌：不仅原补贴不能变，还要另加每月200元的教育和警备费。①

在双方僵持不下时，薛允生等以公益性更强的浚河案为突破口，实现与拓展小集团利益。横穿矿区的贾新河经年失修，加以矿井排水的渗入，每逢山洪暴发便有大片农田被淹，"应需修挖"；但工程巨大且"中隔滕县境地"，确非矿方所能承担。②薛允生等抓住这一问题大做文章，在第二区公所和区党部的支持下，先是"急如星火"般地催促，后连续使用聚众示威、围攻矿场、阻止交通等暴力手段逼迫矿方就范。③面对持续升级的矿区冲突，华东煤矿公司被迫接受第二区公所"再次提出的月助200元"要求。但对于矿方600元的无偿"赠予"，薛允生等一度认可，但随后又变卦，再度鼓动乡民起事要求增加"暗贴"。④最终矿方全面妥协：将薛允生258亩土地纳入"塌陷"补偿之列，每年付其1290元；以每亩90元即高出市价2倍的价格收购薛继铭29亩土地；赠送民众代表朱润东、庞德修各600元。⑤

道义伦理沦为国家权力和地方精英的逐利工具后，乡民的个体理性被激活，矿区秩序进一步失衡。薛允生等人的巨额收益⑥，诱发了"有力好动"者"得寸进尺之心理"。仅隔一年，薛氏家族成员薛鼎臣便要求"援照"前例赔其3600元"贾柳路桥口冲地损失"，待矿方准备应诉时，旋即表示只要2000元就可"和平了结"。⑦时隔5年，林泉乡赵继武等继续炒作浚河概念，要求矿方将"煤井之水设法容纳别处，或停止汲水"，以免

---

① 《为乡民不遂决议案阻挠树立电杆恳请派员监视树立》（1932年2月13日），徐州矿业集团档案室藏华东煤矿公司卷宗，档案号：26-3。

② 《铜山县政府训令》（1934年8月9日），徐州矿业集团档案室藏华东煤矿公司卷宗，档案号：9-19（1）。

③ 《函报乡民于7月15日又聚众百余人在泉旺头地方搬运石碾放置铁道阻止交通》（1932年7月19日），徐州矿业集团档案室藏华东煤矿公司卷宗，档案号：9-11。

④ 《函陈许顾问对地方接洽情形》（1932年9月23日），徐州矿业集团档案室藏华东煤矿公司卷宗，档案号：9-19（1）。

⑤ 《矿长江山寿致董事会函》（1933年1月14日）；《1933年支付地方赔偿款清单》，徐州矿业集团档案室藏华东煤矿公司卷宗，档案号：9-19（1）。

⑥ 薛允生等人获利之多，足以令寻常百姓瞠目结舌。当时华东煤矿公司井下矿工的月收入仅6元（《华东煤矿自召罢工的烦扰》，《中国劳工运动史》（二），（台北）中国劳工福利出版社，1966，第1052页）；当地农民每年人均生活费用只有二三十元（陈翰笙等《解放前的中国农村》第三辑，中国展望出版社，1989，第176页）。

⑦ 《函报地方纠纷民众愿私了请指示方针》（1934年5月15日），徐州矿业集团档案室藏华东煤矿公司卷宗，档案号：9-19（1）。

影响其"自动浚河"。① 同时由于赔偿款发放被薛允生、薛继铭包揽,尽管矿方每年"赔款过巨",但不少乡民并未得到应有赔偿,"庸懦无能之百姓因此吃亏被冤者亦复不少",以致"诉讼连年,迄难止息"。②

鉴于区政权滥用权力、"推行政令之不足,压迫民众则有余"及乡村社会失序问题的普遍严重性,国家被迫修改以外来权力取代内生性权威的植入性政策。1933年南京政府剥离区公所的警务权,将行政权下移到乡镇公所。③ 国家在注意分散配置基层权力时,还以"义务职"的定位及"以人格、知识和做事能力为标准"的乡民推选、县长任命制④,约束乡镇长的权力,推动其与地方利益的结合。当乡村权力格局一定意义上回归官绅共治模式,地方精英自身权威的确立仍赖于对地方利益的贡献时,乡村的行为逻辑发生了怎样的变化?1933年滕县大泉乡乡长刘海秋组织的塌陷索赔案,就提供了这样一个典型例证。

1933年初,由于主矿井煤炭储量已所剩无几,华东煤矿公司一面着手在滕县夏桥开掘新矿井,一面为维持生产起见回采保护煤层,由此造成大泉乡一带"民田坟墓多处塌陷"。⑤ 新任乡长刘海秋主动与矿方交涉,达成对方"照价赔偿"的一致。不料随后"两月连次大雨,平地浸水,不能插足",勘测一再延误。乡村既担心矿方借故拖延,亦为增加谈判的砝码,决计采取行动。8月29日该乡"老少妇女三四十人,拦住六七号大门,不许通车。虽经派员多方劝导,终归无效,以致材料、煤斤无法运输。六七号井口是夜10点班被迫停工,不能产煤"。⑥ 矿方不得不"延请该乡乡董、耆老设法调停",并急电山东省政府和滕县政府"先以制止再予调解"。经滕县政府出面协调,赔偿标准在原定每亩3元基础上"暗加一元",赔付面积从预测的150亩增加到274亩。⑦

---

① 《呈报乡民借端开河无理要求仰祈鉴核迅予制裁事》(1937年4月4日),徐州矿业集团档案室藏华东煤矿公司卷宗,档案号:9-19(3)。
② 《铜山县政府训令》(1934年8月9日),徐州矿业集团档案室藏华东煤矿公司卷宗,档案号:9-19(1)。
③ 程方:《中国县政概论》,商务印书馆,1939,第56~59页。
④ 行政院农村复兴委员会:《江苏省农村调查》,商务印书馆,1934,第72页。
⑤ 《矿长江山寿致总经理顾宗林函》(1933年12月16日),徐州矿业集团档案室藏华东煤矿公司卷宗,档案号:9-19(1)。
⑥ 《函报大泉乡民拦住六七号大门运输停顿不能产煤正在设法调停》(1933年8月30日),徐州矿业集团档案室藏华东煤矿公司卷宗,档案号:9-19(1)。
⑦ 《函陈六七号井西南田亩坟墓塌陷赔偿费用仰请汇矿》(1934年1月4日),徐州矿业集团档案室藏华东煤矿公司卷宗,档案号:9-19(1);《1933年第六七号井塌陷地赔偿清单(滕县部分)》,徐州矿业集团档案室藏华东煤矿公司卷宗,档案号:9-19(2)。

组织老少妇女"拦住"矿场大门的行动，显示了新的乡村领袖使用权力的审慎性。当地方精英的行为选择受到国家授权合法性的约束时，抗争行动虽然仍在他们的领导下展开，但行为策略已趋于隐性与和缓，即地方精英在隐居幕后之时，开始注意避免易授人以柄的暴力冲突，注重运用传统的"问题化"技术，亦即通过得理不饶人式的"闹"和不达目的不罢休的"缠"，使问题不断升级，以实现自己的利益主张。结合当地的社会生态，此亦长期与匪盗和贫穷共同生活过程中所形成的一种攻守兼备的生存策略。① 它建立在"安全第一"的生存伦理基础上，目标是夺取资源或防止资源流失，故实质为经济利益的实现手段。然而此案涉及93个农户，且刘海秋与之并无直接关联；赔偿清单中未见其名，矿场发款额与总公司核拨数也完全吻合②，亦即其从中谋利的可能性微乎其微。在这个意义上，乡村的行为逻辑具有巩固庇护关系和再分配机制即强化道义伦理基础地位的性质。

在赔款支付环节，此案又生变故。由于当年夏桥新矿场的开建包括为铺设运煤轨道购买路基用地耗资巨大，矿方出现资金周转困难，赔偿款的发放一再拖延。乡民以为矿方又在偷奸耍滑，集议后决计借助媒体向其施压。1933年12月8日，徐州主要媒体《新徐日报》刊登了他们提供的《开矿影响民田时起纠纷》一文（以下简称"报道"）。"报道"在叙述这起索赔案的起因和过程基础上，传递了乡村解决争端的决心：华东煤矿公司肆意侵害民权，在煤炭开采中造成乡村耕地、坟茔坍塌的严重后果后拒绝兑现赔偿之诺，以致矛盾激化，"民众极为愤慨，咸愿与之一拼。现已秘密集合民众数千人，拟与以武力争斗"。③ "报道"随即被上海《新闻晨报》、天津《益世报》和南京《中央日报》转载，形成轰动一时的新闻风波，也促成此案迅速了结。

从"报道"的内容来看，乡村的成功在于抓住了"公正感"这一道义伦理的核心要素。在编制文本过程中，乡村一方面通过渲染矿方"势力既大，资本充足，官厅富绅莫不与之往来"的霸道和己方"势单力薄"被迫"暂为隐忍"的无奈，建构起正义与非正义且力量对比鲜明的认识框架，

---

① 〔美〕裴宜理：《华北的叛乱者与革命者（1845~1945）》，刘平译，商务印书馆，2007，第58~59页。
② 《函陈六七号井西南田亩坟墓塌陷赔偿费用仰请汇矿》（1934年1月4日），徐州矿业集团档案室藏华东煤矿公司卷宗，档案号：9-19（1）；《1933年第六七号井塌陷地赔偿清单（滕县部分）》，徐州矿业集团档案室藏华东煤矿公司卷宗，档案号：9-19（2）。
③ 《开矿影响民田时起纠纷》，《新徐日报》1933年12月8日，第1版。

形成强烈的道德反差；另一方面通过对主要信息的技术化处理，包括放大塌陷范围和烈度，裁剪与拼接交涉伊始矿方即"决计赔偿"以及因"连次大雨"而"无法丈量"等不利于己方的事实，将一桩普通的塌陷赔偿交涉案，组装为矿方为富不仁、欺压良善的乡村灾难史。

同时，乡村还巧妙地运用了传统文化资源，将自己的利益主张赋予深刻的道德意涵。中国以农立国的悠久传统和影响深远的儒家仁政思想，凝结为以民本思想为核心的民粹话语。在这套话语系统中，勤劳善良、与世无争的农民是"善"的象征，而侵吞民财、为富不仁者则被视为"恶"的化身。在编制表达文本时，乡民利用"无商不奸"的社会成见，成功地将矿方塑造为侵吞乡村利益的"恶魔"。此外，在根深蒂固的家族本位观念中，祖坟一直是最具代表性且常常被神圣化的家族文化资源和象征资本。矿区乡民抓住这一家族伦理问题大做文章，受波及之地坟"白骨露天，棺柩累累"的描述极具道德震撼力。① 借助民粹和伦理话语，一场普通的经济纠纷转化为神圣的道义保卫战。

## 四 道义和理性背后的社会运行机制

煤矿的有组织化与小农的分散性，矿区工业化对乡村资源、环境的整体性破坏，决定了即便是塌陷索赔这类常规性利益博弈，也常常表现为群体性抗争；在这个过程中，地方权威以其文化禀赋和组织动员能力，起着主导作用。同时，煤矿的"外来人"属性，乡村在地缘、组织和文化资源等方面的比较优势，又决定了其主动与强势。矿区冲突中的这些特点，利于从中把握乡村行为逻辑的整体特征及其背后的社会运作机制。

从贾汪矿区早期历史来看，在传统自治格局下，乡绅有致力于地方利益和强化道义规范的自觉，因为这个时期他们的权力仍建立在与村庄经济、道德伦理共生之关系上，即其权威的确立与巩固"依赖于其建构地方共同利益的贡献"。② 同时"无讼"理想与乡村道义的高度重叠，"仁政"取向下保守型财政对乡村较低要求与乡绅防止资源流失之目标的一致，又为他们履行乡村"保护人"职责、维护道义的规范性提供了制度保障。但绅权与族权的重合以及庇护关系下主从地位的不对等，决定了乡绅的权力

---

① 《开矿影响民田时起纠纷》，《新徐日报》1933年12月8日，第1版。
② 张静：《基层政权——乡村制度诸问题》，浙江人民出版社，2000，第25页。

基本上不受制约，亦即他们扩张私利和炫耀权力的内在冲动几乎没有外部的抑制，此亦帝制时代乡村社会秩序虽能大致维持均衡但时常动荡不安的主要原因。

北京政府时期的"官绅共治"模式，实质为在维持传统治理结构的前提下，以精英推举方式约束地方领袖的权力；这就等于在原来"熟人社会"信誉机制这种软约束之外，加设了一道制度防线。这种安排促使乡村领袖内敛化与谋求地方的长远发展，加以矿方积极回馈即其地方化取向与乡村以互惠方式分享矿区工业化成果之目标的一致性，合作双赢局面的实现成为可能。但官绅共治模式并不利于国家政权建设目标的推进，强化资源吸取和社会控制的努力受到地方精英的抵制，即"让精英控制村政权和县议会，只能为他们表达自身利益和反对征收新税提供一个合法的工具"[①]；此亦该模式随后被南京政府抛弃的主要缘由。

南京政府主导的强制性制度变迁，改变了整个博弈场域，进而影响到各方的行为选择。乡村权力来源自下而上的转向，导致"地方权威与地方社会的利益一致性逐渐弱化"，并给他们提供了"利用官方名分使其独有规则合法化"的机会，由此"官事和私事的互利与互用被制度化"。[②] 同时，国家权力的下移还破坏了乡村自治单位的完整性，堵塞了下情上传的通道，导致基层行政的僵化和乡村社会的崩坏。[③] 具体到贾汪矿区，以地方公益之名的利益扩张，对于新的国家权力来说，既是官事与私事互利互用的途径，也是化解收拾人心之道义压力的手段；对于失意的旧式乡绅而言，这成为他们挽回国家强化资源吸取所造成经济损失和夺回乡村话语权的机遇。所以 20 世纪 30 年代初矿区工业化遭遇国家权力和地方精英的联合抵制，不仅仅是利益再分配和公共资源再界定的问题，还是权力结构变动下地方权威重新整合社会、获得合法性的博弈。

地方权威以公益之名扩展小集团私利，弱化了道义伦理的社会规范作用，导致集体行动的非理性。这就迫使国家修正其植入性政策，地方权力结构某种意义上向官绅共治模式的回归即这样一个折中方案。这表明，乡村的行为偏好既受制度、权力和文化交织的社会网络即变动的社会场域的影响和制约，也重塑着制度的走向。但由于原来的自治单位和内生性组织已被破坏，特别是民族危机和国共政争不断加剧背景下捐税摊派的激增和

---

① 〔美〕李怀印：《华北村治——晚清和民国时期的国家与乡村》，岁有生等译，中华书局，2008，第 311 页。
② 张静：《基层政权——乡村制度诸问题》，第 30～32 页。
③ 费孝通：《乡土重建》，上海观察社，1949，第 51～53 页。

随后保甲制的全面推行，进一步瓦解了由地方共同利益联系起来的内聚性社会结构，1933年南京政府推动乡村领袖与地方利益相结合的努力，虽然一定程度上改变了乡村的抗争方式和策略，但要从根本上强化道义的基础地位与扭转其工具化趋势，仍显得力有不及。

# 抗战时期重庆的媒介生态研究*

——以北碚《嘉陵江日报》为例

张 瑾**

**提 要** 诞生于20世纪20年代后期的《嘉陵江》（1931年更名改《嘉陵江日报》）是卢作孚北碚乡村建设的宣传报。全面抗战爆发后，该报以崭新的姿态转向抗日救亡的动员；随着中央机关迁建区的设立，这份面向乡村受众、传播方式特别的小报面临着战时北碚新环境的挑战。作为本土媒介个案，抗战时期《嘉陵江日报》的转型、话语特征及其应对《重庆各报联合版》创刊的变革举措，在相当高程度上折射出战时重庆的舆论阵营及话语空间的异动，成为研究战时重庆的媒介生态的重要观察点。

**关键词** 《嘉陵江日报》 抗战时期 营运困境 媒介生态

北碚位于重庆合川之中点，东傍嘉陵江，西接成渝公路。华蓥山自北而南分成三大支脉夹贯本境，横断大江形成小三峡。境内丘陵起伏，地土贫瘠，民风朴素。① 1927年2月，卢作孚就任嘉陵江三峡地区江巴璧合四县特组峡防局局长，开始其"创造集团生活的第二个试验"。② 1928年3月4日，卢作孚创办三日刊《嘉陵江》，他"自任社长，并主持社务工作"。③ 1928年10月，《嘉陵江》由三日刊改为两日刊。1931年元旦，《嘉

---

\* 本文系作者主持的2008年度国家社会科学研究基金项目"抗战时期中国共产党在重庆的舆论话语权研究"（08BXW004）的阶段性成果之一。本文初稿是作者在2007年6月参加新加坡国立大学国际学术会议"Conference on DESTINATION CHONGQING, 1937 – 45: THE WARTIME CAPITAL CITY OF REPUBLICAN CHINA"会议论文《报纸的力量——1938~1946年北碚〈嘉陵江日报〉研究》。

\*\* 重庆大学人文社会科学高等研究院教授。

① 参见北碚管理局所编《北碚概况报告书》，重庆市档案馆藏北碚管理局全宗，档案号：0081 - 2 - 762。

② 参见张瑾《权力、冲突与变革——1926~1937年重庆城市现代化研究》，重庆出版社，2003，第315~334页。

③ 文履平主编《重庆市志·报业志》，重庆出版社，2000，第34页。

陵江》改为日刊，更名《嘉陵江日报》，由石印改为铅印，每日出版500份。早期《嘉陵江日报》以峡区新闻为核心，用"浅显白话文介绍社会新闻及乡民应用常识"①，传播嘉陵江三峡各种事业的消息，文风清新，成为战前北碚建设的有效动员工具。

全面抗战爆发后，《嘉陵江日报》以崭新的姿态转向全民族抗日救亡的动员。随着中央机关迁建区的设立，北碚开始接纳内迁中央机关、文化机构以及文化学术界名流，这份面向乡村受众、传播方式特别的本土小报面临战时北碚新环境的挑战。本文拟从战时重庆媒介生态的角度，以《嘉陵江日报》的媒介文本、重庆市档案馆藏等相关第一手史料为基本文献，梳理抗战时期《嘉陵江日报》的转型、话语特征及其应对《重庆各报联合版》创刊的变革举措，进而探讨该报战时变迁与重庆舆论阵营及话语空间异动之关系，从一个侧面考察抗战时期重庆的媒介生态的问题。②

## 一　因应战时动员：从服务乡民到抗日救亡的宣传

在《嘉陵江》创刊号上，卢作孚以"努力的同人"的名义，发表《介绍嘉陵江》一文，阐明报纸的宗旨，他指出："这个《嘉陵江》，身体虽小，肚皮却大，大到可以把五洲吞了。各位朋友，不要见笑，不信试看一看，简直可以从这个小《嘉陵江》里，看穿四川，中国乃至五大洲——全世界。"卢作孚还说："我们是专门帮助三峡的——不止三峡的——各位朋友的，我们很关心各位朋友：家庭好吗？职业好吗？居住的地方好吗？身体上健康？精神上快乐吗？却苦不能一个一个地来与各位朋友闲谈闲谈，谈些好的生活方式，只好请这位小《嘉陵江》当代表登门拜访。"③

创刊之初，卢作孚为报纸定下六大特色：一、白话字句很浅，只要读过一两年的书就可以看；二、编辑简要，比看别的报少费时间；三、新闻丰富，与重庆、成都有名的报纸一样；四、派人专送，不用邮寄，比报馆

---

① 《嘉陵江日报概况》，重庆市档案馆藏北碚管理局全宗，档案号：0081-4-3463。
② 迄今为止，学界有关卢作孚的研究成果较为丰硕，但有关其创办之《嘉陵江日报》的专题成果极少。笔者指导的研究生高瑜的硕士论文《基于现代化视野的北碚乡村建设传播实践研究——以〈嘉陵江日报〉为例》（重庆大学传播学硕士学位论文，2010年）是首次以传播学的视野对《嘉陵江日报》进行历史研究的专题成果。该论文以《嘉陵江日报》为个案，通过对中国近代乡村现代化的进程分析，重点研究以《嘉陵江日报》为对象的虚拟公共平台是如何传播卢作孚的现代化思想，见证并实现乡村社会变迁的。
③ 《嘉陵江》以"秀才不出门，能知天下事"、"请看嘉陵江"等为题，连续一个月头版头条宣传这一新生事物。参见《嘉陵江》1928年3月4日至31日。

迅速（以峡区为限）；五、有娱乐材料可以消遣；六、有常识材料可以帮助大家职业和生活。① 按照卢作孚的设计，《嘉陵江》报的传播内容"只以现代的国防、交通、产业、文化四大问题为中心"，其目标在于，使读《嘉陵江》报的朋友们"都逐渐能够认识现代是一个什么样的世界"②。于是，这份乡村的小报登载的内容包括："第一，每天必有国防、产业、交通、文化的消息；第二，每天必有峡区事业的进展消息；第三，常有中国西部科学院在边地的采集通讯；第四，常有国内外重要都会的特约航空通讯。"③

据不完全统计，早期的报纸上经常刊载的议题有：教育改革、妇女解放、农业科技推广、银行理财、医院就诊等等现代生活观念。④ 就文风而言，《嘉陵江》报"大胆改用语体"，且注意兼顾通俗易懂的乡民阅读需求。其记叙辖区新闻的简明写实，少有军阀政治体制下的八股格式，与同时代的报纸风格颇异；而在版面设置上，又设有"余闲"、"随便谈笑"、"专载"及"游记"等栏目，尤其注重专载，其篇幅之大，也为别的报纸所少见。《嘉陵江》报还重视儿童和青少年的言论，曾连篇刊载小学生的日记是其特色之一。⑤

九一八事变前夕，《嘉陵江日报》在传播内容上已经开始超越区域的局限，出现报道日军侵略东北的新闻。⑥ 报纸有关区外新闻的来源"主要靠收音和通讯"，当"收音机成问题时，渝报也是主要的消息来源"。⑦ 以1931年八九月份为例，这类收音新闻所用栏目就有："东鳞西爪"、"各方要闻汇志"、"各方雨丝风片"、"简报"、"各方形形色色"、"零零星星之小讯"、"省中形形色色"、"杂瓣"、"花花世界"、"小新闻"、"要闻汇报"、"杂俎"、"短讯汇志"、"各方杂讯"、"各方拾零"。收音讯息尽管存在新闻的时效性问题，但也让小乡村的人们足不出户知

---

① 努力的同人：《介绍嘉陵江》，《嘉陵江》1928年3月4日。
② 卢作孚：《建设中国的困难及其必循的道路》（1934年8月2日），凌耀伦、熊甫编《卢作孚文集》，北京大学出版社，1999，第338页。
③ 高孟先：《一年来的嘉陵江日报》，《北碚月刊》第1卷第9、10期，1937年6月1日。
④ 高瑜：《基于现代化视野的北碚乡村建设传播实践研究——以〈嘉陵江日报〉为例》，重庆大学传播学硕士学位论文，2010。
⑤ 《嘉陵江报二十年》，《重庆报史资料》第5辑，重庆日报新闻研究所编，1989年6月版，第42～44页。
⑥ 《日本对我准备宣战》，《嘉陵江日报》1931年9月16日，第2版。
⑦ 《嘉陵江日报一年来之工作报告》，重庆市档案馆藏北碚管理局全宗，档案号：0081-4-362。

天下事。

1931年9月22日,《嘉陵江日报》首次在头版头条刊登《日本军占领沈阳长春》的消息。9月25日,该报头条又大幅报道《峡局全体人员研究东北问题》、《东北噩耗拾零》和《日海陆空军决继续西进压迫》消息,有关东北沦陷的新闻占了报纸一半的版面。10月13日,《嘉陵江日报》刊发峡区图书馆制作《倭寇新闻索引》的消息,这份帮助读者系统了解九一八事变及其各报对日本侵华忧患的信息分类索引,内容包括"日军行动"、"我军消息"、"政府对付"、"日方情形"、"国际交涉"、"民气与抗日运动"、"国内的舆论与主张"、"世界的影响及其变化"、"国联的舆论与主张"等十四项。1933年的报纸头版开辟"时局短讯"栏目,刊发九一八事变后全国各地局势的消息;而峡防局东北研究会的《东三省金融与货币》研究报告也出现在之前北碚消息固定刊发的头版上。

1934年7月1日,《嘉陵江日报》由石印改为铅印,对开四版,信息容量大幅度增加,且出现副刊、广告版,具备了现代新闻纸的诸多特性。在版面安排上,各类新闻有明确的栏目名称,上下八栏,运用了现代报纸编辑学方法,分割齐整,视觉上显得比较美观整洁。在排版上,第三版逐渐作为专刊、副刊版,报纸功能完备起来。此外,除在中缝刊登广告外,1935年4月15日开始,第一版另辟一个整版的广告版。①

七七事变发生后,《嘉陵江日报》以"最后消息"用大幅版面报道了七七事变的动态,② 7月11日,又以"最后要闻"大版报道七七事变的后续新闻。国难当头,《嘉陵江日报》传播内容迅速转向抗战主题,投入抗日救亡的宣传,编者为此"拟定各种宣传大纲,编写壁报,汇集抗战言论,于嘉陵江报刊载,并于嘉陵江报开辟专栏,专载抗敌有关言论,翻印并编制通俗抗战歌词"。③ 此后,第二版的省内新闻大幅刊载抗战的新闻,正面歌颂抗日英雄及政府抗战方针。第三版本地新闻,也加大对抗战消息的报道。比如,在《与农友们谈国家大事》一文中,作者以通俗浅显的文字揭露卢沟桥事变两周后日军的侵华野心,并写道:"你们看,这个时候,

---

① 有关抗日战争以前《嘉陵江日报》媒介文本的新闻学统计,参见高瑜《基于现代化视野的北碚乡村建设传播实践研究——以〈嘉陵江日报〉为例》。
② 《嘉陵江日报》1937年7月10号,第1版。因报纸传播信息的滞后,该新闻来源为7月8日、9日的北京、天津、上海、东京等地消息。
③ 《嘉陵江三峡乡村建设实验区署民国26年下半年工作报告》,《嘉陵江日报》1938年1月11日,第4版。

是什么时候？我们的政府现在已下了决心，说是我们不惹人，但是别人惹我，我们也决不害怕，要望我们的农友们，大家都能够明白这是生死关头，大家干起来，我们拿起锄头，拿起镰刀，带起枪杆，一齐起来，去同日本鬼拼命！"①

值得注意的是，此时《嘉陵江日报》"着重抗敌救亡之宣传"从选题到编辑队伍呈现出前所未有的开放性，比如报道陕北中共及毛泽东的通讯，②对于敌后游击战争的介绍，③吸纳中共地下党员知识分子参与编辑业务，先后有汪伦、李亚群、罗中典等人担任编辑任职。④

从1938年3月19日开始，报纸从版式到内容出现显著变化。当天，《嘉陵江日报》刊头使用国民政府主席林森题字，并恢复中张篇幅，为对开两大版，铅印，报头不再位于右上方，而是出现在正上方中正位置，左右两端均留有报眼。在报眼部位，和头条消息均为醒目的抗日战事新闻。⑤报纸的头版"每日必有抗战收音消息"⑥。迁入北碚的复旦大学新闻学系表示愿意与《嘉陵江日报》合作，拟"选高年级学生来社工作，以帮助本报改进，并借以实习"。⑦ 4月9日，《嘉陵江日报》长文刊载本报记者访问新闻学系谢六逸主任的谈话记录。谢六逸从谋求新闻系毕业生的实习机会以及新闻学院应对当地新闻事业做贡献两方面谈到与报纸合作的思考。当记者问及"本社希望贵校同学的帮助很切，不知来社工作者多少人？"谢回答："毕业班七个，三年级也可择几个强一点的参加工作。"这一计划让报社备受鼓舞，记者称："今后本报得复大新闻学系之助，将以崭新的姿

---

① 中典：《这两周来——与农民朋友们谈谈国家大事》，《嘉陵江日报》1937年7月26日，第3版。

② 作者工治署名的陕北通讯，称"我首先要告诉你的，便是陕北的政治军事机关人员的生活，其朴素的程度，比你的想象要远得多"。见《神秘的陕北》，《嘉陵江日报》1938年1月4日，第4版。

③ 《什么是游击战争》，《嘉陵江日报》1939年5月9日，第4版《嘉陵副刊》。1939年6月13日，第4版长篇连载：《游击战术四字经》。

④ 1938年，担任主编的汪伦，是苏联《真理报》通讯员，随高士其从延安来到北碚，卢子英视其为上宾。1939年7月，李亚群由中共泸州中心县委调任北碚中心县委书记，其公开社会职业为《北碚月刊》副主任兼《嘉陵江日报》副刊《风雅颂》主编。9月他还写了诗和通讯《嘉陵江上的旗影》，分别刊于两张报纸上。他把副刊办得醒目活泼，受到青年学生欢迎，直到1940年11月离去。见文履平主编《重庆市志·报业志》，重庆出版社，2000，第34页。

⑤ 名曰"最后消息"。1938年8月1日起报眼内容又换成战局地图和抗日宣传标语。

⑥ 《北碚月刊》第3卷第13期，1941年12月30日。

⑦ 重庆市档案馆藏北碚管理局全宗，档案号：0081-4-3463。

态，出现于读者之前。"①

8月1日到7日，报纸连续刊载《今后本报的新姿态》，从读者定位、版面内容，以及发行渠道等方面系统阐释了编者的新方针。文章指出："本报在最近几个月中，几乎一个月有一个改变。在几次变革当中，除了自我评判之外，更多接受各方面及爱护本报的读者底评判。我们在最近，归纳研究的结果，觉得我们可怜的乡村，实在没有什么可供阅读的报纸，虽然一般的报纸，是够好了，可惜我们的兵农工商大众，无法接受，因此，深深地感觉到我们乡村报纸，要为我们可怜的乡农小工商业的人们，另开一条道路。"②"本报为大众所有，本为大众所用，更希望大众负起主人的责任来。"在"这民族存亡最后关头的抗战"时期，"怎样能够发动伟大的民力，来争取民族抗战最后的胜利？"编者说："我们更对本报的读者诚恳地说一句，我们都是这伟大时代的主人，我们应关怀乡邦，我们应该努力建设后方，去争取抗战最后的胜利，本报谨在这伟大的事业中，做了一个小小桥梁，将抗战的情况和设施，以及社会多面反映出来，让大家批评，大家建议。"③

至于报纸的内容，编者提出："我们主张在大众生活上去建立报纸的地位。"报纸应"与我们的兵农工商大众生活息息相通，一方面使抗战的消息迅速而经济地传达到每个乡村的角落，一方面使我们兵农工商大众，在每天除了得到抗战消息之外，还可得到丰富的'常识'和有趣的'文艺'，这些都力求适合大众的程度和需要，并要制民众课本，供大众每日的读诵，我们情愿不受耆绅先生的欢迎但我们不能不使劳苦大众满意，这是本报今后的动向"。只要我们的"内容好"、"合于大众的阅读"，报纸的订户才会"走上门来"，才能"使大家乐于做我们的读者"。④

关于国内外及本区的要闻排版，编者提出："我们更注重系统的编辑，所以我们中外新闻，是用各种电文另编，去其重复电文，只存在各电中和的事实，更将前后几天的经过略叙一番，俾资衔接，这样可以使大众不费力便知道这件事的本末，不再去做分析综合的功夫，实在说来，就是一般读报的人，倘若他对各种通讯社的背景不明瞭，和通信制作电文的内容，

---

① 述亨：《访谢六逸先生与本报今后的新姿态》，《嘉陵江日报》1938年4月9日，第2版。需要说明的是，据嘉陵江日报社档案记载，这项合作计划最终因报纸自身的设备等原因，未能接受新闻学系同学们的实习申请。
② 《本报今后的新姿态》，《嘉陵江日报》1938年8月1日，第2版。
③ 《本报今后的新姿态》（续），《嘉陵江日报》1938年8月3日，第2版。
④ 《本报今后的新姿态》（完），《嘉陵江日报》1938年8月7日，第2版。

看了一大篇的电文之后，还是茫然的多，所以我们为了大众能够接受的缘故，我们便代读者把分析综合的功夫做了，并且为了大家对地理的关系明瞭起见，绝对保持每天都有地图来帮助阅读，并把战区分出来，俾更显明，此外，我们每三天有次三日国际，每三天有次三日抗战，把几天的抗战情况，和几天的国际情况，系统的记载出来，使我们读报的人，对抗战和国际的情势更为明晰。"①

副刊是《嘉陵江日报》的抗战言论的主阵地。1938年3月1日《农民周刊》整版篇幅刊登通俗易懂的"抗敌金钱板"。编者指出："我们的副刊，没有典雅的大块文章，只有些俗言俚语，在文艺方面，我们想借民众惯熟的式样，来把新的知识介绍到大众之前，大众喜欢小调，我就不妨试做几篇新生活打鬼子一类的小调，给大家尝尝……"对于民众喜闻乐见的"小调、金钱板、大鼓书，弹调、道情等形式"，则可调动全体民众的积极性。"我们希望这深巷中不知名的酒家——本报，常常得着我们劳动大众的光顾，在我们的副刊上，不但是给大家欣赏，进一步要成长为大众的补充读物，我们现在已经开始论抗战三字经，由敌国说到我国，由侵略说到抗战，一天一章，一天一段，大家天天读，天天念，一直把鬼子赶出中国的土地外，才晓得这本经有灵念，还有普通的常识，关于国防，产业，交通，文化上的一些常识，也不少是大家急切知道的，譬如，天天在报上都看得见敌我飞机在天上打仗，究竟有许多清楚飞机是怎样打仗，在这类常识，我们乡下人，却会把它当做西洋镜或东洋把戏看得入味，其他如科学省的新发明新发现有些是我们乡下人爱听的，我们都想法子告诉他们，我们的副刊，完全是我们乡下人的小食店，文雅的先生们是不值一顾的，我们只希望我们劳苦的大众能够大吃特吃……"

从1938年3月至1939年4月，报纸分两个版面，第一版刊载战时新闻和副刊、"三字经"、"常识"等栏目，其中战时新闻其余栏目内容各占一半的篇幅；第二版是辖区新闻、短评、特写、社会服务和广告。报纸在继续沿袭其战前的现代化启蒙教育传统的基础上，将抗日救亡的宣传做得"颇显得生气蓬勃"②。

早期的《嘉陵江日报》发行方式特别。报纸主要"在一切公共的地方陈列着，在一切公共经过的地方粘贴着，让人阅读"。这种"赠阅"的传播方式导致报纸的发行量极小，始终在200份至300份之间徘徊。1931年

---

① 《本报今后的新姿态》（续），《嘉陵江日报》1938年8月3日，第2版。
② 《嘉陵江报二十年》，《重庆报史资料》第5辑，第44页。

开始，报社在报纸发行上力求推销，报社专设报丁一名，除了承担"社内一切杂务"之外，报丁的任务是"专门在上下汽船售报"；此外，报社"又以峡局传达兵四名，来回分送报纸到江巴璧合四县峡区各场"。并动用一切社会关系，"凡遇来峡参观事业的人，都必欢迎他订阅本报准备"，"托人在渝合及其他各处劝订本报"。但结果并不理想，"以报价低廉，绝少广告营业，入不敷出"。①

此时，编者开始意识到报纸固定订户的价值。在《本报今后的新姿态》文中，编者表明了报纸于扩大发行量的努力，称："我们现在最急切的工作，便是要将以上所说的内容能够送到我们区乡的读者，这里有为公众服务的各警卫区的邮递，这就便是我们的发行网，我们将由此深入到每保每甲的农友们，请他们都尝尝这粗俗的精神食品。"② 在这里，编者使用了"发行网"一词，表明编者努力告别早期以"赠阅"和依靠报丁在上下汽船码头零星推销等方式带来的无固定订户的时代。为此，编者做出重大规划，即："我们在这里发下一个大愿，希望在三个月以内征求到一千基本的订户，特别优待农人工人和学生，凡是农工读者在这三个月以内，订我们报半年，只要七角，学生只要八角，普通只要九角，平均只花了一角一二仙钱，就看一个月的报，这自然是便宜了，倘若我们的报真正的做到适合农工大众的需要，他们也许会省出吃水烟的钱来，买我们的报，这自然是要经长时间的努力，才能得到一些结果，同时我们还不限于本区，其他的好些乡村我们也希望销去"。③

与此同时，报纸连续打出了三个月征求1000名基本订户的优惠广告，试图用新姿态来稳定和扩大销路，广告称："农工半年七角，学生半年八角，普通半年九角"，区内读者"试阅三天"，区外读者则"一律九折"。④ 对于本次增加发行量的大动作，编者认为"我们在计划中，自然也免不掉主观一些，但我们却相信文化水准在相当高度中的本区，一千的基本订户应该不是过分"。⑤ 值得注意的是，抗战时期的《嘉陵江日报》始终强调其为乡村建设服务的立场，坚持出版以乡村大众为中心的"小型报"⑥，内容

---

① 《嘉陵江日报社概况》，《嘉陵江日报》1931年9月9日，第1版。
② 《本报今后的新姿态》（续），《嘉陵江日报》1938年8月6日，第2版。
③ 《本报今后的新姿态》（续），《嘉陵江日报》1938年8月6日，第2版。
④ 《本报征求基本订户》，《嘉陵江日报》1938年8月1日，第2版。
⑤ 《本报今后的新姿态》（完），《嘉陵江日报》1938年8月7日，第2版。
⑥ 此后，报纸将新发展的"一千基本订户"目标定为"较长期不变性质"的计划。见《嘉陵江日报社三十年度中心工作计划》，《北碚月刊》第3卷第8期，1941年1月1日。

"力求短小精干,而且尤其表现出地方报纸的特色":"文字力求通俗,务使每一个识字的人都能看得懂,而且报价低廉,使穷苦的农民大众,都有购买的能力。"对国内外要闻的编辑原则,做到"简单明瞭,不同于重庆各报,以便文化程度较低大众之阅读"①。至于新闻的时效性似乎并不是报纸要考虑的主要问题,能解决乡民无读物之苦更为重要。编者指出:"在消息上只让得迟些但没有报纸的乡村,只要天天有点迟到的消息,也远胜过不通消息,同时,我们还有一部分,是没有多大时间性的文艺和常识,倘若是大众欣赏的东西,当然也值得大事推销。"②

## 二 难以抓住的机遇——《嘉陵江日报》的困境

1933 年以后,卢作孚将主要精力转向民生公司的经营管理,北碚的乡村建设工作逐渐移交卢子英。③ 1936 年 4 月,北碚正式成立嘉陵江三峡乡村建设区署,以继续推进乡村的现代化运动,《嘉陵江报》划归实验区管理。

从 1938 年至 1939 年间,"政府官员连同大批西迁难民像潮水般涌进了重庆"④,距重庆市区仅数十公里的北碚成为迁渝人口的重要落脚点。至 1938 年 7 月,各地的事业机关、文化团体、学校以及避难同胞,纷纷汇集北碚,先后迁来的南京科学社、中山文化教育馆、中央党史编纂委员会、复旦大学、四川中学、中央工业实验所"约计在二十个团体以上"。人口激增,导致北碚"所有平时空余之房屋已告人满之患"⑤。《嘉陵江日报》

---

① 参见高孟先《一年来的嘉陵江日报》,《北碚月刊》第 1 卷第 9、10 期,1937 年 6 月 1 日;《嘉陵江报社三十年度中心工作计划》,《北碚月刊》第 3 卷第 8 期,1941 年 1 月 1 日。
② 《本报今后的新姿态》(续),《嘉陵江日报》,1938 年 8 月 6 日,第 2 版。复旦大学新闻系 1944 年毕业生、《新民报》记者何鸿钧谈到战时报纸的新闻滞后性是普遍的问题。他指出,除国民政府的中央社外,民营报刊均采取收听外国广播和延安中共的广播为主要来源。(2007 年 6 月 17 日何鸿钧口述访谈记录。)
③ 卢子英 (1905~1994),重庆合川人,卢作孚之四弟。曾任峡防局督练大队队长、学生队队长、嘉陵江三峡乡村建设实验区区长、北碚管理局局长。据卢子英回忆,从 1935 年到 1942 年间,卢作孚实际上忙于四川省建设厅、交通部和全国粮食局的工作,无暇顾及北碚建设。见卢子英《怀念二哥卢作孚》,周永林、凌耀伦主编《卢作孚追思录》,重庆出版社,2001,第 36~37 页。
④ 董显光:《董显光自传:一个中国农夫的自述》,曾虚白译,台湾新生报社,1974,第 89 页。
⑤ 《嘉陵江日报》1938 年 7 月 9 日,第 2 版。

日渐丰富的广告显示出北碚作为中央机关迁建区的新景观。①

1939年5月3日和4日，重庆遭遇了抗战以来最惨重的日军大轰炸，各家报社社址及设备大部被毁。5月6日，《中央日报》《大公报》《时事新报》《扫荡报》《新民报》《国民公报》《新蜀报》《西南日报》《商务日报》奉命出版《重庆各报联合版》（下文简称《联合版》）。5月7日，《新华日报》加入《联合版》。至8月12日，《联合版》结束，历时100天共计出版99期。《联合版》在编印和发行上均采取集体制度，不发各报采写的新闻，取消副刊栏目，主要刊载当时中央通讯社发布的各项消息。"两版载新闻，两版纳广告"是《联合版》的基本内容特征。在一百天的发行中，每日出版一中张或一大张（即对开半张或一张），仅出版过两期一张半和一期《各报联合版七七特刊》。中张第一版为国内新闻，第二版为国际新闻及广告。大张则以第一、第四两版刊广告，第二版为国内新闻，第三版为国际新闻及市内新闻，"如临时新闻稿缺时，遂以广告补入充数"②。

日军"五三"、"五四"大轰炸对重庆的新闻界而言，是一场可怕的浩劫。地处北碚的《嘉陵江日报》侥幸躲过了这场大灾难，成为与《联合版》同步发行的仅有的地方报纸。5月6日，《联合版》创刊的当天，《嘉陵江日报》刊发紧急启事打出"赠阅"广告，声明："本社因重庆遭敌机轰炸，大多数报馆均已停刊，故本社为读者暂谋补救办法，特以此间嘉陵江日报暂为送读，俟渝各报复刊，仍照常送。"③显然，该报已经意识到十报合一的读者需求问题，报纸试图以"送读"方式来扩大影响。5月9日，

---

① 北碚迁建区，全称为"中央机关北碚迁建区"。重庆大轰炸期间，北碚实行人口再疏散政策，逗留城中的居民几乎为内迁群体。以1938年至1943年《嘉陵江日报》广告为例，其中的旅馆、旅行社、外地餐饮业的开张广告，医疗诊所以及私人出让住房的广告日渐增多；而北碚新村洋房出售、"新式房屋出售"、聘请新式家庭保姆、供应冰淇淋、刨冰、鲜橘水、汽水、可可、咖啡、牛奶、各色热冷饮料的"峨嵋饮冰室"等广告信息，均可以窥见疏散人口的压力和北碚城市空间与功能的变迁；而《嘉陵江日报》的广告刊登篇幅及周期更新，医疗卫生业的广告增多，学校招生广告，银行储蓄广告，结婚、离婚启事等信息，则表明北碚社会群体的复杂性和日常生活的变迁。比如，1938年3月17日，报纸打出"下江商店"的广告，该商号所经销商品种类繁多，包括：学校各类文具，如信笺信封、墨水、抄本、日记本、书写纸、黑板仪器等等；家庭工业社各类，包括：化妆品、肥皂、蚊香毛巾、味生、上海酱油、花露水、牙膏、牙粉、牙刷、糖果等。3月22日，报纸又以《为不再使尊夫人懊恨起见》为标题，大力宣传"北碚唯一之百货店"销售的"上海酱油"。

② 程其恒编著《战时中国报业》，重庆铭真出版社，1944，第7页。

③ 《嘉陵民众派报社紧要启事》，《嘉陵江日报》1939年5月9日，第2版。

《嘉陵江日报》又刊登启事，称"因业务量增大，招练实习生两名"。① 由于阅读市场的需求，报纸"订户零售皆有激增，而广告收入增至数倍"，尽管《嘉陵江日报》的广告费在提价，订户与零售也均有增加。②

从1939年5月开始，《嘉陵江日报》改出对开四大版。③ 版面设置上，国际局势类新闻明显增多，占到全部版面消息量的38%。《联合版》创刊后，《嘉陵江日报》的改版更体现在大幅度转载该报国内外新闻及社评文章。5月6日，《嘉陵江日报》头版头条大幅刊发5日的重庆收音消息："寇机疯狂袭重庆，蒋总裁召各首长谈话"，报道"五三"、"五四"大轰炸。当天报纸也刊发本报特别消息，报道区长卢子英一行数人在重庆目睹的日军轰炸事实："连日寇机狂炸重庆，以重量炸弹及烧夷弹，向我平民住宅及商场乱抛，罹灾惨重，为空劫所未有。"5月10日，报纸头版头条刊登"蒋委员长昨视察灾区"，专题报道重庆大轰炸的善后工作。同日，报纸第二版开始连续转载《联合版》有关局势的长篇社评。5月19日，报纸又转发中央社信息，用两版篇幅以"蒋委员长重要指示"为题，刊载蒋介石告全国同胞书。6月12日，报纸头版转载《联合版》的宣传口号："有准备不怕敌机，多疏散减少牺牲，敌机多投一个炸弹，我们增加一分力量，爱戴救国救民的领袖，拥护救国救民的中央"。④ 据不完全统计，当月《嘉陵江日报》仅转载《联合版》的社评文章天数多达半月，其中尚未计算连载与多版面转载文本。7月7日的抗战两周年纪念刊，《嘉陵江日报》在报眼处连续两个月刊登"国家至上，民族至上，军事第一，胜利第一，意志集中，力量集中"的口号，中缝广告处也打出"争取最后胜利，敬祝领袖健康"的标语。与此同时，《嘉陵江日报》各版也大幅转载《联合版》署名文章及国内外新闻，第四版的副刊版也开始连篇转载领袖言论及演讲稿等。这一变化意味着《嘉陵江日报》在相当程度上成为《联合版》的压缩版或"翻版"。

改版后的《嘉陵江日报》对区内新闻版面采取压缩方式，报纸内容更多追求与《联合版》类似的风格。5月18日开始，报纸二版开始有不定时的反映《嘉陵江日报》言论立场的"短评"，不过其内容也从社区生活逐

---

① 《嘉陵民众派报社紧要启事》，《嘉陵江日报》1939年5月9日，第2版。
② 《本报发行部广告部启事》，《嘉陵江日报》1939年5月31日，第2版；《嘉陵江日报一年来之工作报告》，重庆市档案馆藏北碚管理局全宗，档案号：0081-4-362卷。
③ 需要说明的是，此次改版决策是在《联合版》创刊之前。此后，1939年12月15日到1940年1月18日期间报纸因印刷厂更换字体，每日只出版对开一小张。
④ 《嘉陵江日报》1939年6月12日，第1版。

渐扩大到国内时事,抗战和生产等方面的主题,反映出编者努力超越最初服务区域的目标,如《奉行委座的宣示》(5月19日)、《抑平物价增加生产》(5月20日)、《厉行禁烟》(5月23日)、《结清五月的血债》(5月31日)、《防空与疏散》(6月5日)、《公务员的制服与职务》(6月10日)、《积极疏散》(6月11日)、《去当兵!去抗战!》(6月15日)、《迅速完成防空设备费征收工作》(6月27日)、《驱逐流娼以正风纪》(6月29日)、《献金运动》(7月10日)、《不当兵就献金》(7月4日)、《宣传与工作》(7月5日)。

《嘉陵江日报》副刊始于1934年7月,报纸由对开一小张扩版为对开四版,其中的第三版成为副刊版。副刊的创办秉承了卢作孚既定面向"乡民"的办报方针,即传播现代知识,开启民智。全民抗战爆发后,《嘉陵江日报》的副刊一度置于头版,办得极有特色,成为抗战动员的主阵地。《联合版》发行期间,《嘉陵江日报》除继续保留原有"嘉陵副刊"和"地方教育"栏目,还恢复了一年前因版面缩小而停办的"现代园地"与"农民周刊"。五、六月份,报纸新开辟"通俗文艺"与"社会问题"周刊。1939年7月2日,为适应北碚迁建区的新环境,第四版副刊版出现新栏目——"社会服务"。此栏目以"读者通信"方式谈论日常生活问题、社会疑难问题和学习向导等问题。就读者询问的问题看,其话题涉及法律、政治经济及生产、消费、兵役、时事,以及读书的方法等方面;而该栏目针对职业介绍、当地物价行情等服务类信息,则体现报纸超越区域的特征以及编者努力为迁建区新移民大众服务的姿态。

值得注意的是,《联合版》的发行似乎并未给《嘉陵江日报》带来理想的大发展。一方面全文转载带来的抗战宣传内容的同质化,致使其原有特色逐渐消失;另一方面,极小规模的本土小报也无法与重庆的大报竞争。故有人批评道:"1938年以后,外来单位增多,增加了社会的复杂性,增加了当地政府应付外来单位和人员的繁琐,报纸不免受到影响。从版面上,国内外,省内外的新闻有所增加,但全是剪刀浆糊之功,不为读者所欣赏。"而对此时《嘉陵江日报》多达七种的副刊,也被批评为以"编者以多排副刊来转换读者的口味",以牺牲地方区域特色为代价。①

就外部因素考察,日军大轰炸一直是困扰报社的重要因素。1940年报社为应付日军的频繁轰炸,报纸的印刷十分艰难,"每遇空袭印刷所工友均散避四五里以外之邻乡,停止工作至少达五六小时,且解除警报回所

---

① 《嘉陵江报二十年》,《重庆报史资料》第5辑,第44页。

后，因身体疲劳关系，工作进行往往较为缓慢，而编辑部情形亦不能例外"。受轰炸威胁，致使报纸不仅无法出版"四开中张"，即使"维持八开小现状恐亦难免脱期甚或间断"。于是，在1941年报社工作计划中提出"觅定适当社址"，而"理想中之社址"选择在"离市区至少七里"，"附近房屋稀疏，无任何目标"的"沿公路旁"修筑。为使出版工作不致受到重大影响，新社址附近应"构筑简单掩蔽工事，敌机响时停工暂避（编辑部亦如此），敌机过去复又继续工作"①。

就内部因素看，战时《嘉陵江日报》的困境主要表现在自身的定位、发行规模、经费及设备等方面。严格意义上说，规模极小的《嘉陵江日报》很难归于现代意义的报业。早期报纸的采编人员极少，且多兼职，记者编辑往往只有一两个人。1932年，报社除社长兼编辑一员外，仅有"书记一员，会计兼发行一员"，均由峡局派员担任；②"工作最忙时，常由区署派员临时襄助"③，很难请到专职的"学识渊博，才高志大的大主笔来作编辑"。此状况一直持续到抗战时期，由于没有固定的编辑队伍，报社"人事变换很大，这些人物，来去飘忽，很少长住，多系应邀而来，有故而去"。④

如此小规模的困境事实上与报纸自身定位有关。1939年5月5日，重庆升格为行政院直辖市，北碚再次成为重庆人口疏散的重点区域。为便利重庆人口的疏散，1939年5月15日，四川公路局奉命开通了重庆至北碚、歌乐山、青木关及青木关至北碚、丁家坳各段迁建区公务班车。⑤除民生公司的客轮外，每日还有国营招商局的快轮往返于重庆北碚间。⑥1940年9月6日，国民政府明令重庆为陪都。为适应战时北碚发展之形势，1942年3月，嘉陵江三峡乡村建设实验区署改设为北碚管理局。报纸又直属北碚管理局，局长卢子英成为《嘉陵江日报》的实际负责人。然而，即使是

---

① 《嘉陵江日报社三十年度工作中心计划》，《北碚月刊》第3卷第8期，1941年1月1日。
② 《嘉陵江日报社廿一年度计划》，《嘉陵江日报》1932年1月8日。另，《嘉陵江日报》的编辑队伍档案文献主要收藏于重庆市档案馆北碚管理局、嘉陵江三峡实验署等全宗。但报社人事档案极为缺乏，目前尚不能对该报的编辑队伍作一个整体定位，仅有组织结构图。
③ 高孟先：《一年来的嘉陵江日报》，《北碚月刊》第1卷第9，10期，1937年6月1日。
④ 《嘉陵江报二十年》，《重庆报史资料》第5辑，第44页。
⑤ 《陪都日志》，张弓、牟之先编《国民政府重庆陪都史》，西南师范大学出版社，1993，第694页。
⑥ 《国营招商局恒吉快轮每日行驶重庆北碚广告》，《嘉陵江日报》1939年6月6日，第4版。

"小陪都"①时期,《嘉陵江日报》的编辑方针依旧锁定服务于"乡间民众"读者,"以求适应乡间之购买力,而达到文化深入农村之目的",反复强调"力求乡村型之报纸"②。1941年嘉陵江日报社的年度中心工作计划是目前能够看到的有关该报在抗战时期的详细工作日志,从中可以看出战时报纸努力向全国性大报发展的势头。不过,通读工作日志,几乎看不到编者对"基本订户"的界定和新的说明。③这一定位在相当程度上有忽略以复旦大学学生群体为代表的北碚社会的内迁群体的趋势。④

此时,占据北碚阅读市场的报纸依旧是战时陪都重庆的报纸。5月9日,《嘉陵江日报》登载"本报启事",称:"本社代订各报因重庆惨遭敌机轰炸,各报遵令一律停刊,暂由各报发行联合版,每日出版一中张或一大张,时间内各报订户暂时停止送报,凡欲订阅联合版者请从新向本社订阅即可。"⑤至8月,报纸刊载"嘉陵民众派报社""代订重庆各报,送报迅速"的长期广告,显然,《联合版》后之重庆各报依旧是满足战时北碚受众的主要阅读物。

应该说,拓展受众一直是《嘉陵江日报》努力的目标。报纸设定的读者群"除本区各保保长,各学校教师,各机关职员等已办到为当然订户外,对外订户,则极力设法增加,如每期出版对订户尽先发送,并印续订单,函催期满订户继续定阅",报社也采取推销办法,比如,"本报曾印有宣传本报优点之广告,与国内各大报交换登载","至于本报零星销售,则于每日派报丁在上下汽船上宣传推销,最少亦可销到百份以上"。⑥不过,扩大发行量的设想多半停留在理想的设计阶段,很难实施。

整个抗战时期,《嘉陵江日报》经济始终处于拮据状态。1938年,因

---

① "小陪都"之说见周顺之《抗日战争时期迁驻北碚的国民政府机关和科研文教单位》,何建廷主编《抗日战争时期的北碚》,《北碚文史资料》第4辑,1992,第1~2页。不过,据何鸿钧夫妇回忆,他们分别于1940年和1942年在北碚就读于复旦大学新闻系和农学院,此间并没有听说有"小陪都"一说(据笔者2007年3月17日访问记录)。而1937年在北碚兼善中学读书的卢作孚的次子卢国纪先生则认为,"小陪都"在当时是非官方的说法(2007年6月15日笔者与卢国纪先生的电话记录)。
② 《嘉陵江日报社概况》,重庆市档案馆藏北碚管理局全宗,档案号:0081-4-3463。
③ 《嘉陵江日报三十年度工作计划》,重庆市档案馆藏北碚管理局全宗,档案号:0081-3-362。
④ 何鸿钧口述。何鸿钧回忆在复旦读书期间,同学们主要以订阅《新华日报》为主,或重庆出版的其他的大报,根本就没有听说过《嘉陵江日报》(2007年6月17日何鸿钧访谈记录)。
⑤ 《嘉陵民众派报社启事》,《嘉陵江日报》1939年5月9日,第3版。
⑥ 高孟先:《一年来的嘉陵江日报》,《北碚月刊》第1卷第9、10期,1937年6月1日。

为物价的昂贵，该报曾一度"不得不缩小篇幅"，将版面改为八开的小型报，并裁员减政。① 尽管战时发行量超过一千份以上，却无法掩饰报纸在重庆新闻业激烈竞争状况下的极度困窘状况。实际上，《嘉陵江日报》自创刊起，在经济上主要收入靠北碚地方政府拨款、卢作孚所经营的峡区企业的捐款，以及经营收入维持。② 而所谓报纸经营收入，即有限的订阅和广告收入，常常入不敷出。1939年嘉陵江日报社"为印刷纸张各费高涨呈请转函天府矿业公司增加本社辅助费由"，提出以"免费刊登长期广告""来宣传"企业作为交换。③ 以1943年嘉陵江日报社的收支预算看，由于物价高涨，嘉陵江日报印刷成本增加，"有入不敷出之感"④。从这一时期的北碚管理局档案看，《嘉陵江日报》在1943年底处于财政危机中，作为报社经济上重要支撑的民生公司抗战后期连年亏损，1944年5月负债额达到1.8亿多元，几乎到破产的地步。这种状况一直持续到抗战胜利尚无好转迹象。⑤

资金的困难，致使《嘉陵江日报》印刷出现问题，"设备不甚充实，而工人技术亦差训练，故于本报之印刷，难免不有错误，模糊之感"。⑥ 而主要依靠收音机、电话机等设备传播新闻的《嘉陵江日报》的基本设备极为简陋，故障也不断，常因"缺收音消息"而刊发"本报启事"致歉。⑦ 有时损坏的机器还"需赴渝配备零件"，报纸不得不停刊数日。⑧ 据复旦大学新闻学系主任谢六逸的观察，《嘉陵江日报》"就外表来看，在纸张，印刷收音消息的工具——收音机，电话等都有改善增加之必要，因为纸张印刷乃是新闻纸的装潢，虽有好的新闻，而无好的装潢，也不能引起读者看报的兴趣"，而报纸的印刷"字钉似不齐备，宜增加材料"。在谢六逸看来，尚未实现"自营印刷"的《嘉陵江日报》，在印刷纸张、收音机、电

---

① 《嘉陵江日报一年来之工作报告》，重庆市档案馆藏北碚管理局全宗，档案号：0081-4-362。
② 有关《嘉陵江日报》经费问题，参见重庆市档案馆藏北碚管理局全宗以下各卷：《嘉陵江日报》1938年上半年工作计划（0081-3-446）；嘉陵江报社经费卷（0081-3-89）；《嘉陵江日报》1943年收支预算表（0081-4-2579）；《嘉陵江日报》1940年度中心工作（0081-4-049）。
③ 重庆市档案馆藏北碚管理局全宗，档案号：0081-3-89。
④ 重庆市档案馆藏北碚管理局全宗，档案号：0081-4-2579。
⑤ 《民生公司简讯》第838期，1946年3月4日。
⑥ 高孟先：《一年来的嘉陵江日报》，《北碚月刊》第1卷第9、10期，1937年6月1日。
⑦ 《本报紧要启事》，《嘉陵江日报》1939年7月9日，第1版。
⑧ 《本报紧要启事》，《嘉陵江日报》1939年7月24日，第1版。

话机等最基本设备完善之前是无法考虑其他进一步的变革举措的。①

## 结语　战时重庆媒介阵营中的本土个案

曾虚白指出,"重庆为战时行都,是战时军事、政治、经济中心,因此成了报纸和人才的集中地。就阵容来说,重庆报业冠于全国"。②迁渝后的重庆新闻业,形成了以国共两党党报喉舌为核心,以内迁重庆的主流大报、本土媒介队伍,以及驻渝国际新闻界等三支力量为两翼的格局。一方面,地理空间的缩小使得报业的竞争加剧。重庆各报在编辑方针方面,立场各异,观点鲜明。新闻报道方面各尽其能。激烈的报界竞争,使得各报馆不满足于使用中央社的统发稿,大多自派记者采访,争取独家新闻。发行方面,邮局代发与自送相结合,各出高招。很显然,北碚的小报《嘉陵江日报》在战时重庆的媒介阵营中处于竞争劣势;另一方面,日军对重庆实施的长达五年半的大轰炸,也深刻地影响着战时新闻业的发展。国民政府应对日军轰炸之疏散举措不仅带来重庆城市空间的变化和人口的再布局,也是战时重庆媒介生态变化的重要原因。以1939年5月创刊的《重庆各报联合版》为转折点,重庆的舆论阵营首次出现动态性变化。《嘉陵江日报》因地处北碚,获得了与《联合版》同步发行的机遇,而拥有多种副刊版面的小报依旧难以抓住《联合版》因缺失副刊文本的所留出的重要发展机遇。

1939年底,卢作孚在《新民报》国民月会上演讲,提出"新闻事业是创造社会运动的中心力量"的观点,他指出:报纸是"宣传的武器","我们要把什么人都视为我们的对象,把他们当为我们的新闻记者。新闻记者的任务,即在处处利用环境,创造环境,譬如国家需要什么,抗战中需要什么,新闻记者即有力量去创造起这种运动来适应它,使它成为这种事业的中心。""我们应当个个人都是中心,每一个人有每一个人的工作,那每一个人每一个工作即须变成功一个事业的中心,这样,自能共同创造有力量的运动,希望《新民报》以小型报创造最大的力量,为社会上的中心力量"。③这番话语,似可看作他对战时《嘉陵江日报》的期待。然而,事实却相反,《嘉陵江日报》并未能成为"小陪都"北碚社会的"中心力

---

① 《访谢六逸先生与本报今后之新姿态》,《嘉陵江日报》1938年4月9日,第3版。
② 曾虚白:《中国新闻史》,台湾三民书局,1989,第422~423页。
③ 卢作孚:《新闻事业与社会运动》(在《新民报》社举行的国民月会上的讲演),《新民报》1939年12月2日。

量"。

  作为本土媒介个案之《嘉陵江日报》，因其地处北碚迁建区的特殊环境，其战时变迁无疑对考察重庆的媒介生态颇具象征意义。一方面，在卢子英的实际领导下，北碚的行政管理当局驾驭《嘉陵江日报》的能力远不如战前卢作孚主导的时期；另一方面，1940年以后，《嘉陵江日报》的文风、语言、风格均发生重要变化。至1943年，《嘉陵江日报》的副刊也以刊载长篇政论性教育文为主，《北碚青年》、《现代园地》等栏目成为三民主义青年团与国民党党义的教育园地。也正是在1943年，《嘉陵江日报》出现较为浓厚的"言论中央化"风格，追求与重庆大报一致的大众传媒风格，逐渐丧失创刊以来的个性特征。有文章指出，《嘉陵江日报》"内容空泛，印刷编排拙劣，读者寥寥"，发行额几乎都是通过政府党派压力摊派的。[①] 与此同时，1942年底《新华日报》北碚发行站的建立，深刻地改变着北碚的媒介生态环境。[②] 生气勃勃的《新华日报》一旦"公开"在北碚发行之后，很快获得学生等知识阶层群体的追捧。《新华日报》崭新的文风和传播特色，给北碚区域带来了新的阅读时尚。[③] 面对战时北碚的新环境，《嘉陵江日报》已呈现出明显不适应"小陪都"媒介竞争的态势。而报社始终无法摆脱经营的困境，也导致《嘉陵江日报》渐渐失去其作为本土主流报纸的优势。

---

① 鲁掖：《北碚〈新华日报〉发行站的建立》，顾执中、侯外庐、范剑涯等：《回忆重庆》，重庆出版社，1984，第131~137页。
② 据《新华日报》北碚发行站第四任主任左明德的回忆。实际上，从1939年起，南方局通过北碚民教委员会的地下党在北碚做了一些《新华日报》的推销工作。尽管只有三四十份，却奠定了一定的基础。左明德：《回忆〈新华日报〉北碚发行站》，《新闻与传播研究》1987年第4期。
③ 何鸿钧、魏文凤夫妇口述。1944年在复旦大学农学院就读的学生魏文凤回忆，当时同学们都是"每天都焦急等着、盼望着读到《新华日报》"（2007年3月17日笔者何鸿钧、魏文凤夫妇家中访谈记录）。

# 公园与民国北京市民的"新生活"

王建伟[*]

**提 要** 公园最初是北京市政建设的重要内容，官方在提供市民休息、游乐场所的同时，也赋予公园社会教化等附加功能。在这样一个多功能的公共空间中，公园里举办的多种活动不仅引领着城市生活的新时尚，而且对不同的社会阶层实现了划分。现代公园的出现改变了北京延续数百年的城市空间结构，是城市发展走向现代化的一个缩影，同时也反映出中国从传统农业社会向现代工业社会转型过程中的诸多深层次变化，在很多方面参与了民国北京市民"新生活"的构建。

**关键词** 公园 市政建设 社会教化 新生活

现代公园是近代中国城市一种新型的公共空间，[①] 是构成城市整体的

---

[*] 北京市社会科学院历史研究所副研究员。
[①] 近年来，很多关于近代中国城市公园的研究都从"公共空间"角度入手。熊月之从公共空间拓展的角度，分析了晚清上海张园、徐园、愚园等私人花园的对外开放过程，并指出这种开放是上海特殊的社会结构、复杂的社区特点、租界的缝隙效应等多种因素造成的。（参见《晚清上海私园开放与公共空间的拓展》，《学术月刊》1998 年第 8 期）李德英认为，作为新兴的城市公共空间，近代公园在开辟和发展的过程中，既为社会各个阶层提供了舞台，又是各种社会矛盾的交汇点之一，是一处社会冲突比较集中的空间。（参见《公园里的社会冲突——以近代成都城市公园为例》，《史林》2003 年第 1 期）陈蕴茜提出，近代公园最初由西方殖民势力引入中国，作为人们日常生活中的休闲娱乐空间，伴随着殖民主义的渗透而成为政治空间，由此导致国人对公园的定位更强调教育功能，并从公园名称、空间布局、建筑等方面突出民族主义精神。（参见《日常生活中殖民主义与民族主义的冲突——以中国近代公园为中心的考察》，《南京大学学报》2005 年第 5 期）王琴通过对民国时期北京公园的研究指出，作为一个公共空间，不能过分强调"公共性"，公园中并不真正存在"四民齐一"的平等和自由，我们可以很清楚地看到由复杂的社会分层在其中所造成的空间分隔，要重视公园作为城市空间所呈现出的多元化和差异性。（参见王琴《公共空间与社会差异——民国北京公园研究》，《北京档案史料》2005 年第 2 期）戴一峰认为，公共空间是一个来自西方社会科学的概念，一个与私人空间相对应的概念。城市公园作为一种新型的公共空间，作为来自西方的跨文化移植，具有特殊的外形和内涵，因而格外引人瞩目。（参见《多元视角与多重解读：中国近代城市公共空间——以近代城市公园为中心》，《社会科学》2011 年第 6 期）

重要组成部分,一道特殊的人文景观,也是城市近代化的重要标志。公园在北京的出现与传统政治制度变革、经济形态转变以及城市化进程等诸多要素密切相关,是城市发展与市政建设的必然结果,是城市新兴阶层追求现代生活方式与政治表达的必然要求,是政府治理理念更新在城市空间中的重要反映。现代公园兴起的背后映射出的是近代中国城市变迁历史的丰富内容。

## 一 市政建设与北京现代公园的兴起

中国现代城市公园是城市社会变迁的产物,也是中西文化碰撞、交融的产物。19世纪中期,西方殖民势力开始进入部分中国沿海口岸城市,他们依据中外条约划出租界,建设"城中之城",随之传入的是欧美的物质文明、生活方式、价值理念、审美情趣等多个方面,中国传统的城市结构与社会生活都发生了相应变化。在租界之中,殖民者开启了中国城市最初的市政建设进程,现代公园就是其中的新生事物之一。一般认为,中国最早的公园出现于19世纪60年代的上海租界。19世纪末20世纪初,在地方政府与一些士绅的推动下,一些城市开始修建面向普通市民开放的公共园林,"公园"的名称也在这一时期逐渐普及。民国建立之后,随着市政运动的发展,创办公园成为各地市政建设的重要内容。

作为长期的封建帝都,皇家园林与坛庙一直占据着北京园林体系的绝对主流,众多园林只为皇家与官方服务,政治功能的属性非常突出。在清代,紫禁城内有御花园,皇城内有西苑三海(北海、中海和南海),清廷还在北京城西北开辟了三山五园,这些园林完全封闭,是皇室专属的私人空间,与平民的活动空间严格区隔。除此之外,北京城内还有社稷坛、太庙、先农坛、天坛、地坛等专供帝王举行祭祖和宗教活动的政治空间,几乎与普通民众的日常生活绝缘。

在现代意义上的公园出现之前,对于北京城市的居民而言,具备公共游览功能的园林虽然存在,但比较匮乏。什刹海位于皇城内三海北侧,是内城为数不多的开放性园林之一。清末的什刹海已是茶棚满座,戏馆林立,各式商贩云集之地,"王公贵人,远方游客,消夏携尊,咸集于此,五六月间,门外马车盛极一时。"[①] 不过,什刹海地区面积狭小,又因各色人物聚集,秩序混乱。相对而言,城郊可供平民游览的园林更多,如城南

---

① 徐珂:《清稗类钞·名胜类》,中华书局,1984,第132页。

的陶然亭、城西的西山等地。不过,陶然亭位置较偏,交通不便,设施也并不齐全。西北郊的西山地区虽然景色秀丽,但也因同样原因,从未吸引过数量很多的游客。这些地方只是社会中上层人物的"驻马听歌、赋诗饮酒"之地,① 对于大多数普通市民而言,并非适宜的游赏之地。

与沿海城市相比,清代后期的北京在城市建设方面相对滞后。庚子事变时期,皇室逃离首都,外国军队控制了北京,此时的京城也迈出了走向建立市政体制的实验性的一步。庚子事变之后,清政府开始实施"新政",对北京的市政建设起到了促进作用。一直到清朝覆灭之前,国都局势相对稳定,铁路、电报、电话、邮政、有轨电车等城市基础设施开始在使馆区外围出现,大批移民涌入,城市人口明显增加,对于作为都市文明重要特征的现代公园有了更加实际的需求。此外,各地公园的建立也为北京建立公园起到了示范效应,而一些留学生和出国游历的人对西方公园的介绍和讨论对于北京公园的兴建提供了舆论上的支持。

1905年7月,《大公报》刊发《中国京城宜创造公园说》一文,批评政府"年来建一离宫,修一衙署,动辄糜费数十万以至数百万金,宁独于区区公园之经费而靳之",建议在京城建造公园:"国中之偏隅小邑,犹可缓造公园,至于皇城帝都之内则万不可不造公园。何则?皇城帝都者,万国衣冠之所荟萃其间,市廛繁密,车马殷阗,空气少而炭气多,无公园宜疏泄之,则不适于卫生,而疾病易起,是以各国京城地方皆有公园,且不第有一处之公园。今中国之北京,市肆之盛、民居之稠与泰西各国等,而街衢之不洁,人畜之污秽,则尤非各国京城可以举似于此。而不设公园,其何以造福于臣民而媲美于各国哉?"②

1906年,清廷官员戴鸿慈、端方等人出洋考察归来,在向政府提交的奏折中把"公园"列为政府应该兴建的四大公共文化设施之一:"各国导民善法,拟请次第举办,曰图书馆,曰博物馆,曰万牲园,曰公园。"京师作为"首善之区",应该先行筹办,以起到倡导作用。这为北京兴建公园提供了官方的政治支持。③

几乎与此同时,候选笔帖式彬熙、京师市政公益会陈升等人分别呈请将什刹海改建为公园:"伏念京师为首善之区,士绅辐辏,商贾骈阗,每遇胜游冠盖相望,而地鲜园林之胜。事有雅俗之殊,若不提倡经营,不独

---

① 金受申:《北平历史上平民游赏地纪略》,《华北日报》1935年5月22日,第4版。
② 《中国京城宜创造公园说》,《大公报》1905年7月21日,第1版。
③ 《考察政治大臣端方、戴鸿慈奏陈各国导民善法请次第举办折》,《大公报》1906年12月8日,第2版。

失上国之观瞻,且恐贻列邦之讪笑",因而希望在地安门外什刹海地方建设公园一座,"并拟于园中多建美术馆、图书馆、博物馆、运动场等,庶于游览之中兼得观摩之益,有裨新学新政"。① 政府与地方士绅共同推进了清末北京的公园建设。1908 年,西直门外荒废已久的三贝子花园被改作"万牲园"(作为农事试验场的一部分,今北京动物园),向公众开放。不过,万牲园并非纯粹现代意义上的公园,从戴鸿慈、端方等人的奏折中也可看出,二者是被加以区分的。

这一时期的讨论中,公园不仅具有多种益处,更是作为现代文明的象征被认知的。而京师作为"帝王之家",竟然没有一座公园,这在美国传教士、中国"万国改良会"会长丁义华看来是非常奇怪的。他在《大公报》上连载文章,列举了应该在京城设立公园的理由:"住城市的,房屋稠密,空气混浊,人每日困在斗室之内,以至身体发软,精神疲乏,容易受病生灾",设立公共花园,可以"洗刷人胸中的浊闷,增长人活泼的精神"。至于北京,作为一国之都,应为各省领袖,"如马路、自来水、电灯等事,都已应有皆有",唯独缺少公园,"若能再立了这公共花园,为各行省作个榜样,北京城倡之在先,各省城效之在后,中国必另有一番精神,于一切筹备立宪,自治进行上,定然大加速率"。② 不过,随着王朝的覆灭,北京第一座现代公园的出现则是清帝退位、民国之后的事情了。

政治制度的变革为北京传统园林的性质转化、皇家园林的对外开放提供了基本的前提,城市的发展与市民生活方式的变化对开放性公园的建设提出了要求,政府的官方推动成为现代公园兴起的必备条件。民国建立之后,随着市政运动的发展,各地主管城市行政的机构开始建立,创办公园成为各地城市尤其是一些大城市建设的重要内容。京都市政公所在时任中华民国内务总长朱启钤的组织下于 1914 年设立,这是民国北京城市管理制度方面重要的体制性变革之一,直接加速了市政建设进度。

京都市政公所建立之后,公园建设迅速被提上议事日程。同年,由其主办的《市政通告》第 2 期"公园论"专辑指出,"大凡一个大都市,人口总是有增无减,人口既多,公园乃成为一种不可缺少的物品,并不是专为美观,实在是为都市生活不容不要的"。③ 对于国都北京而言,一座现代

---

① 《京师内城巡警厅为市政公益会于什刹海筹建北京公园请批准立案事致民政部申文》,《北京档案史料》1999 年第 3 期。
② 丁义华:《公共花园论》,《大公报》1910 年 6 月 8~10 日,第 2 版。
③ 京都市政公所:《公园论》,《市政通告》第 1~23 期合刊,1914 年,第 9~10 页。

意义上的公园不仅可以满足市民的要求,而且对于成立不久的京都市政公所而言,也是其城市建设事业上的标志性事件。

在公园地点的选择上,京都市政公所将目标瞄准曾经的皇家坛庙与苑囿。朱启钤向袁世凯申论的理由如此表述:"所有京畿名胜,如天坛、文庙、国子监、黄寺、雍和宫、北海、景山、颐和园、玉泉山、汤山、历代山陵等处,或极工程之雄丽,或矜器艺之流传,或以致其信仰,凡外人之舰来游与夫都人士乡怀幕者,罔不及其闲暇,冀得览观。故名虽禁地,不乏游人,具有空文,实无限制。若竟拘牵自囿,殊非政体之宜。……兹经订定《京畿游览场所章程》十条,拟于前列各场所中择一二处先行开放,其余酌量情形,再与各主管机关陆续协商办理。"① 以社稷坛、景山、北海等地为例,由于地处市中心、交通便捷,基础设施完善,改造成本低,最重要的是由于帝制的废除,曾经的皇家御苑收归民国政府管理,为它们的开放奠定了基本条件。

北京第一座现代意义上的公园是中央公园(今中山公园),于1914年国庆之日向公众开放。社会各界参观热情高涨,"男女游园者数以万计,蹴瓦砾,披荆榛,妇子嘻嘻,笑言哑哑,往来蹀躞柏林丛莽中。与今日之道路修整,亭榭间出,茶寮酒肆,分列路旁。俾游人憩息,得以自由,朴野纷华,景象各别。然彼时游人初睹宫阙之胜,祀事之隆,吊古感时,自另具一种肃穆心理"。② 此后,先农坛、天坛、太庙、北海、中南海、景山、颐和园等相继改造成公园向普通市民开放。20世纪30年代北平市政府编辑出版的《旧都文物略》总结道:"自帝制倾覆,废皇徙居,旧日之三海、颐和诸园,均已次第开放。而社稷坛,自民初即经政府整理,点缀风景,改为公园,为旧都士民唯一走集之所。春花秋月,佳兴与同,甚盛事也。兹述园囿,首中山公园,次中南海,次北海,次景山,次颐和园,次玉泉山静明园,次南苑。凡昔日帝后游幸场所,今咸为市民宴乐之地。"③ 曾经的皇家御苑收归国有,被改建为普通民众能够进入的公共空间,符合了社会的总体发展潮流。

在官方与地方士绅的共同推动下,昔日封闭的帝王宫苑、寺观坛庙相继开放成为服务大众的现代公园,过去只有皇帝、贵族享用的园林风景,如今变成了市民大众游憩的公共空间,曾经的皇家禁地,平民百姓亦得观

---

① 《请开放京畿名胜酌订章程缮单请示》(1914年5月25日),吴廷燮:《北京市志稿·前事志、建置志》,燕山出版社,1998,第636~637页。
② 中央公园委员会:《中央公园二十五周年纪念刊》,中央公园事务所,1939,第8页。
③ 汤用彬等编著《旧都文物略》,北京古籍出版社,1999,第59页。

览。这一历史性的转变，改变了北京传统的空间结构与城市布局，深刻影响了市民的思想观念与社会文化生活，是民国北京城市发展进程中的里程碑事件。

## 二 公园里的社会交往与阶层划分

民国北京公园出现之后，一个重要的功能就是为特定人群的公共交往提供新的空间，尤其对于知识群体而言，更是成为他们举办各种活动的极佳场所。公园在民国文人的物质生活与精神生活中都占据了很重要的位置，优美的环境比较符合他们的审美趣味，同时，购票规则对进入公园的人群进行了一种过滤性选择，一定程度上保证了公园内部的氛围。中央公园一直是知识群体举办各种聚会的重要场所，"它为民国文人交流学术思想、建构文化沙龙提供了优越条件，又是民国文人发生浪漫情事、表达故园之思的寄情场所"。[①] 既有景色怡人的环境，又是自由开放的空间，中央公园为文人构筑文化沙龙提供了绝佳条件，文人演讲、结社、展览、闲聊乃至宴会等集体活动都可以置于中央公园。《新青年》杂志社、文学研究会、少年中国学会、国语研究会、新潮社、语丝社等团体在中央公园亦留下了诸多痕迹。蔡元培、胡适、鲁迅、朱自清、沈从文、萧乾、徐志摩、林徽因、张恨水等各界文人经常光顾这里。[②]

民国时期北京的很多公园都设有茶座，成为各种聚会的重要场所，当时最受欢迎的是中央公园和北海公园的茶座。中央公园的来今雨轩最为著名，客人主要来自于社会上层，文化气息浓厚。1921年1月4日，周作人、郑振铎、沈雁冰、叶圣陶、王统照、许地山等人组织的文学研究会在来今雨轩召开了成立大会；半年以后的6月30日，北京大学、男女两高师等五家单位在来今雨轩为美国学者杜威离华举办送别宴会，包括胡适等在内的学界名流等80人出席。

20世纪30年代，沈从文、萧乾以《大公报·文艺副刊》编辑的身份在来今雨轩定期组织约稿会，邀请青年学生与作家畅谈文学，朱光潜、梁宗岱、林徽因等人与会，形成了"京派文学"的重要阵地。"'来今雨轩'等北平的公共场所在20世纪30年代扮演了一个'公共空间'的角色"，"这个空间集结的文人却超越了单一性，成为众多京派文人尤其是学生辈

---

[①] 高兴：《北京中央公园与民国文人的文化心态》，《北京社会科学》2012年第3期。
[②] 相关研究参见戴海斌《中央公园与民初北京社会》，《北京社会科学》2005年第2期。

的文人建立社会网络的黄金通道。"① 还有论者认为，新旧文人、知识分子可在此交游、聚会、探讨思想或者联络感情。它甚至作为一种新式的文化符号，沈从文及其自叙传主人公一类的"边缘知识分子"，可以借此获得一种象征意义的文化资源——不能正式进入高等学府，便转而到公共图书馆自修；或去风雅的公园茶座跻身文化名流之中，从而为自己贴上一个新型知识分子的标签。②

同在中央公园之内，不同的茶座也有不同的顾客群体。"春明馆"被称为"老人堂"，茶客中不少都是飘洒着长髯的老人。"这里是专门下围棋、鉴赏古董的地方。……这里的点心，带着浓厚的旧时代色彩，还是保持着古色古香的面目。""柏斯馨"，十足的洋化，"那是洋派人物、摩登爱侣谈情话的地方。这里不卖茶而卖咖啡、柠檬水、橘子水，等等；不卖包子、面条之类的面食，而卖咖喱饺、火腿面包之类的点心。当然，老先生是不到这里来的，正像青年们不到春明馆去一样。"而"长美轩"的主顾多半是中年人或知识阶级。③ 不同的茶座对不同的生活趣味与社会群体进行了划分。

逛公园作为一种新的娱乐方式，其覆盖的人群范围比较广泛，理论上讲，公园对所有阶层都是开放的。但是，公园的"公共性"总是有限度的，公园从未成为所有人群可以自由共享的"空间"，它仍然通过地理位置、消费水平、硬件设施、景物特征等因素对进入公园的市民阶层实现着区分。

中央公园在北京城中最具盛名，自其建成之日，由于各种因素的累积，一直就是北京城中最具代表性的、人气最高的公园，"嗣后先农坛公园、北海公园等继之，而终不如中央公园之地位适中，故游人亦甲于他处。春夏之交，百花怒放，牡丹芍药，锦绣城堆。每当夕阳初下，微风扇凉，品茗赌棋，四座俱满。而钗光鬓影，逐队成群，尤使游人意消。"④ 某旅游人士形容"京师人士，或早或晚，鲜不至者，允为盛集矣"。⑤ 在1936年出版的《北平一顾》中，作者魏兆铭称赞中央公园"灵雅素淡"，

---

① 许纪霖主编《近代中国知识分子的公共交往1895~1949》，上海人民出版社，2008，第339~340页。
② 林峥：《民初北京公共空间的开辟与沈从文笔下的都市漫游》，《励耘学刊》（文学卷）2011年第1期。
③ 谢兴尧：《中山公园的茶座》，陶亢德编《北平一顾》，宇宙风社，1936，第118~127页。
④ 陈宗藩：《燕都丛考》，北京古籍出版社，1991，第141页。
⑤ 赵高梧：《北游心眼》，《旅行杂志》第2卷第1期（1928年），第7页。

游客"络绎不绝",处处"表现着太平天下的升平快乐气象",是北平城中最好玩的地方。①

北海公园因为临近北京大学、北平图书馆等几所学术机构的缘故,"所以在清晨,时有大学教授等等名流雅士,手提文明杖,漫步在荷叶青青、藕花艳艳的海岸"。② 相对于中央公园的热闹,北海公园则相对宁静,年轻的作家高长虹曾如此形容:"平庸的游人们当然是最好到那平庸的中山公园去写意了!因为一切都是对的,所以三海留给诗人和艺术家以不少的清净"。③ 谢冰莹描述北海的游客,"他们有的偕着女友,有的带着全家大小,有的邀集二三知己,安静地坐着,慢慢地喝着龙井香片,吃着北平特有的点心豌豆糕、蜜枣,或者油炸花生;他们的态度是那么清闲,心境是那么宁静。年轻的男女们,老喜欢驾一叶扁舟,漫游于北海之上"。④

中山公园与北海公园被形容为"姊妹园",都是"在北平市里唯我独尊的车如流水马如龙的胜地"。⑤ 二园票价都是五分,虽不算很高,但如果加上茶座、划船、游艺等其他消费,则是一笔不小的支出,对于当时大多数只能求温饱的北平市民而言仍属奢侈,"当时一般的人家去趟北海也是一件大事,一年中是难得有一两次的。比不得富豪之家或者高薪阶层,可以每天坐包车或汽车去北海座茶座,不当回事"。⑥

进入中央公园与北海公园的主要以社会中上层群体为主,对于中下层市民而言,票价低廉的城南公园或者不收门票的什刹海更适合他们。城南公园即帝制时期的先农坛,与天桥、永定门等地距离不远。由于空间地理位置等原因,城南公园主要聚集了底层平民。高长虹对北京几座公园进行了品格分类:"先农是下流人物传舍,中山装满了中流人物,北海略近于绅士的花园。"⑦《晨报》也曾概况:"下等人可到海王村去,中等人可到城南去,上等人可到中央公园去。"⑧ 作家师陀则形容"倘若拉住一位北京

---

① 魏兆铭:《北平的公园》,陶亢德编《北平一顾》,第113~114页。
② 水心:《北平的三大公园》,《大公报》1933年7月25日,第4版。
③ 高长虹:《北海漫写》,《长虹周刊》第22期(1929年8月)。
④ 谢冰莹:《北平之恋》,姜德明编《北京乎:现代作家笔下的北京》,三联书店,1996,第758~759页。
⑤ 魏兆铭:《北平的公园》,陶亢德编《北平一顾》,第113~114页。
⑥ 邓云乡:《增补燕京乡土记》,中华书局,1998,第429页。
⑦ 高长虹:《南源的艺术化》,姜德明编《梦回北京:现代作家笔下的北京(1919~1949)》,三联书店,2009,第90页。
⑧ 晴川:《公园是为谁而设的?》,《晨报》1922年6月18日,第7版。

市民，问北平地方哪里顶好玩，他的回答一定是什刹海而绝非中央公园"。①

## 三 公园里的"政治表达"与"社会教化"

由于环境较为宽松，空间较为开阔，气氛较为自由，辐射面较为广泛，公园成为政府、各种社会组织以及政治力量进行政治活动的重要场所。他们把公园当作一种有效的社会控制工具，在这一公共空间中进行自身权威和政治合法性的塑造。中央公园是其中的典型代表，它不仅是一处市民休闲场所，也是北京城中一处政治意味浓厚的公共空间。1915年4、5月间，北京商会等民众团体在中央公园连续发起集会，抗议日本扩大侵华权益的"二十一条"。1918年11月28日，为庆祝第一次世界大战中协约国的胜利，北京政府在中央公园召开大会，国务总理钱能训、参战督办段祺瑞等军政各界要人到会演说。同一时期，北京大学也以"欧战总结"为主题在此举办多场演说大会，李大钊在这里发表了著名的讲演——《庶民之胜利》。1919年，北京政府将原来德国人建在东单的克林德碑转移到中央公园，并改为"协约战胜纪念碑"，"以便众览，亦雪国耻之意也"②，段祺瑞亲自主持了盛大的奠基典礼。

南京国民政府建立之后，公园开始成为其进行孙中山偶像崇拜、塑造意识形态的重要场所，各地或将原有公园改名，或者开建新的中山公园，中山公园成为国民党推行孙中山崇拜的重要空间："中山公园是社会记忆生成的装置，它的空间性被化约为一种心灵的建构。国民党正是借由中山公园空间建构大众关于孙中山的社会记忆。"③ 从这个意义上说，中山公园已经超越了单纯意义上的"公园"而成为一套政治符号，北京中央公园因曾安放过孙中山先生灵柩，更是成为国民党进行"领袖崇拜"的中心地点之一。1928年7月，中央公园董事会奉国民党北平特别市政府令，改称"中山公园"。第二年，国民政府把停放在香山碧云寺的孙中山灵柩移往新建成的南京中山陵，北平市政府把曾作为灵堂的社稷坛"拜殿"改称为"中山堂"，以作为永久性的纪念场所。

---

① 师陀：《什刹海与小市民》，姜德明编《如梦令——名人笔下的旧京》，北京出版社，1997，第254页。
② 商务印书馆编译所编《实用北京指南》，商务印书馆，1930，第31页。
③ 陈蕴茜：《空间重组与孙中山崇拜——以民国时期中山公园为中心的考察》，《史林》2006年第1期。

中国现代意义上的公园作为一个公共空间，作为具有新思潮象征的载体，不仅具有市政建设的意义，不仅可以改善环境、供人休闲、娱乐，而且也是政府进行社会教化的重要场所，许多公园都建有图书馆、民众教育馆、音乐堂、阅报亭、卫生展览所、博物馆、国货陈列所、纪念碑、格言亭等，按照公园设计者的初衷，即"于公共游息之中，寓提倡教育之意"。① 民国时期的造园专家陈植也指出了公园的这种功用："公园不仅足以补助学生学校教育之不足，且无形中，熏陶市民道德，其功亦伟。"② 教化作用不仅是民国时期北京公园一项比较特殊的功能，与西方公园相比，中国的公园被赋予了增长国民见识、提高国民素质、养成良好精神的任务。

　　中央公园开放不久就由教育部捐资，将社稷坛的大殿改造为中央图书阅览所对外开放，城市居民可以从这里借到书籍、杂志和报纸。而由梁启超建立的松坡图书馆也一直设在北海公园内的快雪堂。实际上，当时开放的许多公园都设有图书阅览室，如北平故宫博物院图书馆、北平香山教育图书馆以及颐和园图书馆等，这是那个时期北京公园中比较普遍的一种现象。

　　民国时期的北京公园也成为政府宣传国家观念、凝聚民族共识的重要阵地，其中以京兆公园最为典型。该园除一般的游乐设施外，还在园中建有"世界园"，园门正面对联为："大好山河，频年蚕食鲸吞，举目不胜今昔感；强权世界，到处鹰瞵虎视，惊心莫当画图看"；背面对联为："要有国家思想，须具世界眼光"。为进一步强化公众的认识，设计者在公园内特建一世界模型，对我国所失国土特加标明。

　　京兆公园内还建有"共和亭"，亭上有左右二匾："共和国之主权在人民"、"共和国之元气在道德"。亭内悬挂五族伟人画像，分别为汉族之黄帝、满族努尔哈赤、蒙古族成吉思汗、回族穆罕默德、藏族宗喀巴，并叙其简单事略，以示"五族一家"之意。有秋亭内置对联"一熟为丰再熟为稔，十年树木百年树人"，教稼亭内置对联"五谷熟人民育，三阶平天下宁"。通俗图书馆中挂通俗教育画、地图、节俭图、卫生图，有对联"勤俭治家，孝悌立身；为善为乐，读书便佳"。③ 公园的建设者希望通过这种方式为民众尤其是青年人树立正确的行为规范，宣扬积极的人生价值观，

---

①　薛笃弼：《京兆公园开幕志盛》，《社会日报》1925年8月4日。
②　陈植：《造园学概论》，中国建筑工业出版社，2009，第3页。
③　以上相关内容参见京兆公园事务所编《京兆公园纪实》，京城印书局，1925，第1~5页。

最终目的是发扬民气，陶铸国魂，塑造现代国民。

在公园这一公共空间之中，民众被灌输一些新的思想与观念，接受所谓健康文明的生活方式与社会规范。以"卫生"为例，公园成为普及卫生知识、强化卫生观念的重要场所。在西方市政理论中，公园被称为"城市之肺"。在清末民初国人众多的阐述中，建立公园最直接目的之一，就是为了改善城市的环境卫生状况，以增进市民的健康水平。京都市政公所建立之初，就认识到了都市卫生的重要性，在中山公园社稷坛西侧配房设立了卫生陈列所，主要陈列各种解剖图、模型、标本及有关卫生的书报等，向公众传播卫生常识，以增进卫生观念。[1]

民国时期北京公园的兴起过程中，被政府附加了许多额外的教化功能，以开启民智，强国强种。他们强调"游学"一体化，所谓"寓教育于游戏之中"。如在公园内设置图书馆、举办各种知识展览、普及卫生观念等，但实际效果并不理想，市民对此并不热衷。以中山公园图书馆为例，"自开办以来，业经一载，所得效果难以书宣。考其中图书所存甚多，即杂志报章等类，亦复不少。乃每日赴馆阅书报之人平均计之不过二十，以此情形视之，则国中研究学术者之寥落可知也矣"。[2] 而公园里的卫生展览，虽然观者并不算少，但多数只是逛公园时的随意之选，属于猎奇心态，很难达到展览设计者的初衷。针对公园众多规章制度的约束，有人在《京报》上撰文表达不满，称其看到和平公园沿路有的木牌上的禁条写着："不准持手杖及相匣等"、"不准吸烟及吐痰"，心里感觉"有点不和平"。[3] 对于普通民众而言，公园就是一个"游目骋怀"、"博取愉快"的场所，政府的初衷并不被他们接受。

## 四 作为"时尚载体"的公园

现代"公园"的出现不仅成为民国初年北京市政变革的重要内容之一，而且作为新兴社会时尚的一个载体，对城市市民的日常生活产生了广泛影响。

公园所承载的现代生活方式，不仅体现在市民感官层面的愉悦上，更

---

[1] 相关内容参见杜丽红《20世纪30年代北平市的公共卫生教育》，《北京档案史料》2004年第3期；何江丽：《民国前期北京的公共空间与公共卫生》，《中国国家博物馆馆刊》2011年第11期。
[2] 《中央图书馆近况》，《晨报》1918年6月7日，第6版。
[3] 《和平公园还欠和平》，《京报副刊》第434期，1926年3月10日。

反映出日常观念的变化与精神层面的更新。很多新生事物都在公园这个场所中实现了自我展示。1923年10月，徐志摩与陆小曼在北海公园举行了规模盛大的婚礼，证婚人为梁启超，观礼宾客众多，许多报纸纷纷予以报道，形成了一个关注度很广的舆论事件。1937年6月，北平市社会局组织的首届"集团婚礼"在中南海怀仁堂举办，若干对新婚夫妇在同一地点，由同一证婚人主持，统一举行婚礼。这种结婚方式在当时所体现出的"时尚"意义以及传播效力对于北京市民婚礼样式的革新都具有重要的引领作用。

传入中国不久的现代话剧、舞蹈等娱乐样式也在北京的公园里确立了自己的演出空间，并且成为吸引游人的娱乐项目。1922年3月26日出版的《晨报》报道："燕大在社稷坛所演新剧，名曰'这是谁的错'一出，有声有色，尽善尽美，通才育专所演之滑稽剧，效美国滑稽大王贾波林惟妙惟肖，真令观者捧腹不已。……北大音乐及该校跳舞，妙响清音，天花乱坠，游观者无不击节叹赏，诚极一时之盛。适至七时散会，游人犹流连不忍去。"①

北海、中南海开放为公园之后，因有广阔的水域，无论冬夏，均为市民日常娱乐的极佳场所。尤其是在寒冷冬日，冰面如镜，用杉篙、芦席在冰面上围出冰场，此时的北海是北京城最热闹、时尚的场所之一，以青少年为主的群体在冰面上相互追逐嬉戏，作家张恨水就描述了20世纪二三十年代北海冬季的溜冰场景："走过这整个北海，在琼岛前面，又有一湾湖冰。北国的青年，男女成群结队的，在冰面上溜冰。男子是单薄的西装，女子穿了细条儿的旗袍，各人肩上，搭了一条围脖，风飘飘的吹了多长，他们在冰上歪斜驰骋，作出各种姿势，忘了是在冰点以下的温度过活了。在北海公园门口，你可以看到穿戴整齐的摩登男女，各人肩上像搭梢马褡子似的，挂了一双有冰刀的皮鞋，这是上海香港摩登世界所没有的。"②

北海公园、中南海公园在20世纪二三十年代还举办化装溜冰大会，造型各异，在当时可谓"时代先锋"。《晨报》报道："北海公园漪澜堂前自组织溜冰场后，滑冰者与参观者，络绎于途，该堂经理昨又广约中外人士，幻作奇异服装演出曼妙之身手，共同竞赛。……此次与会比赛，其装束奇异者，均有奖品，故凡与会比赛者，不吝破资，具备奇服异装以博赏心，故与会比赛人数达百三十余名。男女各半，衣冠华丽，无所不有。西

---

① 《昨日尚义师范游艺会纪盛》，《晨报》1922年3月26日，第6版。
② 张恨水：《张恨水说北京》，四川文艺出版社，2001，第90页。

妇方面，除九人饰牛羊马或兔令人捧腹不计外。中妇方面服装奇妙，尤以粤人张女士之饰蝴蝶，及某女士之饰印度妇，尤为妙绝。男人方面，有某君所饰欧洲七代之武士，又有饰莲花游船等，亦均有可观。三时由指挥鸣笛集会，与赛者按号数之次序，鱼贯入场，围一圆形，摄影后，即在该场舞跳。……如斯盛会，琼岛为之生姿，瑶池为之增色，洵为北京各年冬令所未有之盛事。"① 陈宗藩《燕都丛考》亦载："近年漪澜堂、五龙亭左右，各设冰场，以为滑冰之戏，事实沿旧，不知者乃以为欧美高风，青年之人，趋之若鹜。化装竞走，亦足以倾动一时，较之他处人造之冰场，复乎胜矣。"②

民国北京公园除了日常开放外，还会定期或不定期举办各种游园会。北海公园每逢开放纪念日、民俗节日及双十节等，一般都会在园内燃放焰火，举办灯彩游园晚会。1917年10月中央公园举办了一场游园会，内容十分丰富，包括"烟火、电影、中外军乐队、各种新奇幻术、艺伎杂唱、各种技术、童子军操、十番音乐游戏、天津吹会、竞枪、票友清唱、奇兽、音乐、游戏、跳舞、大台宫戏、双师会、北京大学新戏、北京大学生击技、双石头会、清华学校新戏等类"。③ 此外，中央公园还会举办以筹款为目的的赈灾会，添加进娱乐内容，如抽奖等。

作为一个现代意义上的公园，北海开放之后通过增添新设备，为游人提供了一些新的娱乐方式，如在园内添设电影场、照相馆、球房，购买新式望远镜数架，置于静心斋及小白塔前之铜亭，供游人远眺，设置游船备人乘坐等。中南海公园作为当时北京内城最大的一片水域，除了观赏皇家园林，其水上项目也很受欢迎，如游船、垂钓等。中南海也是北京城内较早开放游泳池的场所，经营理念也很先进，如设立团体票，70人以上可以享受半价，学生还可以买到月票。游泳池还专门聘请了教练。④

在中国传统社会中，对两性的交往有比较严格的限定，女性的生活环境基本处于一种隔绝的状态，他们的角色被固定在家庭这样一个狭小的封闭空间中，从另外一个意义上说，是被剥夺了社会交往的权利。现代公园出现之初虽然对女性进入也有一些规定上的限制，但迅速废除，在民国初年，公园成为都市女性展示自身形象、延展社会关系网络的一个重要空

---

① 《昨日北海之化装滑冰会》，《晨报》1926年2月1日，第6版。
② 陈宗藩编著《燕都丛考》，第136～137页。
③ 《京畿水灾游艺助赈会纪详》，《晨钟》1917年10月17日，第3版。
④ 《中南海公园事务报告书（1938年1月1日—6月30日）》，《北京档案史料》2000年第2期。

间。女性开始大规模进入公共场所,她们的身份与角色的社会化进程加快,与此同时,城市新女性意识得到凸显,他们的思想观念与生活方式也发生了相应变化。

## 五 余论

公园作为近代中国新生事物,是中西文化交流在都市中的物化表现。民国时期的北京公园不只是放松身心的休闲场所,更是集娱乐、教育、商业、文化和政治多种内容于一体的新兴多功能公共空间,涵盖了社会发展与民众日常生活的多个层面。各种社会力量在此聚集、争夺与妥协。政府选择在这里开展政治活动,塑造主流意识形态,并进行社会教化,市民与学生选择在这里举行集会,一些政党与社会团体也选择在公园宣传他们的各种主张。与此同时,公园也改变了市民的生活方式与交往方式,为多个社会阶层提供了活动舞台,并成为社会时尚的载体,在一定程度上参与了北京市民"新生活"的建构。

# 1927~1932年间的陕西旱灾*

张 玮** 秦 斌***

**提 要** 陕西从1927年夏开始爆发旱灾,到1928年出现大范围的以旱灾为主的各种灾害,一直持续到1932年夏为止。此乃该省历史上影响最大、破坏力最强的一次毁灭性灾害,其持续时间长、波及范围广、受灾人口多,对整个陕西社会经济乃至中国社会发展产生了深远的影响。此次旱灾主要由天灾引发人祸,人祸加剧天灾,两者相互影响相互作用而使灾情愈益严重,并由此导致人口大量死亡、农业生产力大幅衰减以及人口买卖、食人惨剧等不良社会现象发生。

**关键词** 民国 陕西旱灾 天灾人祸

陕西在历史上就是旱灾频仍、灾情最严重的省份之一,而1927~1932年旱灾则是影响最大、破坏力最强的一次毁灭性灾害,不仅给陕西人民带来深重灾难,亦在人类灾荒史上写下重要一页。此次旱灾持续时间长,从1927年夏开始一直到1932年夏达五年之久,其中1927年夏至1930年间几乎寸雨未下,农田基本颗粒无收,农民生活苦不堪言;灾情重且受灾范围广,按照当时被灾区域灾情及旱灾程度各省分为四级,其中陕西为一级,全陕92县几乎每县都出现严重灾情①;受灾人口多,据《陕西通史·民国卷》,1928年涉及"全省91县(包括西安、长安)户数210余万户,1180余万人,民国18年(1929年)旱灾波及80余县,同年11月全省死亡达250万人,外逃40余万,灾民535万余人"。② 又据《大公报》报道,

---

\* 本文系教育部"新世纪优秀人才支持计划"(NCET-10-0929)资助项目成果。
\*\* 太原理工大学政法学院教授。
\*\*\* 山西师范大学临汾学院讲师。
① 《全国五千万灾民待赈》,天津《大公报》1929年4月25日。
② 郭琦主编《陕西通史·民国卷》,陕西师范大学出版社,1997,第165页。

1929年全陕92县（分属关中、榆林和汉中3区，总人口1200多万），关中区44县极贫人数2330346人、次贫2138407人，榆林区23县极贫人数558655人、次贫320982人，汉中区25县极贫人数889130人、次贫777524人，总计7015044人。饿毙灾民总数，至1929年4月底共206037人，而灾重之县甚至每村每日饿毙10人，整个陕西变成了人间"活地狱"①。这次罕见旱灾的产生在某种程度上可以说是近代中国天灾人祸相互交织、饥荒绵延不断的一个缩影。

# 一 受灾程度

## （一）关中地区

此次陕西旱灾实为近百年来所罕见，各种灾情接连不断；其中以关中地区最重，而关中又以渭河之北最惨。据《大公报》报道，关中各县自1927年以来"雨泽稀少，赤地千里，籽粒无收，加以连年兵燹，民间蓄藏已尽，以至粮价飞涨，穷民益增。现在各县逃亡者，亦日必有数十百人，甚至一家数口，同时缢毙，鬻妻卖子，哭声载道，种种惨状，不忍缕述"。②据统计，至1929年上半年该地区极贫人数达2330346人，次贫者达2138407人。③其受灾各县灾情如下：

表1 1928年陕西关中各县灾况

| 县 份 | 受灾情形 |
| --- | --- |
| 柞 水 | 遭受旱灾，难民栖身岩洞老弱死于沟壑，少壮者流亡于四方 |
| 长 安 | 土地荒芜，麦收仅三四成，旱灾严重，饿毙者遍于街巷 |
| 乾 县 | 产麦之区，迭遭匪扰，旱灾持续，收成歉收，麦苗未种 |
| 咸 阳 | 春麦、夏麦歉收，因大旱秋禾全无，枯死无数 |
| 高 陵 | 连年灾害频仍，农无余粮，特待急赈 |
| 眉 县 | 久旱无雨，饿毙自尽者不在少数，流亡者日众，城空地荒 |

资料来源：《陕灾报告》，天津《大公报》1929年3月26日。

---

① 《惨哉陕灾》，天津《大公报》1929年6月25日。
② 《关中灾况愈紧》，天津《大公报》1929年1月12日。
③ 《惨哉陕灾》，天津《大公报》1929年6月25日。

关中各县以耀县灾情最为严重,自 1928 年以来该县由于大旱,夏麦薄收,秋禾未种,沿河各处虽有水田,苦于无水,形同旱地。特别是"八月以来,人民望雨之切,颇难形述,但老天不仁,终不肯降落甘露,导致一些地方发现了灾民争食死尸的惨剧"。① 据陕西赈灾会调查,"旬日以来,计饿死男 42 人,女 45 人,流离逃亡者男女 138 人,今也饥寒甫至,数日之间,其死亡人数,已有 87 人之多……"② 长安、蓝田、富平、朝邑、蒲城、白水、韩城、澄城、潼关等县灾情比之耀县轻不了多少,各县"城内商铺,十九歇业,偏巷破屋之中,时有饥民三五人,隐匿攫人,截取手臂,以火烧食,乡村寂无人烟,僵尸接踵,胫骨暴露,阴森景象如游荒冢间。如在陕西澄城,麦种未播,现今和明年的粮食没有着落,灾民剧增,饿殍载道,人狗相食,死亡达 18000 人。中下人家,多已绝户,小康之家,多系树皮草根为食,殷实之家,已率多绝粮,学校概行停顿,学生只得停业在家"。③ "西安以西之兴平、武功、扶风、乾州一带,居民多将屋架拆卸,入市售作燃料。在兴平市上,一元可购木料 80 斤,购煤的话,每吨煤需价 65 元,严冬煤价更贵,每吨煤竟需 175 元。"④ "冬天将至,人民没有炭火,被冻死者不在少数。另有潼关、华阴、华县、渭南、临潼及泾阳、三原、富平等县,遍履乡村,详查灾况,足迹所至,十室十空,房舍拆卖,家徒四壁……"⑤ 陕省以西安为中心之渭河流域,"自 1876 至 1877 年的丁丑奇荒巨灾发生以来,尤以今日状况最为怵目惊心。据熟悉灾情之华洋人士估计,1929 年一年中饿死者至少有 200 万,而在下一次收获期莅临以前,处于死亡边缘,有饿死之虞者,恐仍不下 200 万人。彼间灾前户口总数为 600 万。就死亡人数而言,这次局部灾情比 1920 至 1921 年间的全部灾情更为严重。而据统计,从 1927 年秋开始秋麦一无收成,1928 年春秋两麦俱无收成,1929 年春麦一无收成,秋麦收成只有一成"。⑥ 据华洋义赈会柯乐文报告,"1930 年陕省中部饿毙及因其他事件死亡者达 200 余万人,在同地方另有 200 余万人将束手待毙"。⑦ 又据于右任调查,"陕中扶风、武功、兴平、咸阳等 40 余县,灾情最重,每村因冻饿逃亡者十之七

---

① 《灾民食死尸》,天津《大公报》1929 年 1 月 27 日。
② 《陕西灾报》,天津《大公报》1929 年 2 月 8 日。
③ 《陕西灾报》,天津《大公报》1929 年 2 月 8 日。
④ 《陕渭北引泾渠工》,天津《大公报》1931 年 3 月 15 日。
⑤ 《陕灾惨状》,天津《大公报》1929 年 2 月 27 日。
⑥ 《西北惨劫报告二》,天津《大公报》1930 年 1 月 24 日。
⑦ 《人类的同情》,天津《大公报》1930 年 1 月 18 日。

八,损失人口约七八万。至于其他地方,目睹饿殍载道,麦虽下种,每十家共畜一牛,已呈地无人耕、屋无人住之概……"①

## (二) 榆林地区

陕北榆林地区 23 县灾情更凄惨,据《大公报》1929 年 2 月报道:"各县频繁收到有关灾民因无粮而导致的人伦惨剧……如横山北区某村,因上吊而亡的人不计其数,据该村村民所云,邻村饥民一家男女大小五口,逃荒来到某村,其夫沿门乞讨仅得少数粮食而归,见其妻子四人均缢于树上,遂痛哭而亦缢。"② 又据同期华洋义赈会通讯报告,"陕北旱灾甚重,秋收毫无,灾民现均罹受饥寒疾病。现在虽有糠树叶可以充饥,就是这些对健康有害的东西作为食物,也只能勉强延续至冬末,若来春不能及时赈济,饥民将无以为食,生存将受到威胁。最重要的是,大部分农户缺乏种子,无法进行播种生产。若不及时救济,灾民根本无法生存"。③ 由于无粮可食,人民无以为生,只能处于死亡边缘,如"榆林、神木、米脂、吴堡、府谷、定边、靖边、留坝等县,近日饥民盈路,皆骨瘦如柴,色惨似鬼,至鬻妻卖子自缢投井者,比比皆是,人不敢只身出门,必结伴持械,方不被一般饿鬼所脔割"。靖边、安定两县"本年点雨未落,寸草不生,灾区之广,灾民之众,灾情之惨,为从来所未闻者"。④ 长期干旱导致一片凄惨局面,"刻下家家空虚,颗粒不存,城乡村镇,啼饥号寒之声,昼夜不绝,逃难于山西、河南者陆续不断,甚有鬻子卖妻,投河陷井,投毒以求死者,不可胜数"。⑤ 因不能够得到及时救济,灾民纷纷向外逃亡,尸体充斥整个外出道路。

## (三) 汉中地区

在汉中地区,进入 1930 年之后灾情日益加深,"由亢旱成灾导致秋收最好的地方仅三成,其余各地收成不及一成。灾情之空前未有,从 1930 年 3 月起,亢旱直至 7 月底,全无收获,饿死十余万。据统计,汉中区 25 县,按无粮和微薄口粮人数,分为极贫人口为 889130 人,次贫 777524 人。在 1930 年各县旱象加倍,自 2 月至 8 月,微雨俱无,汉江干旱如陆地,大

---

① 《于右任谈陕灾》,天津《大公报》1931 年 1 月 18 日。
② 《陕北灾情》,天津《大公报》1929 年 2 月 14 日。
③ 《陕西灾情报告》,天津《大公报》1929 年 1 月 13 日。
④ 《陕北灾情》,天津《大公报》1929 年 2 月 14 日。
⑤ 《陕北灾况》,天津《大公报》1928 年 10 月 24 日。

树干死,禾苗焦萎,赤地千里,一片荒凉,颗粒未收。自 11 月起,日死千余人。灾民食尽草根树皮,并食观音土,导致灾民因消化中毒而死者,不计其数"。① 汉南如汉中、汉阴、兴平、安康、西乡、洋县等县,"近日蒸土为馍,煮纸为饭,种种惨状,非笔墨所能罄述"。② 又如"洋县一县饿死 4 万人,由于天旱无雨,灾情严重,人民急需急赈。西乡南区灾情尤其严重,由于人民长时间吃树皮、草根,以至面目黄肿,原型尽失,如不能够迅速救济,难免不尽成鬼物。陕南各县政府不是减轻农民的负担,反而肆意搜刮民财,如陇县新近换一县长,到任以来即从事刮地皮手段,每一亩土地均要纳税。即便今年旱灾奇重,仍向勒索金钱"。因陕南地势复杂多变,受限于地形影响,赈粮不易运输,灾民无种子无耕牛,"目前最好的办法就是急赈放款,惟有恳请速拨赈款到汉中发放,可以通过汉中人所经营之商号汇兑款项,以便灾民往湖北边境购粮充饥,如此稍可降低人民死亡之人数"。③

## (四) 全省灾情实录

据《大公报》1929 年 3 月 3 日刊载旅平陕灾救济会关于陕西 44 县调查报告,"陕民不幸,师旅之后,加以饥馑,去年全年未落寸雨甘霖,夏秋两季颗粒未登,二麦既未播种,今岁更属无望,盖藏久空,接济全无,草木之根皮早尽,饥寒之交迫更切,卖妻鬻子,到处皆然,壮逃老死……"④ 其具体受灾情况参见表 2:

表 2 陕西 14 县所受灾情调查统计表

| 县 份 | 灾区人数 | 死亡人数 | 赖食草根树皮生活者 | 麦价(元/石) | 重量(石) | 存粮(石) |
| --- | --- | --- | --- | --- | --- | --- |
| 蒲城县 | 214000 | 1000 | 183000 | 32 | 220 | 20000 |
| 富平县 | 217000 | 7000 | 197000 | 40 | 240 | 10000 |
| 渭南县 | 71000 | 2000 | 54000 | 37 | 250 | 31000 |
| 华 县 | 142000 | 16000 | 89000 | 35 | 200 | 100 |
| 长安县 | 631000 | 3000 | 326000 | 35 | 200 | 1000 |

---

① 《陕人呼灾与请赈》,天津《大公报》1931 年 3 月 30 日。
② 《陕情不忍入耳》,天津《大公报》1930 年 3 月 7 日。
③ 《苦且辣》,天津《大公报》1929 年 9 月 16 日。
④ 《陕灾纪实·旅平陕灾救济会调查报告》,天津《大公报》1929 年 3 月 3 日。

续表

| 县 份 | 灾区人数 | 死亡人数 | 赖食草根树皮生活者 | 麦价（元/石） | 重量（石） | 存粮（石） |
| --- | --- | --- | --- | --- | --- | --- |
| 山阳县 | 46000 | 5000 | 31000 | 42 | 200 | 42000 |
| 澄城县 | 171000 | 1000 | 121000 | 34 | 250 | 1300 |
| 沔 县 | 123000 | 1800 | 98000 | 32 | 220 | 100 |
| 临潼县 | 122500 | 1000 | 121000 | 40 | 210 | 100 |
| 乾 县 | 10400 | 7115 | 100000 | 50 | 200 | 3500 |
| 朝邑县 | 120900 | 1346 | 120000 | 38 | 280 | 5400 |
| 雒南县 | 166000 | 1128 | 166000 | 38 | 200 | 100 |
| 中部县 | 20200 | 1190 | 20000 | 42 | 200 | 4000 |
| 户 县 | 60500 | 80 | 80 | 55 | 250 | 9800 |

资料来源：《陕甘纪实·旅平陕灾救济会调查报告》，天津《大公报》1929年3月3日。

从上述资料可以看出，当时各县死亡人数甚巨，处于死亡边缘的人数急剧增长，而粮价飞涨，人民根本无力购买粮食，故旅平陕灾救济会大声疾呼：如不能及时施救，任凭灾情发展，饥民则无路可走，极有可能引起大规模社会动乱。"对比前清庚子辛丑，秦中大饥，赈过极贫者310万两之多，共用银910余万两，粮110余万石，中外慈善家、施济者尚不在内，方能施济穷黎，藉资全活，然当时饿死者，尚有数万之众。而此次灾况，比前加重，赈款赈粮虽承中央和各省连次拨帑，然杯水车薪，无补万一。请政府免除饥民粮赋，动用救国基金急救垂毙灾民……多设粥厂，拨款移粮等。除此之外，请社会各界筹集巨款，汇陕急赈，方可使得秦民保全其性命。"①

## 二 灾因分析

近代以来陕西多次遭受旱灾侵袭，进入20世纪20年代以后各种重大自然灾害所造成的影响可谓"刻骨铭心"。这次旱灾发生是多种因素综合作用的结果，具体而言，自然环境的脆弱性和不稳定性决定了灾害的易发性，而当时社会环境则无疑起了推波助澜的作用；或者说，此次旱灾的表面原因是极端恶劣的自然环境，其幕后推手则是人为的社会因素。

① 《陕甘纪实·旅平陕灾救济会调查报告》，天津《大公报》1929年3月3日。

## (一) 自然因素

陕西地处西北内陆,受海洋环境影响非常小,主要表现为大陆性季风气候,空气干燥,多风沙;总降水量贫乏且季节与地区均分布不均,冬春少夏秋多、北部少南部多,年季月变率大;而且受地形影响,每日温差悬殊,极易引起春旱夏旱。从气象学角度而言,几乎所有旱灾都由气候干旱引起,这就决定了陕西极易发生农业旱灾。如1928年夏陕西"天灾又临,自春至秋,三秦不幸旱魃为虐,未见滴雨下降"。①

1927年开始的持续特大干旱首先从陕南开始,如"安康、城固、南郑等原本富庶之地,久旱无雨,蝗虫肆虐"。② 随之,陕北和关中地区出现严重灾情。根据关中降雨情况,武功县自1927年4月起连续四年降雨量偏少,7月、8月、9月降水量仅历年降水量一半,其中1928～1930年年降雨量分别为239毫米、304.9毫米和377毫米,为有史以来最少。③ 1931年高陵县全年降水量仅297.4毫米,而西安1932年降水量仅285.2毫米,与历年550～790毫米相差甚远。④ 可以说,降水量减少直接导致此次旱灾发生。此外,由于陕西中北部地处黄土高原,黄土透水性强,蓄水性弱,稍遇干旱就会发生旱灾。加之,近代陕西乱砍滥伐、过度放牧、战火蹂躏,致使森林牧草等植被破坏严重,生态环境日益恶化,这则在某种程度上延长了旱荒时间,加重了旱灾程度。

干旱又引起蝗灾、冰雹、黑霜、鼠疫等灾害,这些灾害或同步叠加或交错出现。一般来说,当冬春季节雨雪偏少气温相对较高时有利于蝗虫卵生长发育,并因蝗虫繁殖快产卵多,一旦发生大规模旱情,则推波助澜的蝗灾将至。正由于此,1927年开始出现旱情的县份都不同程度出现蝗灾。如1927年以来由于连年亢旱,武功、兴平、咸阳、醴泉、乾县、扶风、郿县等县蝗灾严重,禾苗尽被吃净,或成秃株或成赤地。⑤ 长期旱荒亦往往伴有狼灾和鼠灾。由于连年饥荒,灾民大量冻饿而死,给野狼提供了充足的食物和广阔的生存环境,野狼迅猛发展变成灾患。据《大公报》报道:在陕西,1930年"野狼入村,人畜被害者每日均有……其中尤以郿县最为严重,狼之多寡与地方饿死人之多少,为正比例相关……"旱灾中饥民大

---

① 《关中灾民待赈尤殷》,天津《大公报》1928年11月9日。
② 《陕南之困苦》,天津《大公报》1927年12月29日。
③ 陕西省地方志编纂委员会编《陕西省志·林业志》,中国林业出版社,1996,第436页。
④ 钱林清:《黄土高原气候》,气象出版社,1991,第129页。
⑤ 《陕西秋收又告绝望,蝗吃秋稼仅剩秃株》,天津《大公报》1927年9月24日。

都在无以为继情况下逃荒离家，致使家鼠无物可食而成群结队地迁移田间寻找食物，"老鼠成群，戕害嫁禾……刚出土之禾苗，尽被咬断……"如陕北靖边一带"田间尽成鼠穴，群鼠一过，庄家禾苗无头无尾，枯槁而死"。①

不过，对于灾民来说最大的恐慌是饥荒过后因尸体腐烂之后病菌引发的各种疾病。旱灾之后，生态环境急剧恶化，人民生病后无力医治，死后又无钱棺殓，往往横尸路旁，大量尸体不能及时掩埋，致使病菌在空气中广泛传播从而引发瘟疫；而幸存者由于体质虚弱、抵抗能力差，往往被各种传染病感染，极易导致死亡，无形中加剧了瘟疫流行。如"南郑、城固、西乡、略阳等县瘟疫流行，比户传染，人民相继死亡甚重……"② 又由于陕西气候干燥少雨，水源多为井、窖及数量不多的若干河流，水质不良，而本地又有屋侧街旁堆积人畜粪便习惯，因此极易引发霍乱、伤寒、痢疾等肠道传染病。从1928年发生瘟疫起，到1930年达到高峰。是年春季瘟疫盛行，死者十之五六，"疫病而死者的尸体""叠床架屋"，"成为肉丘"，"辟万人坑处理之"。③ 1931年，陕北10县鼠疫流行，次年延及14县市且蔓延到山西，死亡达万人以上。与此同时，霍乱在潼关爆发，3个月内迅速扩展至陕西全境，估计患病人数约50万，死亡约20余万人。④ 据1933年《西京医药》载，全省35市县不完全统计，患乱者254857人，死亡达102243人。⑤

## （二）社会因素

自然条件异动是灾害发生的首要因素，但若探讨深层原因，则人为的社会因素亦起着关键作用。

首先，军阀混战，民不聊生。陕西发生旱灾之时正值北伐战争，1928年12月东北易帜之后国民党形式上完成统一，但在陕西境内仍是大小军阀割据、派系林立，陆建章、陈树藩、刘镇华、冯玉祥、吴新田、宋哲元等相继祸陕。官僚军阀之间为争夺地盘，肆意发动战争，向农民征收粮食，

---

① 《陕灾愈惨重——二次亢旱秋收望绝，瘟疫流行狼鼠肆虐》，天津《大公报》1930年8月21日。
② 《陕灾愈惨重——二次亢旱秋收望绝，瘟疫流行狼鼠肆虐》，天津《大公报》1930年8月21日。
③ 李文海主编《近代中国旱灾纪年续编》，湖南教育出版社，1993，第267页。
④ 陕西省地方志编纂委员会编《陕西省志·人口志》，三秦出版社，1986，第92页。
⑤ 《西京医药》，陕西出版社，1938，第115页。

甚至百姓籽种亦被用作口粮。连年混战，不仅夺去成千上万人的生命，使农村失去大量劳动力，而且消耗了无数物力和财力，给陕西造成巨大灾难。特别在蒋冯战争期间，西北军不断扩充军备，为筹集军费向老百姓摊派名目繁多的杂税，同农民争抢粮食、牲口，甚至军队从事种植烟片、贩卖妇女儿童的勾当。① 在赈济陕灾活动进行关键时刻爆发中原大战，无疑影响到社会各界救灾行动。全国赈务会主任朱庆澜呼吁大战交战双方按照各国公例，对于慈善事业加以保护，对于赈用物品给予维持，方便运输，便于施放。② 这种迫切的救灾愿望可以想象，但把希望寄托于军阀则无异与虎谋皮。军阀混战导致交通通信中断，陕西灾情很少被外界所知，赈粮很难运到灾区。更为令人悲痛的是，交战双方不断征调民夫去服徭役，农民必须无偿服从于军事需要去充军差并有许多人被无情地夺取生命。战事结束之后，败退下来的西北军和各地杂牌军纷纷入陕，其庞大军费开销又落到普通百姓头上，无疑成为老百姓最大的痛苦和负担。更有甚者，许多地方驻军停留地方不是积极帮助人民清剿土匪，反而纵军抢掠地方、搜刮百姓。如陕南驻军吴新田部纪律极差，在分驻各乡镇时无恶不作、无钱不要，凡日用所需之物无不向地方勒索。该部开拔出发之时强制征调炊夫、更夫、木匠、泥水匠从事部队繁重的徭役，这些人被饿死打死及被迫自尽者不计其数。还有，在一些地方，驻军或与盗匪相互勾结鱼肉百姓，或借剿匪之名招兵筹饷，或克扣军饷，或虚兵冒领官饷。

其次，苛捐杂税繁多，人民负担沉重。陕西因受地形地势影响，耕地少，收成差，农民在一般年景只能勉强维生，而政府各项田赋和杂税负担严重削弱了农民抗灾防灾能力。最主要的是，自古以来中国田赋捐税不仅名目众多且无统一税额。加之地方政府各自为政，税收制度不健全，各种附加税和杂税更"多如牛毛"。如地方军队除将正杂各项税目全部截留外，预征加征者不计其数，而且"随时向各地方政府恶捐苛派，其名目之繁多，实世界上所无有，租骡捐、粮秣捐、特别捐、服装捐、恤赏捐、常年捐、开拔捐、年关捐、公债捐、临时借款等，总之无月不派捐，无人不出捐"。③ 人民所担负之捐款竟有超过正项数倍数十倍者，最奇怪的是今年则预派明年之捐，"各地驻陕军阀，为搜刮民脂民膏，竟然在一县之中派出收捐委员多至十人到数十人之多，到处设立公堂，用严厉的刑罚来拷问农民，不

---

① 《于右任痛陈陕灾惨情》，天津《大公报》1931年1月20日。
② 《朱庆澜代灾民呼吁和平》，天津《大公报》1929年5月31日。
③ 《陕西人民之痛》，天津《大公报》1929年4月15日。

断的押追勒索，导致各乡镇学堂庙宇，铁索郎当，囚犯累累，无非欠捐之犯。若人民有数亩田地，则为无穷之祸根，贫者无力纳捐，多弃家远逃，则将其老幼妇女锁押追比。各县因无力缴纳税款者，只能是投井悬梁或卖女鬻子，数不胜数。人们所受捐税之苦，较洪水猛兽尤烈，暗无天日惨无人道之事令人发指"。① 可见，这些贪得无厌的官吏和残酷的军阀使人们不仅承受天灾打击，最可怕的是还要应付人祸，使灾民面临天灾和人祸双重打击。军阀和地方政府对灾区捐税摊派过重，赋税过多，远远超出灾区人民所能承受的范围，致使"农村破产，到处皆然，民力已竭，不胜敲索"。②

再次，土匪猖獗，流民暴动。因陕西军阀派系众多，导致政局复杂多变。加之，历任地方军事长官对于土匪割据鞭长莫及而使之形成一股不可小觑的势力。土匪割据一方，发号施令，自成气候。其摊派饷款，予取予夺，使人民处在水深火热之中，其行为俨然独立王国。土匪肆无忌惮劫资劫财，特别是平日里比较著名的土匪利用饥荒时机召集灾民，壮大声势和队伍，各县匪风日炽。在地方上，驻军对于土匪并无具体剿办计划，亦没有竭力搜剿，以至匪势猖獗而陷于不可收拾境地。如陕南城固县遭受"空前未有之浩劫，旱灾奇重，匪势猖獗，人民希望政府能够迅速派军队进剿，肃清匪患，并望速办急赈以清除盗源，妥善安置饥民善后。如若不及时剿除，加之灾民谋生无路铤而走险，势必将汇聚成流寇。此外，还要严格控制枪支弹药的流通，命令人民按规定价目自行购置枪弹，以充实人民自卫之力量。这样的话，遇小股土匪人民可以自行剿除，遇大股土匪则人民可以帮助军队"。③ 在省城西安，从各地涌来数十万饥民乞赈。由于政府无力赈济，每日死亡饥民大概有数百人之多，饥民乞求救命，若得不到救助，极易发生社会暴动，如"有数万之饥民包围省政府，号泣救命"。④

解决饥民和流民的关键在于政府赶办急赈，因夏秋没有收成，饥民遍地皆是，有的转徙为乞讨者，更多的人演变成盗匪。若饥民能够得到及时赈济，则盗匪源头就被堵住了，匪众就自行解散了。

## 三 旱灾影响

由于近代社会生产力水平较低，科学技术不发达等因素，人们抵御和

---

① 《陕南痛史》，天津《大公报》1929年2月23日。
② 《陕南痛史》，天津《大公报》1929年2月23日。
③ 《城固县之匪势猖獗》，天津《大公报》1929年7月15日。
④ 《陕灾最重》，天津《大公报》1931年2月13日。

预测自然灾害能力十分有限，一旦发生大规模的破坏程度严重的灾害，人们很难抵御。民国前期特别进入20世纪20年代以后，各种自然灾害频繁发生，而当时中国正处于一个剧烈动荡的时期，缺乏一个连续稳定的政府和社会环境，根本无法进行正常的农业生产活动。一家一户的自给自足的小农经济很难抵御持续五年之久的大旱荒，使得这场旱灾造成的结果异常惨烈，其影响比光绪年间的"丁戊奇荒"更深远。

### （一）农业生产疲敝

中国是传统的农耕社会，"民以食为天"。灾害之后最直接的后果就是耕地面积萎缩，粮食减产，农民处于死亡边缘。《大公报》1929年8月报道："陕西去岁歉收，人民即有求食维艰之叹。然去岁之尚可支持者，因人民生活程度尚低，平日均薄有积蓄，麦季尚有两三分收成也……自去夏以来，雨贵如金，亢阳为虐，陕北榆林等处绝无禾苗。是故今春粮价腾贵，流民日多，麦苗秋禾均已枯槁，三原、渭南、神木、保安等县去岁刈罢之麦粮尚存田陇间，其他可想而知。"① 又据《大公报》副刊《读者论坛》所载陕西一位读者来信叙述麦苗情况：在春播季节，农民殷切希望能够得到雨水来施种，但是连续几个月基本没有下过一场雨，麦种得不到雨水；即使个别地方下过小雨，麦苗出芽后，有将近两个月时间未下一场雨，麦苗几近枯死。这位读者预计，如果当下再不下雨，秋收粮食根本无望，粮食很可能面临绝产地步，那会有将近10个月的时间没有粮食补充，陕西人民将遭受绝粮威胁。② 严重的旱灾导致众多受灾人口，使本来就缺乏的粮食供应更加贫乏，最终造成农业生产严重衰退，出现饿殍遍地的局面。

### （二）人口买卖严重

贩卖人口从古至今一直以来就是危害社会的毒瘤，是被法律所禁止为道德所不齿的行为。在灾荒发生的每一个地方，贩卖人口最初只是个别现象。随着灾情加剧，人民无粮可食，只能将自己的妻女卖给人贩子，从而发展成为大规模的贩卖人口高潮。由于陕灾极重，饿毙者达250万以上，其中多系老年男子、婴孩、孱弱男子，而青年妇女饿毙者极少，这主要是各慈善和赈灾团体大多收容妇女，男子存活概率远小于女子。在陕西各

---

① 《陕北秋粮颗粒无收》，天津《大公报》1929年8月17日。
② 《关中灾况别报》，天津《大公报》1929年8月6日。

地，可以看到山西、河南等地人贩子麇集西安、武功、醴泉、郿县、蒲城等县，"刚开始以收养义女为名，七八元即可买到十余岁女子。随着灾情加剧，饥民人数的增多，在人市上随处可见饥黄面瘦的女子，发展到最后可以分文不要，任人领去乞求可以活口"。① 这无形中加剧和扩大了人口贩卖规模。实际上，贩卖人口者往往在各灾区收买妇孺运出潼关，贩卖到北平、天津、山东等沿海发达地区，以牟取巨额暴利。面对如此复杂的灾情和人伦悲剧，为防止这种行为继续发生，陕灾救济会和地方官绅组织灾区妇孺收容所，收容被贩卖妇孺，每日口粮由陕灾救济会负责，希望能够维持社会正常的伦理秩序。此外，"陕灾会希望潼关驻军密切盘查拐卖妇孺儿童的行为，如若发现，可以直接予以扣留"。② 但由于救济会经济有限，若收养之妇女数额既满，即无力收养只能中止收容。人口贩卖最为猖獗的是关中地区，"少妇幼女被奸商视为谋利之无上商品，已经把人作为商品进行买卖。如在兴平、武功、岐山、醴泉、扶风、凤翔等县，每县皆设有人市，夫携其妻，父携其女，入市求售予他人，人贩平货作价，买之一空。仅能卖四五元之妇女，因人贩麇集，价涨至 40 至 80 元不等，以汽车运至山西运城，辗转相售，每一妇女可得 400 至 500 元不等"。③ 获利之厚是驱动人贩铤而走险之因。实际上，由于巨额暴利驱动以及旱灾导致灾民无粮可食，这两者决定了此种行为屡禁不止。据《大公报》报道，"从潼关……贩卖东去之妇女，平均每日在 200 人以上，如街上汽车所载者妇女也，黄包车所拉者亦妇女也。自十六年迄今，总计被贩卖妇女已在 20 万人以上，如夫售其妻，父卖其女，可以说陕西少一妇女，他省即增一俾妾，各大商埠即增一娼妓，虽然身以免死，实则已活入地狱。此外，还有其他各种情形，如逃荒省外者，自卖其身之妇女，尤不在少数"。④ 若长此以往，陕西人种将濒绝境，社会秩序将大乱。陕西妇女大量流失，除造成大量家庭解体、离散、家破人亡外，更重要的是造成性别比例失调，导致陕西人口再生繁殖能力下降。有些偏远县份，地方政府和部分奸商相勾结，不是打击人口买卖而是参与到贩卖人口中，无疑加重了灾民的悲惨命运。

## （三）粮价疯狂上涨

旱灾期间，由于灾区和其他地区经济联系不够密切，商贸往来几乎完

---

① 《陕西妇女惨劫》，天津《大公报》1929 年 12 月 13 日。
② 《陕灾救济——妇孺勿令出潼关，移民移粟可恤邻》，天津《大公报》1929 年 3 月 17 日。
③ 《关中道上之人市》，天津《大公报》1930 年 5 月 21 日。
④ 《陕西妇女惨劫》，天津《大公报》1929 年 12 月 13 日。

全中断，加上西北地区交通发展滞后，商贸交流乏力，关外粮食及其他相关救济物品不能及时运送到灾区。因此，在旱灾形成时政府没有足够物质条件和社会条件来控制和疏导灾情，无疑导致灾情蔓延和扩大，长久下去将对民众产生重要影响。同时，由于西北战事发展，特别是蒋冯战争和中原大战相继发生，灾情最严重之时各路交通阻断，各地入陕运粮道路断绝，灾情愈加险恶。即使有大批救济粮款，亦因客观现实环境影响而无法运赴灾区，如"在丰台、徐州及蚌埠各地大量存粮均无法运送入陕"①。灾区粮食缺乏，地方政府无法平抑物价，导致粮价飞涨，"粮价几乎每时每刻都在发生变化，普通民众根本无力购买粮食，长此以往，其将以何为生？"在"1929 年 2 月份，粮价每斗售 3 元 5 角，3 月每斗 4 元 5 角，5 月涨为 5 元 5 角，在偏远地区，价格更高，甚至达到了 10 元以上，而当时的一个 10 余岁的儿童仅价值 3 至 5 元"。② 随着灾情加剧，"陕省灾象，日来愈形继大，前日之粮价飞涨，已高至 4 元 5 角以上，每洋 1 元仅可买麦 5 斤，各县人民惶恐情形，已达极点，群情沸腾，几至不可终日"。③ "平时粮价低落，粮价每斤 3 分，每人每月食粮只需 1 元，现在价涨，粮价每斤 7 分，每人每月需费 5 元。每袋面粉 38 斤，售价 12 元之高……"④ 在陕西各灾区，市场上经常可以遇到粮食有价无市情况。由于粮食极度缺乏，政府无力调剂市场，即使有钱亦可能买不到粮食，更何况身无分文的农民。粮价上涨导致通货膨胀，其他生活必需品随之大幅涨价。一般人民根本没有消费能力，无力购买粮食；即使能够买得起，因为粮食存货有限，亦只能是有钱富户能够购买粮食。持续的旱灾将农民推向破产边缘，饥民为了活命不得不变卖所有家当，最终由于无力买粮而只能以树皮、草根、麦糠等充饥。随着时间推移灾情日益加剧，政府救助又无法进行，灾区人民生活状况惨不忍睹，这都加剧了人口死亡率。

粮价上涨的另一个推手是根本没有下种的种子。由于没有种子播种，田地基本荒芜。《大公报》报道："各处居民老弱者转死沟壑，少壮者流落他乡，繁华市镇顿成败瓦颓垣，栉比人家，已绝荒烟蔓草。地方军队视民命如草芥，强行的摊牌勒索各种捐税，剥削无所不至……若赈粮和种籽不能够及时启运入陕，则人民每日死亡将有增无减。而此时种麦期近，若麦种不能下地，则明年无收成。所以，关中数百万灾民的希望全在于籽种。"

---

① 《待赈迫切之陕西灾黎》，天津《大公报》1930 年 3 月 28 日。
② 《惨哉陕灾》，天津《大公报》1929 年 6 月 25 日。
③ 《天灾与匪祸》，天津《大公报》1929 年 1 月 20 日。
④ 《西北惨劫报告三》，天津《大公报》1930 年 1 月 25 日。

故陕西急赈会希望沿途各地驻军能够提供车辆，提前接送和保护运粮车，防止土匪、残军抢掠运粮车。此外，赈粮可以通过从他处输入和就近采购两种方式，这样即可节省长途运输之不便又可加快赈粮入陕，这是救济陕民的重要方式之一。①

### （四）食人惨剧炽烈

在人类面临巨大灾害侵袭之时，灾民将所有能够可食的东西吃尽之后，迫于饥饿威胁就会撕去最后的道德底线，把牙齿残忍地伸向自己的同类——同为饥肠辘辘的灾民。在旱灾影响下，"东西路麦苗几全枯萎，数年不获饥饿待毙之陕民，惶惶不可终日，以为末日将至，社会秩序行将大乱，导致饥民截路劫粮之事层见叠出。根据之前的调查，饿毙者尚多是游手，近日死亡枕藉者纯系良民，由边缘人群扩大至一般民众。在吃光草根树皮，有时进食雁粪牛屎不能延生。这种方法不能够维持生存，故食人惨剧，愈演愈烈。"② "灾民求生不能，只有求死。因饥饿而活埋子女者，而后自缢者，比比皆是。有因逃荒将子女弃井投崖者，有全家自焚或服毒自杀者。"③ 此种人类惨剧几乎每天都在上演，远非都市民众所能想象。在陕北地区，"亢旱已有三年以上，因自救无力，民力衰竭。许多村庄道旁时见白骨成堆，村中没有人口，竟至绝户。因牲畜无存，籽种难以措置，耕作失去天时，收成仍属绝望。灾民不甘嗥腹，惟有以人肉为粮，刚开始只是偷窃死尸，后来演变成公然鬻割，最后以婴儿妇女之腿臂作为腊肉，家居供食品，出外作干粮，而政府税局翻检行客，常有人腿在包裹中，答曰本人子女之肢体，若不自食，亦为他人所食。"④ 事实表明，当饥饿成为人们的主宰时，当一切代食品吃尽时，人们便本能地把牙齿伸向同类，简直同其他物种毫无区别，弱肉强食的生存法则造成许多人间悲剧。

## 四 结语

自然灾害是人类短期内无法消除的一种自然现象，人类发展史可以说是同自然灾害的斗争史。对于自然灾害中的一种常见形式"旱灾"来说，

---

① 《陕民待赈仍亟》，天津《大公报》1930 年 12 月 4 日。
② 《陕灾——民命在最后挣扎》，天津《大公报》1929 年 5 月 4 日。
③ 《灾民自杀日渐增多》，天津《大公报》1929 年 1 月 25 日。
④ 《陕南灾民食亲生子女》，天津《大公报》1930 年 7 月 7 日。

它常常会给人类社会发展带来严重破坏和巨大灾难。1927~1932年间的陕西旱灾即是民国时期发生的最大规模的旱灾之一，给陕西当时的社会经济发展造成了严重后果。反过来说，干旱虽然是一种自然现象，但并非不可预防，只要做好防御工作仍可达到减灾目的。

具体而言，减轻干旱灾害的首要问题是解决水的问题。中国最多的灾害是水旱灾害，水少则旱，水多则涝，水既能对人类造成灾难，亦能为人类造福。水利是农业的命脉，在农业生产中发挥着巨大作用。千百年来，陕西农业生产多以旱田为主，这就决定了水利的至关重要性。然陕西兴修水利尽管历史悠久，但限于科学技术等因素，在民国时期并未受到重视，以致水利建设十分滞后。① 其次要注重粮食储备。积谷备荒是中国传统的灾荒救济方法，因为一旦遇到灾害发生，政府储备足够粮食就可顺利地帮助人民渡过暂时困难时期，亦可利于灾后生产恢复。民国时期陕西仓储制度废弛，各仓积谷不仅提用净尽而颗粒无存，甚至仓库砖瓦原料均已出售，地皮亦几经拍卖无余，以致旱灾发生之时无粮救济灾民，奸商又乘机抬高粮价使之无限上涨，筹款到外省购粮却因交通不便无法及时运到境内解决民食问题，从而造成大量灾民死亡。② 再次要增强民众防灾意识并建立有效的救灾资金和物资监督机制。此次陕西旱灾救灾资金和物资发放与使用存在巨大黑洞，大量救灾资金和物资被个人及地方贪污或挪用，置灾民生死于不顾，救命钱难以起到救命作用。最后要加大造林力度。森林是农业和水利的生态屏障，对于涵养水源、减轻旱灾对农业威胁具有重要作用。民国时期陕西各地对森林只知砍伐而不知补种，导致植被破坏严重、生态环境异常恶劣，从而在某种程度上延长了旱荒时间并加重了旱灾程度。这些均是很深刻的历史教训。

---

① 参见《陕北水利调查报告》，天津《大公报》1931年4月10日、11日。
② 参见《西北惨劫报告》，天津《大公报》1930年1月24日、25日。

【民国人物】

# 读书人与"革命"的互动：
# 北伐前后周作人对"革命"态度的变迁

蔡炯昊[*]

**提 要** 20世纪20年代的中国处在一个"革命的时代"，各个方面都发生了显著的变化。近代读书人群体在与"革命"的互动中，逐渐走上不同的思想道路。本文试图探讨作为上层知识精英和新文化运动中"文学革命"领导者之一的周作人，在20世纪20年代中期以北伐为中心的国民革命运动时期对革命的认知和态度以及这种态度是怎样随着时间的推移而发生变化的。周氏思想中的"革命"与实际发生着的革命，以及实际发生的革命在其头脑中形成的印象三者之间，有着怎样的异同？他的思想又是怎样与当时的时代语境发生互动的？通过对特定人物的个案考察，或者可以提供理解"革命"的一个有意义的维度，同时也为进一步了解周作人的思想开启一个可能的窗口。

**关键词** 周作人 20世纪20年代 革命

如果说民族主义是近代中国种种思潮背后一条若隐若现的"潜流"的话，那么"革命"则无疑是此一时段引人注目的"显流"。[①] 在20世纪前半期的众多革命当中，读书人[②]（包括上层精英和边缘知识分子）群体发挥了不容忽视的作用。无论是对于革命的想象与言说——"想革命"与"说革命"，还是直接参与到以武装斗争为手段的实际革命运动中——"干

---

[*] 华东师范大学思勉人文高等研究院博士生。
[①] 参见罗志田《乱世潜流：民族主义与民国政治》，上海古籍出版社，2001。
[②] 采用"读书人"一词而不使用"知识分子"或是"士人"等词，可参见罗志田《近代读书人的思想世界与治学取向》关于这一问题的解释。

革命"，围绕"革命"① 这个极具象征意味的词语，作为思想和行动主体的读书人都相当积极地表明了自身的态度，并在与革命的互动中走过了各不相同的思想旅程与人生道路。考察 20 世纪前半期的思想文化史，读书人对革命的态度以及在革命中的具体行动（从某种意义上说，思想本身也是行动的一种），就成为绕不过去的一个主题。以往学界对于此问题关注并不太多，罗志田的《士变：20 世纪上半叶中国读书人的革命情怀》② 是关于这个主题概论性质最为重要的一篇文章，提示了笔者很多可能的研究走向及可以运用的方法。王奇生的《"革命"与"反革命"：一九二〇年代中国三大政党的党际互动》③ 一文则从党际互动的角度分析了 20 年代"革命"这个概念在实际政治过程中的演变。另外，北京大学的颜浩在其博士学位论文基础上写成的专著《北京的舆论环境与文人团体：1920~1928》④ 最后一章中也曾以"革命：对话与想象"为主题讨论过从五卅运动到北伐期间北京的文人团体对"革命"⑤ 不同态度及各自的因应措施⑥，为笔者搜集资料提供了不少方便。

本文试图探讨的问题是：作为上层知识精英和新文化运动中文学革命领导人之一的周作人，在 20 世纪 20 年代中期以北伐为中心的国民革命运动时期对革命的态度是怎样随着时间的推移而发生变化的？在周氏思想中的"革命"与实际发生着的"革命"（具体在当时是指国共两党领导的国民革命），以及实际发生的"革命"在其头脑中形成的印象三者之间有着怎样的异同？这场革命最终对周氏的思想产生了怎样的影响？他的思想又是怎样与当时的时代语境发生互动的？通过对特定人物的个案考察，或者可以提供理解"革命"的一个有意义的维度，同时也为进一步了解周作人

---

① 此处"革命"不限于政治层面的"暴力行动"，而意味着从根本上改变既存状态，并往往诉诸非常规的方式。参见罗志田《士变：20 世纪上半叶中国读书人的革命情怀》，收入《近代读书人的思想世界与治学取向》。
② 参见罗志田《士变：20 世纪上半叶中国读书人的革命情怀》，收入《近代读书人的思想世界与治学取向》。
③ 王奇生：《"革命"与"反革命"：一九二〇年代中国三大政党的党际互动》，《历史研究》2004 年第 5 期。
④ 颜浩：《北京的舆论环境与文人团体：1920~1928》，北京大学出版社，2008。
⑤ 主要指当时由国共两党所领导的，以"打倒列强，除军阀"为口号的国民革命。
⑥ 此外关于近代中国"革命"这个概念的研究还有：陈建华：《"革命"的现代性：中国革命话语考论》，上海古籍出版社，2000；黄金麟：《革命与反革命：清党再思考》，《新史学》（台北）第 11 卷第 1 期；金观涛：《观念起源的猜想与证明——兼评〈"革命"的现代性：中国革命话语考论〉》，见《中央研究院近代史研究所集刊》（台北）第 42 期，2003 年 12 月。

的思想开启一个可能的窗口。

## 一 "五卅": 在疑惧中想象

1925～1927年,由国共两党领导的国民革命是一次包含了政治、经济、文化、社会等多重意义的革命,因而在其发生后不久,就被冠以"大革命"之名,以示其与辛亥革命以及民初的"二次革命"等"革命"的不同,具有特别的意义。中共早期活动家之一郑超麟在其20世纪30年代所撰写的回忆录中曾经提到当时从莫斯科回国的潘家辰所转述苏联人评价国民革命的话:"国际同志认为世界各国革命史上配得上称为'大革命'的,只有一七八九年的法国革命,以及现在的中国革命。"① 尽管此语有些夸张,但无论如何,此次革命在20世纪的中国史上具有非凡的意义,其后很多思想观念与政治实践的渊源均可以追溯至此。

1925年5月,上海英租界所发生英国巡捕屠杀中国工人的事件,随后沪粤等地工人罢工,民众上街游行,要求惩办凶手,赔偿损失,进而废除列强在华特权、将帝国主义逐出中国,史称五卅事件。这一事件后来被认为是国共两党所领导的"国民革命"运动的开端,具有不容忽视的重要意义。

五卅事件主要发生在上海,身处北京的周作人对事件并没有直接体验。后来所发生的一系列风潮中有"党"的因素在起作用,正所谓"多数人后面有少数人在牵线"。郑超麟在回忆录中称,"中国共产党好像知道五六月之交要爆发革命一般,已经准备好了战斗组织"。② 随着事情的进一步发展,普通民众的民族主义情绪被煽动起来,发生了许多的以暴力攻击所有外国人的过激行为,甚至朝在街上行走的外国妇女吐唾沫、投掷石块等。当时稍为冷静持重的态度也已不为舆论所容,在思想界尚有相当影响力的梁启超发表文章呼吁大众以法律途径解决问题,不要把事情扩大到针对一切外国人,进行盲目排外,即遭到了讽刺,被目为迂腐。③ 共产党人瞿秋白把五卅事件当中民众的排外行为与义和团相比较,并把义和团运动

---

① 郑超麟:《郑超麟回忆录·自序》,《史事与回忆——郑超麟晚年文选》第1卷,香港天地图书有限公司,1998,第317页。
② 《郑超麟回忆录》,第239页。
③ 参见颜浩《北京的舆论环境与文人团体:1920～1928》第5章,北京大学出版社,2008。

阐释成为所谓反对帝国主义的先声，从正面加以肯定。① 这样的论述，显然无法为周作人这一类倾向自由主义（且这种自由主义的出发点又是个人）的读书人所认同。"拳匪"这一意象多次作为愚昧野蛮与顽固凶残的中世纪暴民形象的代表出现在周作人的文字当中，在此前一年4月所写的文章《读京华碧血录》中，周写道：

> 至于像拳匪那样，想借符咒的力量灭尽洋人，一面对于本国人大加残杀，终是匪的行为，够不上排外的资格。记性不好的中国人忘了他们残民以逞的事情，只同情于"扶清灭洋"的旗号，于是把他们的名誉逐渐提高，不久恐要在太平天国之上。现在的青年正不妨"卧薪尝胆"地修练武功，练习机关枪准备对打，发明"死光"准备对照，似大可不必回首去寻大师兄的法宝。我不相信中国会起第二次的义和拳，如帝国主义的狂徒所说；但我觉得精神上的义和拳是可以有的。如没有具体的办法，只在纸上写些"杀妖杀妖"或"赶走直脚鬼"等语聊以快意，即是"口中念念有词"的变相；又对于异己者加以许多"洋狗洋奴"的称号，痛加骂詈，即是搜杀二毛子的老法子；他的结果是于"夷人"并无重大的损害，只落得一场骚扰，使这奄奄一息的中国的元气更加损伤。②

从这里可以看出，周作人在1925年伊始的《元旦试笔》中所宣称的"今年我的思想又回到民族主义上来了"，与当时正在热衷于把群众反对帝国主义运动作为民族主义高涨、"国家将兴"的人群心目中的民族主义恐怕有着不小的区别，后者在周氏心目中实在不配称为"民族主义"而是所谓"宗教的爱国家"，或者"精神上的义和团"。与之相类似，周在主张"民族主义"的同时所提出的"我们要针砭民族卑怯的瘫痪，我们要消除民族淫猥的淋毒，我们要切开民族昏聩的痈疽，我们要阉割民族自大的风狂"，③ 在当时激进的知识青年听来恐怕是特别地刺耳了。而在国共两党的眼中，则无疑近乎"反革命"。所以当俞平伯与上海的左翼人士就五卅事件之后过激的群众运动发生争论的时候，周作人对作为自己弟子的俞平伯表示了坚定的支持，宣布对那些群众运动的不感冒，"我很惭愧自己对于

---

① 关于义和团形象在20世纪的变迁过程，可以参见〔美〕柯文《历史三调：作为事件、经历和神话的义和团》，杜继东译，江苏人民出版社，2005年。
② 周作人：《读京华碧血录》，载《雨天的书》，河北教育出版社，2002，第185~187页。
③ 周作人：《与友人论国民文学书》，载《雨天的书》，第110~112页。

这些运动的冷淡一点都不轻减……"① 周氏思考问题向来是从"人"着眼，这早在新文化运动时期所写的《人的文学》②中已经有所体现："我所说的人道主义，并非世间所谓'悲天悯人'或'博众济施'的慈善主义，乃是一种个人主义的人间本位主义。"人首先是作为个体而存在的，同时"人性"又是适应于全人类的。民族、国家、群众等这类介于"个人"与"人类"之间宏大而抽象的概念则不一定合乎"人性"，对群众运动的怀疑和以群众之名剥夺个人自由的警惕使得周作人对以"群众作为牌位"而发动的革命保持着相当的距离。当某些人或者团体以集体名义剥夺个人的权利或是煽动某些不合于周作人眼中的"人性"或者"人情物理"的主张之时，他绝对无法认同，并且是要起来加以批判的，因为爱国首先意味着要"使自己有人的资格"。而当时的"革命"的一个重要组成部分就是要发动群众，以及宣称要解放群众。在一系列的文章中，周表达了对于当时社会上趋于激进的团体事事以"群众"之名行事的极大不满，说中国现在绝不是"文明世界"，还是和"两百年前的黑暗时代"没有什么不同，"以前是皇帝而现今则群众为主，其武断专制却无所异"。认为群众同传统时代的皇帝一样，被用来作为压制个人自由的工具：

> 群众还是现在最时新的偶像，什么自己所要做的事都是应民众之要求，等于古时之奉天承运，就是真心做社会改造的人也无不有一种单纯的对于群众的信仰，仿佛以民众为理性与正义的权化，而所做的事业也就是必得神佑的十字军。这是多么谬误呀！我是不相信群众的，群众就只是暴君与顺民的平均罢了，然而因此凡以群众为根据的一切主义与运动我也就不能不否认，——这不必是反对，只是不能承认他是可能。③

在"五卅"前后，周作人对刚刚在南方兴起国民革命的认知还是比较负面，认为当时的局面无非是历史的重演，不可能有真正彻底的变革和新生：

> 我相信历史上不曾有过的事中国此后也不会有，将来舞台上所演的还是那几出戏，不过换了角色、衣服与看客。五四运动以来的民气

---

① 周作人：《代快邮》，载《谈虎集》，河北教育出版社，2002，第109页。
② 周作人：《人的文学》，载周作人自编文集《艺术与生活》，河北教育出版社，2002，第8~17页。
③ 周作人：《北沟沿通信》，载《谈虎集》，第273~279页。

作用，有些人诧为旷古奇闻，以为国家将兴之兆，其实也是古已有之，汉之党人，宋之太学生，明之东林，前例甚多，照现在情形看去与明季尤相似；门户倾轧，骄兵悍将，流寇，外敌，其结果——总之不是文艺复兴！①

但是"革命"一词在他心目中，仍然是一个具有积极意义的词汇，并且与国共两党所界定的"革命"有所区别。这与他提倡"文学革命"与"思想革命"时候的想法是一致的，尽管在这之前几年，他已经对"思想革命"不抱太大的希望。

## 二 "三一八"之后：革命中的语境和语境中的革命

五卅事件之后，国民革命正式以"打倒列强，除军阀"为口号，在国共两党的联合领导下于南方开展起来。与此同时，北方的情况也有了变化。在1926～1927年的一段时间中，周作人似乎对南方国共两党所领导的北伐以及"革命"抱有较大的期待，这无疑与在1926年3月18日下午发生的段祺瑞执政府卫队在铁狮子胡同对手无寸铁的请愿学生开枪射击，以致学生和市民死伤达百余人的三一八惨案有着极大的关系。周作人后来回忆当时的情形说："当日我到盔甲厂的燕京大学去上课，遇见站在外边的学生，说今天因为请愿去了，所以不上课……我从东单牌楼往北走，一路上就遇着好些轻伤的人，坐在车上流着血，前往医院里去。第二天真相逐渐明了，那天下着小雪，铁狮子广场上还躺着好些尸体，身上盖着一层薄雪。有朋友目击这惨象的，说起三一八来便不能忘记那个雪景。"② 三一八惨案对周氏的思想影响很大，连续在报上发表多篇措辞颇为激烈的文章对段祺瑞执政府予以毫不留情的抨击。

在四十年之后的1966年3月18日，他仍然在日记中写下了回忆的文字："今日是三一八纪念，倏忽已是四十年，现在记忆的人亦已寥若晨星矣。"③ 三一八惨案直接发生在北京学人的眼前，其惨烈有过于五卅事件，而且是一个在国际上代表全中国的中央政府（此时南方政府尚不为苏俄以外的列强所承认）对手无寸铁的学生的屠杀，对北京读书人群体刺激之深实在不可低估。罗志田指出：此次事件之后，北洋政府的政治"合道性"

---

① 周作人：《代快邮》，载《谈虎集》，第109页。
② 周作人：《自传·知堂回想录》，群众出版社，1999，第406～407页。
③ 止庵：《周作人传》，山东画报出版社，2009，第140页。

(legality) 彻底丧失，为国民政府的北伐造成了"有道伐无道的"局面。①在三一八惨案之后，北京的政治空气日趋紧张，思想言论不能自由，报刊被禁或被迫南下；另一方面，北京各国立大专学校经费的短缺已经到了十分严重的地步。北洋军阀统治时代后期由于地方割据，掌握实权的地方军阀不将税收上缴，中央政府财政困难，且将大量资金用于军费，段祺瑞执政府时期军费一度占到整个财政支出的42%，而教育经费则仅占1%不到。②

1926年11月，在清华大学任职的钱端升在给胡适的信中劝胡到清华任校长，在分析了任清华校长所需要的条件以及各方面的利害之后，他指出胡适是最适宜的人选，并且说明当时其他国立大学的经费困难情况以凸显清华的优势所在：

> 请你不要看轻了清华的机会。我并不是清华派，平常也不甚重视清华的。不过我常常有两种思想：第一，我既然进了清华，一天不离开清华，便一天不能忘情于清华的改良；第二，清华进款每年有二百万左右，以后还可增加，在现在中国财政状况之下，的确不算少。依我看来，二三年内，北方国立大学，不会得有进行的机会；而教会学校，总是教会学校，不可教也；私立学校总是小家子气，不能立也。所以不绝如缕的大学教育，在北方只得从清华着想。若是能把清华本身弄好，把出洋的靡费减少，清华便有百余万的经费。
>
> 我是很表同情于北大的，深深地希望通伯等为北大出力，把北大弄好。以后要是有机会，大家都进北大去发展，但是谁敢说北大的经济在这几年内有希望呢？巧妇难为无米之炊，在这种时候，当然应该向有希望的地方进行。③

1926~1928年间，北京学人纷纷南下广州、厦门等地，固然与内心向往"革命"有关，但生活状况也是不可忽视的一个重要因素，在生计都成问题的情况下当然无法安心于学问。教员欠薪甚至以罢教的方式索薪的事件时有发生，此时代蔡元培出长北大的蒋梦麟曾经回忆："北大以及其他

---

① 参见罗志田《激变时代的文化与政治：从新文化运动到北伐》中的相关研究，北京大学出版社，2006。
② 参见Timothy B. Weston, *The Power of Position: Beijing University, Intellectuals, and Chinese Political Culture*, 1898-1929, University of California Press, 2004。
③ 1926年11月4日钱端升致胡适书，载中国社会科学院近代史研究所中华民国史组编《胡适来往书信选》（上），中华书局，1979，第406~409页。

七个国立大专学校的教员，一直不能按时领到薪水。他们常常两三个月才能领到半个月的薪俸。他们一罢课，通常可以从教育部挤出半个月至一个月的薪水。"①

当时报上描述教员生活以及学校因为欠缺经费而无法运作的报道比比皆是。下面所引两条材料可以让我们窥一斑而见全豹，尽管其中或有夸大其词的地方。1926年9月《晨报》上的一篇文章中称：

> 国立九校自政府积欠经费一年有余，各校多方奔走，现在已至水尽山穷之际，无法维持。如师范大学因积欠自来水公司水费过巨，现该公司已将水线撤断，水源断绝，学生洗沐饮料，均无所出。厨房以欠款过多，拒绝开伙。北大以积欠某店二千元，愿将该校器具封锁作抵。工大积欠煤铺数千元，日前赴校大闹，尚未解决。法大以积欠电话电灯公司与自来水公司数近万余元，亦欲将撤线断绝水火交通，以示抵制。此外如医大女大女师大艺专，均一文莫名，日用之费，俱无所出，而万余学子彷徨歧路，无课可上，为状至哀云。②

同年11月《现代评论》上一篇文章描述教员生活的窘境更能说明问题的严重性：

> 国立各校虽都已经开学，而实际授课，却多有名无实。今年开学的时期算来已经耽搁了全学年五分之一的光阴。教员方面有的到别处学校，另谋生活去了；有的投笔从戎，各自飞腾去了；其余的教书先生们，有的不愿走，有的不能走，就活闲在北京。有自用车的，已有许多把车夫去了；使听差的，已有许多把听差去了；使老妈子的，已有用不起的了；如果再穷，虽不便对太太离婚，然为减轻负担，恐怕到逼不得已的时候，只好一律遣散，送回原籍。薪金积欠已达二十个月之多，就是生活简单，旧有积蓄，恐怕用完了的已经不在少数。这是教育实在的状况，并不是严重其词的话。③

加之大学之中教员派系林立（留日的"某籍某系"④ 教员与留欧美的"东吉祥胡同的人"互相攻击），为争夺教育界和思想界的领导权而相互倾

---

① 蒋梦麟：《西潮·新潮》，岳麓书社，2000，第136页。
② 《国立各校近况》，《晨报》1926年9月30日。
③ 召：《京师的国立各校》，《现代评论》第4卷第101期，1926年11月13日。
④ "某籍"指浙江籍，"某系"则指由章太炎门生所把持的北大中文系。

轧，也让不少人觉得心灰意冷。奉系军阀张作霖在1927年入关建立大元帅府后更是取消了北大，改办京师大学堂，并以"讨赤"之名捕杀进步师生，以致众多教员无处就职，故南下"革命生产两不误"，就成为一个不错的选择。南方政府所立的广东中山大学①一时成为南下北京学人的重要目的地。1927年1月徐志摩给胡适的信中曾有过"老傅已受中山大学聘，现在山东，即日回来。但前日达夫来说，广大亦已欠薪不少，老傅去，一半为钱，那又何必……"②的话。可见其时南方的经济情况也并不那么理想，然而"广大亦已欠薪不少"的事实恐非为北方一般学人所知，譬如身在山东的傅斯年。当然，笔者并不是想表达"革命"在很多人心中只是一个为稻粱谋的幌子，因为思想本身以及思想与行为之间的关系本是极其复杂的，且人与人之间又个个不同，颇不易条分缕析，治史者唯有尽量避免以一名词概念将事情的本相加以简化。回到当时的历史情景之中，南下这一极具象征意味的行为，其实背后包含着很复杂也很现实的诸多动因，而政治主张仅仅是这些动因中的一个而已，需要细致考察，加以分别。如果说过去很长一段时期，在叙述这一段历史的时候，我们更多的是在已经建构起来的近乎固定的"革命"概念引导下再回过头去看当时的情形的话，那么现在所要做的就是回到在"革命"概念尚未被固定的历史情境中看当时人如何在与"革命"的互动中行事。

再来看在当时的思想界以及社会经济地位上都处于边缘位置的知识青年积极南投则还因为他们没有家室之累，居无定所，顾虑较少，有如今日众多怀着梦想而到北京闯荡的"北漂"一族。北京既然政治黑暗而求学又无门，通过报刊的宣传以及自身阅读相关"主义"的书籍之后，南方的情形就变得无比美好起来。加上年轻人所特有的浪漫情怀，自然容易产生南下投奔革命的冲动。当时与同乡好友丁玲及胡也频等人寄居于北京的公寓中，后来成为著名文学家的湖南青年沈从文的情况就颇具有代表性。沈当时并未能入大学读书，而在西山图书馆任职员，时常写稿投寄各文学刊物，然而文章发表也颇不易："那时，正是《语丝》趣味支配北方文学空气的时期，许多人的名字，以各种方便因缘，都成为各样刊物上时髦的名字"，"我记到那时我写了一篇文章，这海军学生因通过一个人的方便，给我转带到《语丝》的周作人先生处去，这文章登载出来时节，海军学生拿了一份《语丝》跑去告我，看到那文章的题目，感动得使我只想抱了我的

---

① 原名广东大学，1926年孙中山逝世之后改名为中山大学。
② 1927年1月7日徐志摩致胡适书，见《胡适来往书信选》（上），第417~419页。

朋友哭泣"。① 这段材料也从侧面证明周作人当时在思想界和边缘知识青年心中的地位，与1928年以后的所谓"落伍"绝不相同。随着北京的诸多刊物在政治高压下南迁，沈从文这类青年也就怀着憧憬南下了，"中国的南方革命已进展到南京，出版物的盈虚消息已显然由北而南，北京城的好天气同公寓中的好习惯都不能使我们呆在一个地方不动为得计"。② 因为对他们来说，一地出版物的多寡决定着发表文章机会的大小，而这又直接关系到他们生活状况的好坏，即便思想"不革命"，身体也要"闹革命"了。其实，这些青年对南方的"革命"认知极其有限，想象远多于体验，毕竟"想革命"、"说革命"和在想象中"干革命"与实际上的"革命"是怎么"干"之间存在着巨大的差别。

　　正因为如此，如果真正身处实际"干革命"的中心，有了更为深入切身体验之后，他们的感观或会完全不同。早在北伐前两年的1924年，国民党开府广州之后不久，广东籍留学生袁振英在写给胡适的信中这样描述："广东现在已不是人的世界，乡中田园家宅无存，庶母幼弟妹五人，还避居香港。我们东莞明伦堂津贴，留学生每年每人本来有一二百元津贴，现在也俾（被）孙中山军队取为军饷。"③ 至于"不是人的世界"的具体情况则表现为，"自由杀人，自由抢劫——无教育，半开化——实在弄到我痛心万分"。④ 此信目的系向胡适求得经济上的援助，所描述的当时广东情形或不免有夸张之处，然而也大体能反映国民党（还包括当时与其合作的共产党）开府广州之后，广东社会的某些变化，"自由杀人，自由抢劫"当是指工农运动中的"过火"行为。袁在当时应可归为边缘知识青年一类，然而其广东人身份（对国民政府治下的实际情形有切身体验）以及其家庭所处地位（可能属于国共两党的革命对象⑤）使其对"革命"（包括"革命"的军队，袁称之为"孙中山的军队"，可见在其心中，孙实与其他军阀无异）的认知颇为负面，与北京或其他广东省外的青年学生迥异。然而，这种深入体验似乎不太容易获得，人们往往在有了先入为主的观念之后，看不到很多本来是显而易见的东西。即便是顾颉刚这样在当时已经有一定声望和地位的读书人，对国民政府的美好印象也是在看了些宣传资

---

① 《记胡也频》，载《沈从文别集·友情集》，岳麓书社，1992，第38～106页。
② 《记胡也频》，载《沈从文别集·友情集》，第38～106页。
③ 1924年4月10日袁振英致胡适书，载《胡适来往书信选》（上），第242～243页。
④ 见《胡适来往书信选》（上），第242～243页。
⑤ 在当时广东国民政府治下的社会基层，对"革命对象"的界定极有可能是随意和含混的，而这种含混对于某些家庭和个人来说，其结果是灾难性的。

料，结识了几个军官之后才形成的："自从北伐军到了福建，使我认识了几位军官，看见了许多印刷品，加入了几次宴会，我深感到国民党是一个有主义、有组织的政党，而国民党的主义是切中于救中国的。又感到这一次的革命确比辛亥革命不同，辛亥革命是上级社会的革命，这一次是民众的革命。我对于他们深表同情，如果学问的嗜好不使我却绝他种事务，我真要加入国民党了。"①

回到周作人身上，其始终未选择南下，与其思想中一贯倾向于"疑"与"中庸"有关，尽管对北方失望甚至痛骂，对"革命"有所期待和同情，但其性情偏于冷静，很少激烈，一年前他自己曾写道："我实在可叹，是一个很缺少'热狂'的人，我的言论多少都有点游戏态度。"② 有人描述周作人的性情和神态说："周先生总是温文尔雅，静若处子，说话有如窃窃私语，走路几乎像老太太。"③ 这样的性情使其终究不能如顾颉刚等人一般带着对革命的向往和做学问的兴致满心欢喜地南下。另一方面，在周作人1923年与其兄鲁迅失和之后，鲁迅于1926年8月南下厦门大学等处任教，而其家眷（周氏兄弟的母亲鲁瑞以及鲁迅之原配妻子朱安）仍在北京，生活上需要周作人照顾，因而他的家累颇重，若南下则势必导致家庭经济问题。④ 这同时也是七七事变之后，他不能随北大南迁而滞留北京（当时称北平）的一个重要原因。

周作人既然不能南下，对"国民革命"仍通过报刊媒体了解情况，并保持着带有倾向性的想象。在此后的一段时间内，向来"温和"的他对南方抱有极大的同情，曾经表示："南北之战，应当改称民主思想与酋长思想之战才对"，⑤ 对南方颇为赞许。甚至说："阶级争斗已是千真万确的事实，并不是马克思捏造出来的，正如生存竞争之非达尔文所创始，乃是自有生物以来便已实行着的一样；这一阶级即使不争斗过去，那一阶级早已在争斗过来，这个情形随处都可以看出，不容我们有什么赞成或是反对的余地。"⑥ 与此同时，北伐军进展顺利，势如破竹，在不到一年的时间内已经攻下了武汉、南京，国民政府的势力从华南的粤桂湘三省发展至整个长

---

① 见《胡适来往书信选》（上），第422~427页。
② 周作人：《与友人论性道德书》，载《雨天的书》，第104~107页。
③ 温源宁：《周作人先生》，《逸经》第17期，1936年11月5日。收入孙郁、黄乔生编《回望周作人·知堂先生》，河南大学出版社，2004，第22页。
④ 关于其家庭经济状况，历来是研究者所聚讼纷纭的一个问题，因各当事者的说法互异，不易下定论。
⑤ 周作人：《南北》，载《谈虎集》，第136页。
⑥ 周作人：《外行的按语》，载《谈虎集》，第171页。

江以南，北洋政府已经陷入四面楚歌的境地。"革命"在各方的期待下，似乎就要完成它的使命了。胡适后来回忆说："在民国十五六年之间，全国多数人心的倾向中国国民党，真是六七十年来所没有的新气象。"① 这个判断大抵不差，然而这种"新气象"，被随之而来的"清党"等现实弄得灰飞烟灭。

## 三　幻灭：谁的革命？

周作人对"国民革命"的好感维持到了1927年4月的"清党"之前，南方"清党"之后对共产党人所进行的残杀，给周作人等人的印象正与"三一八"的大屠杀一样，意味着南与北都是一丘之貉。从对三一八惨案的痛恨到对"清党"中屠杀的愤慨表现出周作人思想连贯性的一面，都是从残杀中看出"思想的反动和复古"："听到自己所认识的青年朋友的横死，而且大多死在所谓最正大的清党运动里，这是一件很可怜的事。青年男女死于革命原是很平常的，里边如有相识的人，也自然觉得可悲，但这正如死在战场上一样，实在无可怨恨，因为不能杀敌则为敌所杀是世上的通则，从国民党里被清出而枪毙或斩决的那却是别一回事了。"② 当以"革命"之名的团体进行的屠杀大行其道并且有周称之为"智识阶级"的读书人（如吴稚晖等）为之鼓吹和摇旗呐喊，而蔡元培、胡适等人又熟视无睹的时候，周作人不留情面地进行了讽刺：

> 吴君在南方不但鼓吹杀人，还要摇鼓他的毒舌，侮辱死者，此种残忍行为盖与漆骷髅为饮器无甚差异。……吴君是十足老中国人，我们在他身上可以看出永乐乾隆的鬼来，于此足见遗传之可怕，而中国与文明之距离也还不知有若干万里。③

由此又进而对中国人的"国民性"表示了怀疑："我觉得中国人特别有一种杀乱党的嗜好，无论是满清的杀革党，洪宪的杀民党，现在的杀共党，不管是非曲直，总之都是杀得很起劲……借了这个时候尽量地满足他的残酷贪淫的本性。"④ 随着"清党"的完结和国民革命在排除了共产党之

---

① 胡适：《惨痛的回忆与反省》，《独立评论》第18号，1932年9月18日。
② 周作人：《偶感四则》，载《谈虎集》，第181~182页。
③ 周作人：《谈虎集》，第181~182页。
④ 周作人：《怎么说才好》，载《谈虎集》，第189页。

后的国民党领导下继续进行,周作人会发现在杀人方面表现得和北洋军阀没有两样甚至有过之而无不及的"革命政权",不仅仅是重来的"死鬼",它还将带来更多的具有"现代性"的东西。与三一八惨案所不同的是:"清党"的背后有所谓"主义"的存在,"清"与"被清"的两方都以"革命"之名而指斥对方背叛"革命"。在与三一八惨案同样的杀人行为背后,"清党"中蕴含着前者所没有的对象征性资源的争夺。

在"清党"的残杀当中,周对国民党的"革命"的向往彻底幻灭了,他一再在文章中表达对未来的绝望和历史循环论的观念:

> 老实说,我虽不大有什么历史癖,却是很有点历史迷的。我始终相信二十四史是一部好书,他很诚恳地告诉我们过去曾如此,现在是如此,将来要如此。历史所告诉我们的在表面的确只是过去,但现在与将来也就在这里面了:正史好似人家祖先的神像,画得特别庄严点,从这上面却总还看得出子孙的面影,至于野史等更有意思,那是行乐图小照之流,更充足地保存真相,往往令观者拍案叫绝,叹遗传之神妙。正如獐头鼠目再生于十世之后一样,历史的人物亦常重现于当世的舞台,恍如夺舍重来,慑人心目,此可怖之娱乐为不知历史者所不能得者也。①

这表明他原本曾经一度所期待的根本上的变革完全没有发生,"革命"只不过是做了历史循环论的一个注解罢了。然而事实上,"革命"确实改变了很多事物,只不过在很多方面恰恰是朝着周作人这类倾向自由主义的读书人所期待的相反方向改变罢了。

周在批判"清党"的文章中,把重心放在对人的生命的尊重和对任何压制思想自由的专制与不宽容的痛恨:

> 普通总觉得南京与北京有点不同,青年学生跑去不知世故地行动,却终于一样地被祸,有的还从北方逃出去投在网里,令人不能不感到怜悯。至于那南方的杀人者是何心理状态,我们不得而知,只觉得惊异:倘若这是军阀的常态,那这惊异也将消失,大家唯有复归于沉默,于是而沉默遂统一中国南北。②

无论是北方的"讨赤"还是南方的"清党"都是"以思想杀人",这

---

① 周作人:《闭户读书论》,载《永日集》,河北教育出版社,2002,第113~115页。
② 周作人:《偶感四则》,载《谈虎集》,第181~182页。

是周作人觉得最为恐怖的。中国如想好起来，必须立刻停止这个杀人勾当，使政治经济宗教艺术上的各新派均得自由地思想与言论才好。《孟子》曰，孰能一之？曰不嗜杀人者能一之。这句老生常谈，到现在还同样地有用。但是有什么用呢？①

用今日时髦的话来说，在周作人心目中革命首先是要"以人为本"的，人还是数百年前的"死鬼重来"，那么思想革命无疑就不可能成功。"革命"既已成为帮助某种（或者数种）主义来统一思想的工具，则就不是"真革命"，尽管周作人并未使用"真革命"这个词来表达意思，但他后来多不在正面意义上使用"革命"这个词可以表明他的态度，因为既然"革命"在众人（他心中的"众人"）眼中已经不是原来的那个含义，那么作为一个始终坚持自由主义的思想者，他就不得不采用新的词语来表达他原来的意思，而不再使用"革命"。此时在针对"革命文学"的文章当中，他一再提及"文学不是革命的"但却是"反抗的"以传递意见："革命假如是鸦片，文学好比是'亚支奶'罢？正如有钱有势的人大胆地抽大烟一样，有血气的青年对于现代感到不满，也就挺身而起"②。可见，在有意无意间他已经把"革命"一词的使用权以及其意义让给了他的对手，既然自称"不革命"，那么也就在无形中承认了对方是"革命"的。

笔者认为，此时"革命"在周作人那里已经变成了一个失去原有意义的词，以致在其后的文章当中他不再提过去所一直倡导的"思想革命"，转而仅仅称"思想改革"③；认为"思想改革"是"现今最应重视的一件事"④。这里的"思想改革"与周氏心中过去的"思想革命"当是同一个意思，在他早年的文章中，"思想改革"常常与"思想革命"相混用，如1919 年所写的《思想革命》当中即写道："文学革命上，文字改革是第一步，思想改革是第二步，却比第一步更为重要。"⑤ 但此后之所以不再提"革命"，而仅提"改革"，是因为"革命"这个词的意义已经被当时为权力而角逐的政治力量所掌控（至少在周的心中是如此）：一方面，北伐成功后的国民党仍然在高扬"继续革命"的旗帜，使"革命"话语成为民族国

---

① 周作人：《谈虎集·后记》，第 392~393 页。
② 周作人：《大黑狼的故事序》，载《永日集》，第 84~87 页。
③ 周作人：《妇女问题与东方文明等》，载《永日集》，第 95~99 页。
④ 见《永日集》，第 95~99 页。
⑤ 参见周作人《思想革命》，见《每周评论》第 11 期（1919 年 3 月 2 日），载《谈虎集》。又见《不讨好的思想革命》，《晨报副镌》1923 年 10 月 27 日，载《谈虎集》，第 7~9 页。

家建构中的重要一环,任何对其权威加以挑战和抗争的行为都有可能被诠释成为"反革命",而被加以打压。1927 年顾颉刚在劝胡适的不要多发表政论的信中就曾提到:"先生归国之后继续发表政治主张,恐必有以'反革命'一名加罪于先生者"①,而且"先生首倡文学革命,提倡思想革命,他们未必记得"②。可见国民党并不十分认为新文化运动中的"文学革命"与"思想革命"是"真革命"。另一方面,左翼人士又在不断地提倡"革命文学",并且试图以"革命文学"来接续五四运动和新文化运动的"传统",并且通过"革命文学"与当时已经走上武装反抗国民党的共产党的革命相呼应。譬如当时身处上海的左翼文学青年成仿吾就撰写题为《从文学革命到革命文学》对周作人等人进行攻击。不过在周作人看来这种唱高调的态度不过是无知与幼稚的代名词,"中国近来讲主义与问题的人都不免太浪漫一点,他们做着粉红色的梦,硬不肯承认说帐子外有黑暗"。且伴有不宽容的偏执,——"他们尽嚷着光明到来了,农民都觉醒了,明天便是世界大革命! 至于农民实际生活是怎样的蒙昧,卑劣,自私,那是决不准说,说了即是有产阶级的诅咒。"③ 此时无论"革命"与"反革命"恐怕在周的眼中都是"思想的棒喝主义",最终导致的是专制与黑暗。这种对统一思想的畏惧,一直贯穿在周的思想和文字当中:"我知道人类之不齐,思想不可能与不可统一,这是我所以主张宽容的理由。"④ 然而,"统一"正是国民革命的主要目标之一,既指政治层面的统一,也包括思想层面的统一。且在某种程度上很多读书人和知识青年被革命所吸引也正是因为他们从国民党身上看到了国家统一的可能性。在民族主义(尽管不同人对其理解各异甚至相反)成为一个社会的主流价值观的时候,谁能在内忧外患的情形下统一中国,并且开展有意义的建设(包括物质层面和政治层面的),谁就能获得最多的支持。在某些时候,周作人本人可能都未能意识得到他口中的和心中的"革命"与别人的是如此的不同,如他自己在数年前所说:

> 老实说,我觉得人之间互相理解是至难——即使不是不可能的事,而表现自己之真实的感情思想也是同样地难。我们说话作文,听别人的话,读别人的文,以为互相理解了,这是一个聊以自娱的如意

---

① 1927 年 2 月 2 日顾颉刚致胡适书,见《胡适来往书信选》(上),第 422~427 页。
② 见《胡适来往书信选》(上),第 422~427 页。
③ 周作人:《妇女问题与东方文明等》,见《永日集》,第 95~99 页。
④ 周作人:《谈虎集·后记》,第 392~393 页。

的好梦，好到连自己觉到了的时候也还不肯立即承认，知道是梦了却还想在梦境中多流连一刻。①

事实上，由于国共两党对"革命"一词的阐释通过报纸等大众媒介以及印数极大的宣传小册子和刊物广泛传播的时候，其含义虽然不能说已经被固定下来，但是各党派关于"革命"的话语已经在相当程度上影响和渗透到了大众和社会心态层面。一提到"革命"人们首先想到的就是国共两党所诠释的革命，这与更早时期各种不同"革命"相互竞争、众声喧哗的情形已经不同。在当时的社会语境里，"革命"与"反革命"正是一个硬币的两面，看似互不相容，其实是相互支撑的。周作人无疑察觉到了这一点，在1928年底的一篇文章中，他讽刺说："现在的趋势似乎是不归墨（Mussolini）则归列（Lenin），无论谁是革命谁是不革命，总之是正宗与专制姘合的办法，与神圣裁判官一鼻孔出气的。但是，这总是与文明相远，与妖术和反妖术倒相近一点儿罢。"② 无论"妖术"或是"反妖术"，背后的思想根源都是不宽容和专制，让人没有跳出来的余地。如果说在北洋时代后期，"南逃"是一个承载着众多互不相同意义——包括对国家统一的向往、对自由的渴望、对更好生活的憧憬——的象征行为的话，那么在1928年之后，倾向自由主义的读书人则已经"无处可逃"，转入不同甚至相互敌对的阵营就成为他们的必然归宿。

1928年之后，国民政府参照欧美大学的情况开始对原有的国立大学进行改革，在加大教育经费投入和加强现代科学地位的同时，也将"党化"的意识形态带入了大学的管理和教学。在北洋时代的某些时段，校园内部和民间曾经一度存在的自由民主气氛也逐渐被国共两党争斗以及日益深重的民族危机产生的阴影所取代，尽管相对于南方的南京、上海等处，在北平，国民党的影响并不特别大。③ 另外，伴随这一改革，曾经在清末民初一度占据要津的具有留日背景的教员在大学权力结构中逐渐失势，而更为专业化的留学英美的教员则开始占据了主导地位，20世纪20年代中后期两派争夺教育和思想界主导权的斗争画上了一个句号。与此同时，中国的现代学术体制在30年代中期前后得以基本确立，周作人这类未受过现代分科学术训练的读书人在大学中就显得有些尴尬。他曾在给弟子江绍原的信

---

① 周作人：《沉默》，载《雨天的书》，第130页。
② 周作人：《关于妖术》，载《永日集》，第108~112页。
③ 关于这一点，可参考何兆武先生的《上学记》中的描述。何兆武：《上学记》，三联书店，2007。

中表示:"近来很想不做教员,只苦于无官可做,不然的确想改行也。"① 此语很可以表达出周作人当时的状况:官自然是做不了,教员做得也不痛快,其相对边缘化的命运已经不可避免。

周作人在1929年写道:"民国十七年是年成不很好的年头儿。虽然有闲似地住在北京,却无闲去住温泉,做不出什么大文章。"② 这里的"年成不很好"既指"革命"后的情况不佳,也指其自身在大学中的处境不好。在如此情形下,"闭户读书"成了周作人对现状极度失望后的选择,激进者认为他变得"麻木",甚至"反动"。然而周自己的文字表明了他的心迹:"'此刻现在',无论在相信唯物或是有鬼论者都是一个危险时期。除非你是在做官,你对于现时的中国一定会有好些不满或是不平",但当时的政治氛围却是:"且不要说动,单是乱叫乱嚷起来,想出出一口鸟气,那就容易有共党朋友的嫌疑,说不定会同逃兵之流一起去正了法。"③ 加之当年幼女若子因病夭折,使得他遭受失去骨肉至亲的痛苦。于是退到"寒斋"中"吃苦茶",从而"苟全性命于乱世"成为周作人的处世方式。从此以后,他退出了思想界的核心,一心写些"貌似闲适"的小品文,过着较为平静的书斋生活,直到抗战期间因出任伪职而一度重新被广泛关注,成为焦点。不过那时的他早已经失去了从"五四"到北伐期间所具有的思想影响力了,而这种转变在相当程度上,正是20世纪20年代中期的"革命"所造成的。

## 四 结语:寻找不干脆的答案

1925年,胡适在南游之后曾作书与已经分道扬镳的昔日盟友陈独秀表达他对于"不容忍的空气"弥漫的忧虑,怕由此造出一个"更残忍更惨酷的社会":

> 不容忍的空气充满了国中。并不是旧势力的容忍,他们早已没有摧残异己的能力了。最不容忍的乃是一班自命为最新人物的人。我个人这几年早就身受了不少的攻击和污蔑。我这回出京两个多月,一路上饱读你的同党少年丑诋我的言论,真开了不少的眼界。我是不会怕

---

① 1929年7月20日周作人致江绍原书,收入张挺、江小蕙笺注《周作人早年佚简笺注》,四川文艺出版社,1992,第120页。
② 周作人:《永日集·序》,第1页。
③ 周作人:《闭户读书论》,载《永日集》,第113~115页。

惧这种诋骂的,但我实在有点悲观。我怕的是这种不容忍的风气造成之后,这个社会要变成一个更残忍更惨酷的社会,我们爱自由争自由的人怕没有立足容身之地了。①

数年之后,忧虑终于逐渐成为现实,"爱自由争自由的人"确实没有了"立足容身之地"。吊诡的是,这种不容忍和专制借了曾经含有追求自由意味的"革命"之名,并且是伴随这一次武力"革命"的"成功"(对于国民党而言)。通过分析,我们也认识到20世纪20年代这个"革命的时代"究竟在哪些方面"革了命"。正如王奇生所指出的:"不仅'革命'一词成为1920年代中国使用频率极高的政论词汇之一,而且迅速汇聚成一种具有广泛影响且逐渐凝固的普遍观念,即革命是救亡图存、解决内忧外患、实现国家统一和推动社会进步的根本手段,改良及其他救国途径(如教育救国、实业救国、学术救国等)被视为缓不济急和舍本逐末。"②

在其后数十年的中国历史中,"革命"被套上神圣的光环,成为代表着绝对"政治正确"和解决一切问题的最有效的方式,到了毛泽东时代,"革命"化的行为和话语渗透到了社会的各个层面,使得整整几代人的思维方式打上了"革命"的印记,直到今天,我们甚至仍未能完全走出"革命"语境。周作人那一代读书人终于也在后来的历史话语中被阐释成新的面貌,甚至于被简化和遗忘,成为被"革命"或者"反革命"所主导的历史叙述中一个符号化的注脚。③ 钱理群曾经说:"'周作人是谁?'今天的年轻人对这个问题的回答是简单而明确的:他是一个作家,最后成了汉奸,堕落了。但对于二、三、四十年代的年轻人,回答就不会这么干脆。"④ 追寻过往那些不那么干脆的回答,把被简化的东西加以还原,这正是历史研究需要做的。

通过分析周作人在20世纪20年代以"北伐"为中心的国民革命前后关于"革命"的言说以及其思想态度的某些变化,同时考察当时语境中发

---

① 1925年12月胡适致陈独秀书(稿),见《胡适来往书信选》(上),第355~357页。
② 王奇生:《"革命"与"反革命":一九二〇年代中国三大政党的党际互动》,《历史研究》2004年第5期。这样一种使原本具有多重含义的词汇在某种权威的控制和诠释下变得单一的现象,笔者还可以想到一个明显的例子:1949年之后"封建"一词的含义在中国大陆的变迁。
③ 附记一笔:其兄鲁迅在1949年之后中国大陆的主流历史叙述中被加上"革命家"的头衔,而周作人则最终死于20世纪中国第二个被冠以"大革命"之名的"文化大革命"的风暴当中。
④ 钱理群:《读周作人》,天津古籍出版社,2001,第217页。

现"革命"这个概念在这个"革命的时代",通过各方政治势力的宣传和鼓吹逐渐被神圣化,其意义不再像先前的一些时段那么具有开放性,尽管各方在此之后对"革命"与"反革命"行为及群体的界定仍然常常是武断和随意的,且出于各种政治现实的需要。但是使用这两个词时的价值判断是固定不移的。另外,周作人个人的思想变迁和命运转折也揭示出:20世纪20年代的革命导致的不仅仅是政权的更替,还带来了包括思想、文化、社会等方面的一系列深刻变化,而这前后的断裂,应该是研究者所需要关注的。当越来越多的史家逐渐开始强调1949年前后,历史所表现出来的延续性时,我们或许可以发现:在某种程度上而言,1949年之后的种种情况早在1928年时就开始隐隐露出了端倪,而这些端倪后来塑造了20世纪后半期的中国。进一步深入地考察这段历史,以及这段历史之中的形形色色的个人,无疑将增进我们对整个近代中国,尤其是最近几十年的理解,同时通过对具体个人的考察我们也可以将过去界限分明的思想史与社会史领域结合起来,让历史叙述变得更加丰满。

**专家荐语:**

  蔡炯昊同学的这篇文章考察了作为上层知识精英和"文学革命"领导人之一的周作人,在20世纪20年代中期的国民革命运动时期对革命的态度,以及这种态度是怎样随着时间的推移而发生变化的。精英读书人群体对已经"失道"的北洋政府强烈失望,从而拥护国共两党所提倡的革命;继而发现革命运动中隐含着群体暴力与思想压制的可能性,从而与革命渐行渐远。北伐之后,"革命"成为至高无上正确的象征符号,各方政治力量争夺对革命的解释权,读书人在革命中变成了相对"失语"的群体。作者对此一过程的揭示,深具提示意义。另外,文章也试图融合思想史与社会史视角,展现北洋政府财政困窘导致各大学常常欠薪在这一群体离心南投过程中的"作用",揭橥"革命"影响扩大的"物质"因素。

  学界对周作人的既存研究,多注意其文学成就,或考订其生平中的某些事件,而忽视其作为精英读书人中的一员对时局的细密观感。此文能将周氏的观念变化置于具体的历史语境中,有所创见而不滥施褒贬,论断有节。文章灵活运用多种性质的材料,较立体地展现了主题,行文流畅,是一篇较优秀的学术论文。

推荐专家:四川大学历史文化学院教授 王东杰

# 蔡元培国防经济思想探析[*]

## 蔡志新[**]

**提 要** 蔡元培的国防经济思想是在20世纪30年代日本加紧侵略中国的特殊历史背景下形成的，可以归纳为"抗日经济方策论"与"日本经济崩溃论"两部分内容。他的"抗日经济方策论"主要包括移民"充实"东北、实行"钱币革命"、实施保护贸易政策等要求国民政府从经济层面做好抗日准备工作的重要政策建言，其在思想本质上具有统制经济或国家干预主义经济政策思想的鲜明特征。他的"日本经济崩溃论"正确地预言了日本侵略者必然走向经济崩溃末路的历史宿命，其根本目的是为了鼓舞和激发中国人民抗日必胜、卫国必成的坚强信心与勇气。

**关键词** 蔡元培 国防经济思想 抗日经济方策 日本经济崩溃

迄今为止，研讨中国近代著名教育家、哲人、政治家蔡元培思想的学术成果已有百余种之多。然而，通观此类成果，可以发现它们大都侧重于研讨蔡元培在教育、哲学、政治等领域的思想学说与理念，而极少关注和研讨蔡元培在经济方面的思想观点与建言。① 实际上，蔡元培也有着较为丰富的经济思想，而且与同时代一些历史人物的经济思想相比，其中还不乏高明和独特之处。研究蔡元培的经济思想，对于弥补蔡氏思想研究的缺憾，推动民国历史人物研究、民国经济思想史研究等相关学术领域的发展，均具重要意义。因篇幅所限，本文拟从"抗日经济方策论"和"日本经济崩溃论"两个层面入手，对蔡元培经济思想的重要内容之一——他在

---

[*] 本文是南通大学引进人才项目"民国经济思想史论——以人物为个案"（03080758）的阶段性研究成果。

[**] 南通大学历史系副教授。

① 目前仅有高建民的《蔡元培教育经济言论探析》、刘剑虹的《蔡元培的教育经费思想之研究》这两篇论文（分别载于《教育与经济》1992年第4期和2000年第4期）从教育思想史的角度对蔡元培提出的涉及教育问题的经济类思想言论做过初步归纳与探析。

20 世纪 30 年代为应对日本侵华而形成的"国防经济思想"进行初步分析与探讨。不当之处,敬请方家指正。

## 一 抗日经济方策论

20 世纪 30 年代,面对日本帝国主义加紧侵略中国所带来的民族存亡危机,身为国民党元老的蔡元培从经济角度陆续向国民政府提出了多项抵抗日本侵略的重要方策和建言。这些方策和建言主要包括以下几点:

1. 移民"充实"东北

1931 年 6 月底 7 月初,日本为侵占中国东北蓄意制造了万宝山事件和朝鲜暴民排华事件。7 月 20 日,蔡元培在一次时局报告中既揭露了日本制造前述事件的不良居心,又提出要用移民"充实"东北的方策抵御日本对中国东北的觊觎和侵略。他指出:"照日本人的表(述)看起来,满洲地方比日本大三分之二,而人口却比日本人少三分之二。他们正患人满的时候,焉得不觊觎?其实,我们东南各省,何尝不患人满。北方多旷土,而南方多游民,移殖本不可少。前年浙江移民到黑龙江,所以失败,是气候、习尚太不相同的缘故。山东人移殖东三省的,与土著无异……东三省若得善农、善商的山东人,把地方充实起来,又合全国的力量,把应当建设的事业都建设起来,那自卫的力,一定随之而增长,强邻虽要侵略,也无可下手。"①

不难看出,蔡元培是在综合考虑地理位置、气候条件、风俗习惯、成功范例等因素的基础上,主张大量迁移更能适应东北地理环境与风土人情的山东过剩人口去那里定居和生活,以"充实"和增强东北三省的人力资源和经济实力,进而杜绝日本对东北三省的垂涎和野心。特别值得称道的是,蔡元培提出的移民"充实"东北的方策实质上是一种依靠山东移民的聪明才智和全国各地的支援,全面发展东北地区的农工商业和其他经济社会事业的复合型、立体式的边疆开发策略,这要比很多古圣先贤不约而同提出的移民垦荒的单一型边疆开发策略高明得多。而且,蔡元培提出的移民"充实"东北的方策,即便与时任国民政府实业部长、对中国经济建设作过全面擘划的孔祥熙提出的同类主张相比,也明显高出一等。孔祥熙当时也注意到了日本对我国东北的觊觎和寻衅,因而提出了一种名曰"移民

---

① 蔡元培:《韩案发生后之对日问题》,高平叔编《蔡元培全集》第 6 卷,中华书局,1988,第 93~98 页。

垦边"的边疆开发策略。他一再声明:"近年以来,日人在东北方面,对于林垦事业,使其组织扩大,用朝鲜人和我们竞争……是以移民垦边一事,在今日实极为重要。"① "政府首当实施林垦政策,开发东北、西北、西南各省荒地,移民垦边,以裕民生而固国防,俾人口得平均分配,地力得广泛利用。"② 显然,与蔡元培提出的移民"充实"东北的方策一样,孔祥熙所说的"移民垦边"也具有抵御日本侵略中国东北和解决内地过剩人口生计的双重意图,但其内涵没有前者深刻和丰富,依然没有超出中国历代贤哲经常提出的移民垦荒的单一型边疆开发策略的窠臼。

2. 实行"钱币革命"

1931年九一八事变爆发后,日本侵略者仅用四个多月就占领了东北三省,接着发动"一·二八"事变,进攻上海,迫使国民党党政中枢于1932年1月30日宣布迁都洛阳,而只在南京设立留京办事处。同年7月1日,蔡元培在国民党中央留京办事处所做的一次演讲中提出,要通过实行孙中山先生的"钱币革命"理论来解决财政困难,抵抗日本侵略。

他说:"我等现在值日本侵入东北之际,人人都愿意以实力收回失地,而军事当局不敢不审慎从事……是何以故?以经济困难故。"然后,他在回顾1913年孙中山因为要抗击沙俄侵略外蒙古而发出的"钱币革命之通电"电文前半段的基础上声言,中国"今日之因财政困难而不能言战,非与当日相同乎?借金策、借银策均无结果,而内债又已到竭泽而渔之境,窘迫之状,非与当日相同乎?无论有战无战,财政问题当解决,非又与当日相同乎?我等试一考总理解决财政困难之策为何?曰'钱币革命'"。他完整引述了孙中山主张"悉贬金银为货物"而代之以不兑现纸币的"钱币革命"理论,并指出:孙氏的理论当时并未引起中国政府和学界的注意与呼应,"近始有湖南刘冕执君,遵总理钱币革命之遗训,而提议设国币代用券",其办法是"每年由政府印刷钞券若干,设局管理,无论何人及何项机关,均可领券发行,但领券时须得保证,凡人民发行之制限额,至多不得超过财产收入十分之一,机关发行之制限额,不得超过每岁收入十分之五,钞券流通至第十二个月,发行人须以同额之券,缴还局中,以资拨抵,不必兑现。"他认为"刘君此法"与孙中山为避免通货膨胀而提出要以税收、货物为担保来限制纸币发行数量的"钱币革命"的基本原则"并行不悖",因而希望国民党中央留京办事处"诸同志"协助刘冕执推行其

---

① 孔祥熙:《实业部今后施政计划》,《中央周报》第139期,1931年2月。
② 孔祥熙:《实业行政宣言》,《实业公报》第1卷第1期,1931年1月。

币制改革主张"。①

不言而喻,蔡元培对孙中山的"钱币革命"理论和刘冕执的币制改革建议均持肯定态度,并希望国民党有关部门和领导干部着力贯彻和施行孙中山的"钱币革命"理论或刘氏的币制改革建议,以为抵抗日本帝国主义的侵略提供强有力的币制保障和财政支持。而他的这种态度和希望不仅可以看作国民党当局对于1931年前后刘冕执等中国多位经济学家提出以确立不兑现纸币制度为改革方向的货币政策建言的初步回应,② 而且在1935年11月随着法币政策的出台和推行变成了历史事实。历史也已证明,后来国民党当局依据孙中山"钱币革命"理论推行的本质上是不兑现纸币制度的法币政策确实为抵抗日本军事侵略提供了必要的财政资源和保障。

3. 实施保护贸易政策

1932年至1935年间,由于受东北三省沦陷和帝国主义列强转嫁经济危机等多种因素的影响,中国国民经济陷入了严重的衰退境地。其基本表现就是农工商业每况愈下,外贸逆差不断扩大,包括日本商品在内的外国商品大肆抢占中国市场,而丝、茶等中国传统优势商品的海外市场却急剧萎缩。在这一形势之下,国民政府竟然迫于日本的外交抗议和军事蚕食放弃了1933年5月为限制日货等外国商品输入、保护本国工商业发展而颁布实施的第三个海关进口税则,于1934年7月修订实施了新的海关进口税则。新税则在明显降低棉制品、纸张、海产等日本大宗输华物品进口税率的同时,大幅提高了从美、英进口的棉花、金属制品、机器工具等国内必需的工业原材料和生产设备的关税税率。③ 其中,主要从美国进口的棉花关税税率竟然从每百公斤3.5个关金单位提高到每百公斤5个关金单位,提高幅度高达43%,从而大大加重了国内棉纺织业的生产成本,使得其产品在国内外市场上难以同低价倾销的日本棉制品竞争。显然,这样的海关进口税则除了有利于日本对华倾销商品和增加国民政府的财政收入外,不能起到保护本国工商业发展、振兴国民经济的积极作用,因而出台后遭到了国内实业界和舆论界的强烈反对和批判,④ 并引起了主张抵抗日本侵略

---

① 蔡元培:《钱币革命》,《蔡元培全集》第6卷,第199~201页。
② 参阅张家骧主编《中国货币思想史》下册,湖北人民出版社,2000,第1137~1145页。
③ 参阅〔美〕小柯布尔《上海资本家与国民政府》,杨希孟译,中国社会科学出版社,1988,第154~156页;陈晋文:《对外贸易政策与中国经济现代化》,知识产权出版社,2012,第101~103页。
④ 参阅赵淑敏《中国海关史》,台北"中央文物供应社",1982,第84~85页;陈晋文:《对外贸易政策与中国经济现代化》,第104~105页。

的蔡元培、吴稚晖等国民党元老的重视和关注。

1934年12月和1935年11月,蔡元培、吴稚晖等国民党元老顺应国内实业界和舆论界的要求和呼声,联名向国民党四届五中全会和六中全会递交了两份要求国民政府实施保护贸易政策以促进民族经济发展的提案。① 他们在第一份提案中指出,保护贸易政策是近代工商业幼稚国家为扶植本国产业发展、杜绝巨额外贸逆差的"一定不易之原则",而"政府之未能实施保护(贸易)政策",则是1933年前后中国外贸逆差激增以致产业前途"黯淡"的"重大症结"所在。因此,他们建议国民政府从三方面"厉行"保护贸易政策:一是要在详密调查"各种主要产业"发展状况的基础上对其进行奖励或改良;二是要尽量进口"机械工具"等"为吾国目前所最需要"的能够促进生产技术及企业发展的外国商品,并以较高关税"防止"外国奢侈消耗类商品的进口;三是要通过与有关国家签订互惠互利的商品推销协约来保证中国所需商品的进口和中国过剩商品的出口。他们的第二份提案则明确呼应了中国棉纺织业厂商的利益诉求,② 建议国民政府"特别减轻或全数免除"1934年海关进口新税则实施后大幅提高的进口棉花关税,以拯救因此而"日见消沉,几濒全体崩溃之境"的中国棉纺织业。

显而易见,蔡元培和吴稚晖等人在上述提案中建议国民政府实行保护贸易政策的直接目的固然是为了帮助本国产业部门摆脱1933年前后的严重经济衰退,但其中也隐含了批评国民政府1934年海关进口税则的失当之处和竭力抵制日货倾销的双重意图。易言之,他们实际上是针对1934年海关进口税则利于日货倾销却阻碍本国工商业发展的失当之处,以国民党元老的身份要求国民政府在外贸政策上改弦更张,正确运用减免关税和高额关税等保护贸易的政策手段来扶植本国产业部门的发展和抵制日货倾销,进而维持和增强本国的经济实力,为应对必将爆发的中日战争奠定物质基础。

---

① 蔡元培等:《厉行保护政策扶植国内产业并于对外贸易施行管理案》《本国棉纺业极度衰落请迅免棉花进口关税案》,高平叔编《蔡元培全集》第6卷,第465~468、615~616页。
② 参阅《上海华商纱厂联合上电汪院长等反对新订海关进口税则》,《大公报》1934年7月8日,第4版;《行政院关于华商纱厂联合会为挽救纺业危机建议标本兼治办法致全国经济委员公函》(1935年3月26日),中国第二历史档案馆编《中华民国史档案资料汇编》第5辑第1编,财政经济(6),江苏古籍出版社,1994,第77~78页。

## 二 日本经济崩溃论

除了一再从经济角度提出抵抗日本侵略的重要方策和建言之外，蔡元培为了鼓舞中国人民抗日的必胜信心与勇气，曾在1937年全面抗战爆发之前公开发表一篇题为《日本往哪里去》的论文，[①] 从经济角度分析和预言了日本侵略者外强中干、必将崩溃的历史命运。

他首先设问道："日本军阀口口声声说'满洲'是日本的生命线，可是现在把这生命线劫夺到手……其前途是否光明了一点呢？我们肯定地说：没有！在世界经济恐慌的狂潮中飘动着的日本经济，自1932年下半期以来，工业生产和对外贸易总算在逐渐地增进，日本当局得意洋洋地说：'繁荣'的日子就在眼前。这是真的吗？……我们的答案又是相反。"然后，他从财政、工业、外贸、民众购买力四方面依次分析和评估了日本经济发展的黯淡前景：第一，日本在1931至1934年间为侵略中国而支出的巨额军费主要靠公债筹集，这使得其财政偿付的公债总额激增到近百亿日元，从而大大加重了日本国民的经济负担，使其"生活愈加困穷"。第二，自1931年下半年以来，日本工业生产虽然确有增加，"但增加得最快的，都是直接与战争有关的军需工业"，而军需工业"纯粹是消费"性质的工业，"对于国民经济的质量，不仅毫无增进，反而足以使国民经济日益陷于破产的境地"。第三，日本近年竭力向海外低价倾销商品，致使其出口贸易以日元计算确有增加，但换算为美金"反形大减"，同时其"输入必需品价格却无大变或反形飞涨"，所以日本出口贸易增加的实质是"成反比例地"减少了其"国富"。与此同时，西方各国为了摆脱"世界经济恐慌的狂潮"，"莫不用尽种种严酷手段，予日本商品以闭门羹"，从而使得日本当局所说的"繁荣"变成了梦想。第四，日本当局向海外低价倾销商品的目的之一是保障本国资本家的经济利益，但这主要是通过减少工人工资、增加生产效率进而"拼命减低生产费"来实现的。可是，减少工人工资必然减低一般民众的购买力，而增加生产效率又使得失业者"愈益增多"，从而进一步削弱民众的购买力，"因此日本在国外市场之所得，恐怕不足以偿国内市场之所失，（于）是愈益陷入经济恐慌的深渊了！"最后，他得出结论说："如问'日本往哪里去？'我们的答案是：走往危机的路上去。"

---

① 高平叔编《蔡元培全集》第6卷，第428～432页。

简言之，蔡元培在全面抗战爆发之前认为日本侵略者必然走向经济崩溃的穷途末路，这显然是一种极具先见之明的历史预言，也确实能够鼓舞中国人民抗日的必胜信心与勇气。不过，与同时代的丁文江、孔祥熙等人相比，蔡元培为论证这一观点而对日本财经状况所做的分析和评估似乎不够客观和全面，也不利于中国人民特别是其中的热血青年理性看待当时中日两国在经济结构和综合国力上的显著差异和差距。

在全面抗战爆发之前，深得蔡元培赏识的著名地质学家丁文江曾撰文对中日两国的财经状况作过对比分析。他指出，世界性经济危机和侵略中国的结果，使得日本的财政赤字和外贸入超逐年攀升，其经济因而"很可悲观"，但"距崩溃的程度还远"。而中国呢，中央财政"收入最好的时候"也不过6亿多元，其中一半以上还要用于偿还内外债。九一八事变以前，中央财政每月能够支配的款项不到3000万元，"一·二八"事变发生之后，锐减到200万元。1932年日本出口贸易总值约为27亿日元，其中对除去东北三省但包括香港在内的"中国本部"的出口贸易额仅2.6亿多日元，占其出口贸易总值的比重还不到10%。即使中国能够成功抵制日货倾销，中日两国的贸易关系完全断绝，日本出口贸易总值仍然高达24亿多日元，而日本又是当时中国最重要的贸易对象之一，如果中日两国的贸易关系真的断绝，在经济上也"决不能制日本的死命"，中国的经济反倒"要受很大的牺牲呢"。① 从表面上看，丁文江的分析略显悲观，似乎有给中国人民特别是热血青年的抗日信心与勇气"泼冷水"之嫌。但细细推敲可知，其真实用意是为了提醒中国人民特别是当时的热血青年认清一个道理：由于当时中国的财经实力与日本对比悬殊，所以抵抗日本侵略就是一件需要大家共同努力、经过长期坚持和奋斗之后才能取得彻底胜利的伟大事业。而他本人在做出上述分析之后也明确揭示了这一点。他说："如何能使中国有战胜日本的力量，是全国人民的责任，尤其是现在受高等教育的青年的责任。因为这绝不是几年以内所能做得到的……所以抗日的工作，不是凭一时的热心可以了事的，是要有长期的继续工作，使中国真能自卫，真能战胜日本，才可以发生真正的效能。"②

应当说，丁文江在全面抗战爆发之前对于中日两国财经状况的对比分析要比蔡元培对日本财经状况所做的分析和评估来得客观和全面一些。而换个

---

① 丁文江:《日本的财政》《抗日效能与青年的责任》，欧阳哲生编《丁文江文集》第1卷，湖南教育出版社，2008，第274、319~320页。
② 丁文江:《抗日效能与青年的责任》，《丁文江文集》第1卷，第320页。

角度看，他实质上也是以其作为地质学家的严谨态度，通过使用与蔡元培稍有不同的文字表达方式，来委婉地表达自己对于日本侵略必败、中国抗战必胜的坚定信念和勇气。这在逻辑上与蔡元培认为日本侵略者必然走向经济崩溃末路的历史预言也是相辅相成、殊途同归的，都表现了他们憎恨日本侵略者占我领土、害我人民、夺我资源、损我主权的爱国主义情怀。

如果说丁文江对比分析中日财经状况的文字表达方式与蔡元培对日本财经状况所做的分析和评估稍有不同的话，那么在1937年全面抗战爆发以后，国民政府财政部部长孔祥熙对于日本财经状况所做的分析和评估则与蔡元培较为接近，得出的基本结论也与蔡氏发出的历史预言相同；与此同时，他也指出了中日两国在经济结构和综合国力上的显著差异和差距，而这一点又与丁文江相似，具有借此提醒中国抗日军民要团结一致，长期坚持，艰苦奋斗，才能夺取抗战最后胜利的鲜明意蕴。孔祥熙对日本财经状况所作分析和评估的内容要点是：

第一，中国是农业国家，日本则是缺乏天然资源、以出口贸易为"唯一生命线"的工业国家，它在"平时赖人民刻苦，工资低廉"，"可以在世界市场上廉价倾销"工业制成品，但自从发动侵华战争以后，其"工业原料来源减少，许多工人，被征入伍，军事工业畸形发展，普通工业，无形陷于停顿的状态"。第二，日本侵略者在中国犯下的残酷暴行激起了"全世界人士强烈的反对"，所以抵制日货运动"风起云涌，弥漫全球"，使得日本在1937年出现了超过6.35亿日元的"空前未有"的外贸逆差。第三，由于军费不断膨胀，日本政府的财政预算严重失衡，仅在1937和1938年就出现了总计近90亿日元的巨额赤字，使每个日本人背上了平均120日元、占人均收入比例高达60%的债务负担。第四，在发动全面侵华战争后的短短一年内，日本政府就已增税三次，使得日本人民苦不堪言，此后它势必要靠增发纸币和公债来弥补不断增加的巨额赤字和军费，而这又会导致"不可收拾"的恶性通货膨胀和全面经济衰退。第五，总而言之，日本的经济在长期战争之后"必然趋于崩溃"，但"在目前阶段中"，中国军民绝不能过于低估日本的力量，以致松懈了自己的抗日斗志。恰恰相反，中国军民应当清醒地看到日本具有"军事上准备充分"、"政治上运用灵活"的明显优点，所以还需要以更大的决心和毅力精诚团结，"刻苦耐劳，忍辱负重"地"应付长期抗战，争取最后胜利"。①

---

① 孔祥熙：《敌我财政现状之比较》，刘振东编《孔庸之先生演讲集》，（台北）文海出版社，1972，第189~193页。

## 三 结语

总括而言，蔡元培在20世纪30年代日本帝国主义侵略中国的民族危亡关头形成的国防经济思想的主要内容是他提出的多项抵抗日本侵略的重要经济方策和建言。如果联系九一八事变之后国民政府逐步实施的一些经济备战举措以及当时国内逐步兴起的统制经济思潮[①]来考察蔡元培提出的这些抗日经济方策和建言，则可发现它们也具有要求政府当局干预和调控国民经济运行的统制经济的鲜明特征。因为从前述引文可以看出，不管是蔡元培在九一八事变之前提出的移民"充实"东北的政策主张，还是他在九一八事变之后希望得到贯彻施行的孙中山的"钱币革命"理论，以及他为促进民族经济发展而与吴稚晖等人联名提出的保护贸易政策建言，都是只有在国民政府或执政的国民党当局积极响应、居中调控的前提之下，才能变成具体事实或切实推行的经济政策的。换言之，从思想本质上分析，蔡元培提出的抗日经济方策和建言体现的是一种国家干预主义的经济政策思想，而不是那种淡化政府作用、放任国民经济自动运行的市场自由主义的经济政策思想。

在考察蔡元培提出的抗日经济方策和建言的同时，我们也不能否认他认为日本侵略者必然走向经济崩溃末路的历史预言也是其国防经济思想的必要组成部分。虽然他为此而对日本财经状况做出的分析和评估似乎不够客观和全面，虽然研究和分析敌国的财经状况似乎与本国的国防经济工作没有直接关系，然而兵法有云——"知己知彼，百战不殆"，只有研究和洞悉了敌国的财经状况及发展走势，才可能镇定沉着、有的放矢地做好本国的国防经济工作，进而为打败外来侵略者、争取伟大卫国战争的彻底胜利提供正确的经济政策保障和雄厚的物质财富支撑。据此衡量，显然应把蔡元培预言日本侵略者必然走向经济崩溃末路的相关分析和评估纳入到国防经济思想的范畴加以考察和评判。而且，蔡元培分析日本财经状况、预言其必然走向经济崩溃末路的根本目的，是为了鼓舞和激发中国人民抗日必胜、卫国必成的坚强信心与勇气。从这个角度看，也应当把他对日本财经状况及发展走势的分析和预言纳入到国防经济思想的范畴予以研究和探讨。

---

① 参阅黄岭峻《"统制经济"思潮述论》，《江汉论坛》2002年第11期；钟祥财：《20世纪三四十年代中国的统制经济思潮》，《史林》2008年第2期；孙大权：《中国经济学的成长——中国经济学社研究（1923～1953）》，上海三联书店，2006，第244～262页。

# 个体记忆与历史书写
## ——再论《陈洁如回忆录》

陈 雁[*]

**提　要**　《陈洁如回忆录》自1992年由台湾《传记文学》杂志连载公布之后，在海内外引起巨大轰动，对其真伪和价值，多有争论。本文借助美国斯坦福大学胡佛研究院张歆海档案中藏《陈洁如回忆录》和《蒋介石日记》、台北"国史馆"藏"蒋档"和台北"中研院"近史所藏"外交部"档案、《谭延闿日记》，佐以已经刊布的相关材料，仔细梳理了该回忆录神秘现身和长期尘封的过程与原因，对回忆录的"偏差"与其他史料展开"互参"，进而分析这位曾经的"蒋夫人"的个体记忆如何借由写作、出版和炒作，成为集体记忆的一部分，进入相关的历史书写。

**关键词**　个体记忆　历史书写　陈洁如回忆录　蒋介石

陈洁如与蒋介石曾是一家人，但两人在中国现代政治中的地位有天壤之别，使得他们"个人记忆"的待遇也大相径庭。作为国家领袖，蒋介石在历史中从来不缺少话语权，先不说"两蒋"先后执政时期各种言论集的出版是蒋介石"发声"的最直接管道，就算在大陆各种有关蒋介石的大传野史、研究专著亦是层出不穷。而《陈洁如回忆录》则是曾经的"蒋夫人"陈洁如传世的仅有文字。回忆录自1992年被公开后，广为流传，毁誉参半。本文关注的是这位自称13岁嫁人，"做了七年蒋介石夫人"的邻家女孩的"个体记忆"如何成为"历史书写"，如何被"尘封"，怎样"神秘现身"，媒体与学者们如何理解，甚至"操弄"了此项"个体记忆"，再如何将其呈现给当代的读者，成为华文世界广为流传的"集体记忆"。

---

[*] 复旦大学历史系副教授。

## 一 现身

《陈洁如回忆录》公之于世，端赖台湾《传记文学》杂志在1992年分6期连载，于海内外引起巨大轰动。①

《传记文学》的编者在连载之初披露的回忆录"提供者"与"译者"信息十分神秘：

> 去年十月上旬编者接到一封来自南半球的长函，信末仅署"提供者"三个字，无姓名、无电话、无地址（仅写"某大学图书馆转提供者"，也无转信人姓名），这是创刊三十年来首次遇到一件离奇的投稿。
>
> 信中说他手上有一部从未发表过的《蒋介石夫人回忆录》英文原稿，从一九五几年保存到现在，从未敢有过交出发表的念头。但"人寿几何？我已将它照相影洗三全份，分交英国与美国某大学及南半球某大学图书馆'特藏室'密存，原稿仍在我的手上。"又说："我最近考虑再三，与其日后由所谓中国通的洋人乱译乱写，不如由中国人自己来处理为是。"②

在这篇编者前言里，《传记文学》还解释了，虽然台湾政治早已解严，但"提供者"仍然如此神秘，只因对江南案③和拉什迪案④心有余悸。因此，编者最初虽亦觉"提供者"小题大做、故弄玄虚，但当获悉具体内容后，"才开始感觉到这部《陈洁如回忆录》的重要性及其史料价值，不得不认同'提供者'的'谨慎将事'的态度"。

也正是在这篇前言里，《传记文学》披露了《陈洁如回忆录》的撰写背景：

---

① 《传记文学》第60卷第1~6期，1992年1~6月。
② 《关于"陈洁如回忆录"与"提供者"及"译者"》，《传记文学》第60卷第1期，1992年1月。
③ 1984年10月15日，美籍华裔作家刘宜良（笔名江南）在美国遭台湾情报局雇用的黑帮分子刺杀身亡。江南，1967年起以《台湾日报》特派员身份驻美，在美期间完成了《蒋经国传》，遇刺前正打算着手写作《吴国桢传》；江南被刺案被普遍认为幕后黑手是蒋家。
④ 萨曼·拉什迪（Salman Rushdie），英籍印度裔小说家。1989年，伊朗宗教领袖霍梅尼称拉什迪的小说《撒旦的诗篇》侮辱穆斯林，判处其死刑，并悬赏600万美元处死他。这一裁决直到1998年才被正式取消。

遗憾的是，本英文原稿写作的年代不详（约20世纪50年代，当在《金陵春梦》之后），稿件文字中的年代也不太注重，不过她写大事与大人物尚有其他参证。这部稿子传说是当年共同教她与蒋介石英文的老师李时敏根据陈洁如的日记执笔完成。

既然是英文原稿，编者当然还需交代署名"金忠立"的译者的情况：传说他是退休的学者，其中英文程度以及对民国历史的学养，都足以担当此重任。但译者无地址，一切信函均由"提供者"转，本刊也不能与他直接联络。从"提供者"谨慎小心的态度来看，编者怀疑金先生可能也是笔名或化名。

《传记文学》在神秘化回忆录"提供者"与"译者"的同时，还不忘肯定译稿的水准，"我们不能不钦佩金先生是一位'信、达、雅'兼备的第一流译事能手"。

从这篇编者按起，《传记文学》不仅在1992年第1～6期连载回忆录，并且第1、2、3期的封面人物也均为陈洁如，在这几期登载了大量与陈洁如相关的照片，还先后刊发了《鲁潼平柳无忌与陈洁如同船赴美》《陈洁如访美抵金山引起的纷争》《传媒炒热了陈洁如的故事——附：陈洁如弃尸港寓第一个目击者的回忆》《陈丕士笔下的宋美龄与陈洁如》《蒋公与姚冶诚的一段情》等多篇与陈洁如相关的回忆文章。《传记文学》盛赞自己刊登《陈洁如回忆录》（简称《回忆录》）是"打开历史的黑盒子！"从第3期开始刊发大幅广告，预告"陈洁如回忆录全译本即将出版"，一边吊读者胃口，声称稿源神秘莫测，连载时"万一稿件未到，请读者要多多原谅则个"，但另一边已经广而告之：回忆录"预定本年六月底出售"。① 令人不免怀疑那神秘莫测的"稿源说"其实只是《传记文学》在故弄玄虚。

《传记文学》对《陈洁如回忆录》连载的高潮当属当年六月号发表唐德刚教授的《私情的感念和职业的道义——〈陈洁如回忆录〉全译本代序》一文，这篇文章不仅再次预告了全译本的出版，而且通过唐德刚——这位蜚声海内外的历史学家之笔对回忆录的史学价值给予了高度评价。在这篇数万字的"代序"中，唐德刚首先长篇铺垫当年陈洁如曾经派人与他接洽，是他工作太过繁忙才与这个"黑盒子"擦肩而过；再大力辟谣，撇清自己并非《陈洁如回忆录》的捉刀者；随后话锋一转又扯到自己与黄郛夫人沈亦云和李宗仁夫人郭德洁私交甚笃，一定是此二人之一曾向陈洁如

---

① 《揭开历史的黑盒子！陈洁如回忆录全译本即将出版》，《传记文学》第60卷第3期，1992年3月。

推荐过他，才会有此谣传。这篇文章——套用一个当今网络热门词，完全就是一篇"炫耀帖"！

吊诡的是，在这篇"序文"中唐德刚指明的"回忆录"出处却是"史丹福大学，胡佛图书馆所藏'张歆海①文件'"。这几乎可以看作《传记文学》的编者变相默认了《陈洁如回忆录》出自"张歆海档案"，并非第一期连载时给出的那个神秘源头——"南半球某大学"。

据斯坦福大学胡佛研究院郭岱君研究员回忆，陈洁如在20世纪50年代被迫放弃回忆录出版计划时向台湾方面提出，要将回忆录复印十份存放在不同人的手中，曾任北大英文系主任、中华民国驻波兰公使的张歆海就是十人之一。1977年，"张歆海档案"被胡佛研究院档案馆收藏，这份《陈洁如回忆录》的复本也就被存放在胡佛研究院。但当时胡佛研究院并未留意此事，直到20世纪90年代初有台湾学者在胡佛档案馆看到这份资料，将之译成中文，署名"金忠立"，寄往台北《传记文学》杂志社。《传记文学》如获至宝，大造声势。

胡佛研究院所藏张歆海档案（Register of the Chang Hsin - Hai Papers, 1936 - 1976），共计19盒，主要保存有他与夫人韩湘眉教授、与上海商界学界名流之间的通信，以及1941~1971年间与中美关系相关的文件。《陈洁如回忆录》藏于"张档"第16盒，档案中并未载明回忆录因何进入该档。据唐德刚推测，因为20世纪50年代张歆海在纽约时与李宗仁投契，主张海峡两岸息兵统一，"张歆海文件中这份'陈稿'，是程思远先生转给张氏的"。但这不过是唐的大胆推测，并无证据。②

1993年，易劳逸（Lloyd Eastman）教授编辑出版《陈洁如回忆录》的英文版 *Chiang Kai - shek's Secret Past：The Memoir of his Second Wife, Ch'en Chieh - ju* 时，撰写了一篇长达13页的序言。正是在这份序言中，易劳逸披露了约在1990年有位台湾青年学者在胡佛研究院的张歆海档案中无意中发现《陈洁如回忆录》，并将此消息告知他。易氏遂赶往斯坦福查阅该档，

---

① 张歆海（1898~1972），字叔明，浙江海盐人。1922年，获哈佛大学文学博士学位。回国后，曾先后任教于北京大学、清华大学、东南大学、上海光华大学和中央大学等校。1928年，入国民政府外交部任参事。1932年1月，任外交部欧美司司长。1933年5月，任中华民国驻葡萄牙公使。1934年6月，改任驻波兰公使，同时兼任驻捷克斯洛伐克公使。同年10月，专任驻波兰公使。1936年12月去职。1941年携全家到美国定居，先后在美国长岛大学和费尔利迪金森大学任教。曾出演好莱坞电影《春花秋月奈何天》。与宋庆龄是好友，曾为中国恢复联合国席位奔走。1972年夏天，张氏夫妇在考察东南亚的归途中到香港，再转赴上海。1972年12月6日，于上海病逝。

② 〔美〕唐德刚：《私情的感念和职业的道义》，《传记文学》第60卷第6期，1992年6月。

并赴台北搜集相关史料,不料旅台期间,易氏突患脑病,不得不停止工作返美就医。但学界秘密本就传得快,又是如此"惊天绯闻",《陈洁如回忆录》藏于胡佛研究院的消息遂不胫而走,于是,台北的《新新闻》周刊①和《传记文学》杂志均以极快的速度翻译、连载、出版了这份回忆录。②这样看来,《传记文学》编者们所描述的神秘"提供者"和"翻译者"可能均是子虚乌有,故弄玄虚,大概诚如郭岱君研究员所言,只是几个当时在斯坦福的台湾留学生帮助复印档案,传回台北,遂揭开了这个"黑盒子"。

## 二 尘封

与《陈洁如回忆录》"出处"之谜相伴生的还有"封口"之谜。

以往研究一般认为,陈洁如写回忆录的想法起于 20 世纪 50 年代。但当时她尚在上海,各方面条件并不允许撰写回忆录。1962 年赴港后③,陈洁如开始物色人选帮她整理日记、信函,再次打算撰写回忆录。最后她选中了曾经教过她英文的李时敏④来执笔。大致成稿于 1963～1964 年间的《陈洁如回忆录》,其出版事宜因为遭到台湾当局的阻挠和收买,到 1992 年被《传记文学》连载公布前,已经尘封了将近 30 年。

杨天石教授最近发表在《社会科学战线》上的《陈洁如回忆录何以尘封近 30 年》一文使用台北"中研院"近史所藏"外交部"档案、"国史

---

① 台北新新闻文化事业股份有限公司于 1992 年出版《蒋介石的第三任妻子:陈洁如回忆录》,署名陈洁如著,汪凌石译;与《传记文学》的全译本不同,《新新闻》的这个版本是节译本。
② Chiang Kai-shek's Secret Past: The Memoir of His Second Wife, Ch'en Chieh-ju, edited and with an introduction by Lloyd W. Eastman, Boulder: Westview Press, 1993.
③ 也有人回忆说陈洁如是 1969～1970 年间才赴港的。参见卜少夫《传媒炒热了陈洁如的故事——附:陈洁如弃尸港寓第一个目击者的回忆》,《传记文学》第 60 卷第 3 期,1992 年 3 月。
④ 李时敏,英文名 James Zee-Min Lee,父亲李博(Lee Po),是澳洲富商,曾经资助孙中山革命,后来举家迁居香港。李时敏于香港圣斯蒂芬学院肄业,后赴内地银行就职。据称曾任蒋介石和陈洁如的英文教师。著有 Chinese Potpourri(《中国杂录》)一书。李氏还爱好电影和戏剧,1928 年在上海和丰银行任职期间曾客串出演过郑正秋导演的电影《美人关》。20 世纪 20 年代末,曾在上海兰心戏院与德龄公主等一起演过英文戏。(参见宋伟杰《中国·文学·美国:美国小说戏剧中的中国形象》,花城出版社,2003,第 298 页)美国米高梅电影公司来华拍摄《大地》一片时,李时敏曾任顾问。学界也有说,《陈洁如回忆录》的主执笔人是李时敏的哥哥李荫生(Yi-son Lee),李时敏负责编制人名与地名注释表。《陈洁如回忆录》中对李博、李荫生、李时敏父子均有提及。

馆"藏档和"蒋介石日记"等史料,详细分析了该份回忆录何以尘封近30年不见天日。从杨教授的层层剖析,可以看到蒋介石生前对于此份回忆录是知情的,并一度受其困扰①,蒋经国遥控了阻截回忆录出版的交涉,俞国华、孔令侃和陈立夫等人先后卷入阻截工作,最后,陈立夫用15万美元收买了《陈洁如回忆录》的公开出版权,为此说法做证的是一张陈洁如写给陈立夫的亲笔收据②:

> 兹由立夫先生交下洋15万元正。该款业已如数收讫。此后洁与介石双方恢复自由,一切行动与对方无涉,特立此据为凭。
>
> 陈洁如具
> 12月卅日

这张收据,杨天石教授解释系蒙陈立夫儿媳林颖曾女士赐见,不过在该文注释中杨教授却注明出处为"台北'国史馆'档案:002－080200－00645－010,1964年11月5日"。经笔者反复查对,台北"国史馆"该份档案中并无此条收据,未知是否杨教授笔误?

而且吊诡的是,从台北"国史馆"相关藏档来看,1964年到1965年间,蒋经国先后通过俞国华、孔令侃和陈立夫等人与计划出版回忆录的美国双日(Double day)出版社经纪人希尔(Lawrence Epps Hill)交涉,一度还发出律师函严厉警告,但蒋经国最后放弃了与出版社的交涉计划,转而与在香港的陈洁如本人联系,警告陈洁如"如该书出版",台湾当局"必在美国循法律途径解决之决心与其所耗费用之浩大"。③ 此事的最后解决有赖于江姓某君——杨天石教授推断是江一平④律师在香港与陈洁如直接交涉。⑤ 这在台北"国史馆"的档案中有记载:

---

① 杨天石教授的主要证据是1964年2~4月间的蒋介石日记。
② 杨天石:《陈洁如回忆录何以尘封近30年》,《社会科学战线》2013年第5期。
③ 《俞国华致蒋经国电》,台北"国史馆"档案,典藏号:002－080200－00666－013－001a。
④ 江一平(1898~1971),浙江杭县人,长期在上海担任执业律师。五卅运动期间,曾为爱国学生担任辩护律师。1932年,获复旦大学荣誉法学博士学位。历任东吴大学法学院教授、复旦大学校董、上海律师公会常委等职。抗战爆发后,在上海积极领导难民救济工作。1940年赴重庆,历任第二、三、四届国民参政会参议员,一度兼任复旦大学副校长。抗战胜利后回沪继续任执业律师。1948年,当选立法委员。1949年,赴台。1971年10月15日,病逝于台湾。
⑤ 参见杨天石《陈洁如回忆录何以尘封近30年》,《社会科学战线》2013年第5期。

江去港已一周，经考虑后，此时请勿与司贝楼书局接触，究以如何为妥，望洽令侃兄。①

　　江已赴港，某案如无特殊变化可望日内办妥手续了结，详情另告。②

　　从"国史馆"藏蒋档中，这些蒋经国与俞国华、陈立夫等人的来往电文基本可以推断，《陈洁如回忆录》的出版计划是1964年在香港被阻截的。

　　1964年的陈立夫远在美国，而这些往来电文也未有只字提到请陈立夫到港交涉，那么这张15万元的收据如何会由陈立夫出面与陈洁如签署呢？而且陈立夫在其回忆录里称此笔收买金系孔令侃所出，③那么这张收条怎会保存于陈立夫手上呢？其中逻辑似难自洽。

　　美国著名传记作家汉娜·帕库拉（Hannah Pakula）在《最后的女皇：宋美龄和现代中国的诞生》一书中披露了美国联邦调查局（FBI）提供的证据，证明20世纪60年代台湾当局确曾通过美国政府向双日出版社施压，提出该回忆录的出版将有损台美关系。④FBI的文件显示，陈洁如曾以不出版"回忆录"为由向蒋介石勒索（blackmail）100万美元，蒋最终答应每三个月支付其500美元的津贴，此事得以解决。⑤这又是另一种"封口说"。

　　看来，当年陈洁如如何被"封口"，回忆录何以被尘封近30载，个中曲折至今仍然疑点重重。

## 三　偏差

　　从1992年起，《陈洁如回忆录》先是在台湾的《传记文学》杂志连载，旋即由传记文学出版社以《陈洁如回忆录——蒋介石陈洁如的婚姻故事》为名结集出版，《新新闻》周刊在连载后也迅速推出了节译本。⑥大陆

---

①　《蒋经国电陈立夫》，台北"国史馆"档案，典藏号：002-080200-00645-010。
②　《蒋经国电陈立夫》，台北"国史馆"档案，典藏号：002-080200-00645-017。
③　陈立夫：《拨云雾而见青天》，（台北）近代中国出版社，2005，第631页。
④　FBI files, #62-71649-64 to 77. 这是Pakula女士依据美国司法部的《信息自由法》之规定要求FBI提供的档案。
⑤　Hannah Pakula, *The Last Empress: Madame Chiang Kai-shek and the Birth of Modern China*, Simonand Schuster.com, 2009, p.180.
⑥　陈洁如著、传记文学杂志社编《陈洁如回忆录——蒋介石陈洁如的婚姻故事》，（台北）传记文学出版社，1992；陈洁如：《陈洁如回忆录（全译本）》，（台北）传记文学出版社，1992。

的出版社以非同寻常的速度于同一年引进该书，中国华侨出版社、北京师范大学出版社和团结出版社三家竞相出版。① 从这些书名——《一个改写民国历史的女人》《改写民国历史的陈洁如回忆录》就可以想见该书当年在海峡两岸出版时造成的轰动效应。最近几年，《陈洁如回忆录》在大陆仍有再版，② 而回忆录中的各种故事，已为海峡两岸的读者津津乐道，影响广泛。

唐德刚教授曾盛赞《回忆录》"蕴藏着很多外界不知的第一手史料"，价值甚高，虽然"史料中偶有小疵，然瑕不掩瑜也！"③ 但是自《回忆录》面世以来，对其真伪的质疑一直未断：1993年，杨天石教授于香港《明报月刊》发表专文探讨《回忆录》的"作伪部分"。④ 据说此前蒋永敬教授已投书《传记文学》，质疑回忆录，但主编刘绍唐拒绝刊登该文。⑤ 1997年，谢起章教授更是出版专著全面解构《回忆录》。⑥ 在众多的质疑论文中，⑦ 尤以中国第二历史档案馆的唐华和王晓华二位的文章有力，他们利用二档馆所藏蒋介石档案与"陈洁如旅美期间致朱逸民函件"，指出《回忆录》的错讹之处，切中要害。⑧ 这些质疑文章各有侧重，唐华等认为回忆录"有真实的地方，但基本是大路货，人所共知。恰恰是人所不知的地方，笔者却有意识在杜撰，这就不能不令人怀疑《陈洁如回忆录》的可靠

---

① 1992年在中国大陆出版了三个版本的"陈洁如回忆录"，包括金钟立编译《陈洁如与蒋介石——改写民国历史的陈洁如回忆录》，中国华侨出版社，1992；陈洁如著、石一流编《一个改写民国历史的女人：蒋介石第三夫人陈洁如自传》，北京师范大学出版社，1992；陈洁如：《我做了七年蒋介石夫人：陈洁如回忆录（全译本）》，团结出版社，1992。

② 大陆常见的《陈洁如回忆录》有六个版本，除上引三本外，另有《陈洁如回忆录：蒋介石的第三任妻子》，中国友谊出版公司，1993；《我做了七年蒋夫人：陈洁如回忆录》，团结出版社，2002；《我与蒋介石的七年之痒：陈洁如回忆录（插图本）》，团结出版社，2006。

③ 〔美〕唐德刚：《私情的感念和职业的道义》，《传记文学》第60卷第6期，1992年6月。

④ 杨天石：《蒋介石第三任夫人遗波——关于〈陈洁如回忆录〉的作伪部分》，（香港）《明报月刊》，1993年4月。

⑤ 杨天石：《陈洁如回忆录何以尘封近30年》，《社会科学战线》2013年第5期。

⑥ 谢起章：《陈洁如是蒋介石夫人吗》，中国文史出版社，1997。该书从求婚故事、结婚典礼、蜜月旅行、婚后认子、错位家书、夫唱妇随、内助之功、错误史事、坊间野史九个方面详细分析了回忆录的诸多疑点。

⑦ 质疑文章包括谢起章《〈陈洁如回忆录〉史料价值质疑》，《湘潭师范学院学报》1997年第2期；王侃：《〈陈洁如回忆录〉真伪考》，《浙江档案》2000年第11期；郭太风：《〈陈洁如回忆录〉之谜》，《档案春秋》2005年第9期；唐华：《〈陈洁如回忆录〉质疑》，《民国档案》1993年第1期；王晓华：《陈洁如在海外生活录》，《南京社会科学》1994年第2期。

⑧ 参见《陈洁如旅美期间致朱逸民函件摘录（1927～1931）》，《民国档案》1993年第1期。

性了"。① 杨天石教授在 20 世纪 90 年代尚"不想全盘否定陈洁如回忆录",认为"其中回忆个人生活部分可能真实性大,而回忆政治大事部分可能真实性小"②。但随着越来越多的档案文献相继解密,杨教授认为"现在看来,其'回忆个人生活部分'问题也很多"③。

《传记文学》的编者曾经解释,"陈洁如回忆录'著者前言'中提到陈立夫先生,说他是现仍在世的唯一的见证人。立夫先生是我们尊敬的长者,也是经常提供稿件给本刊的作者。本期稿件本拟打好清样送请他过目(特别是他致陈洁如原函如有存底拟订时制版刊出),结果因为收到迟、付排迟、年底假期多,清样好了就匆匆付印,编者谨表歉忱"。④《陈洁如回忆录》连载前后,《传记文学》刊发了多篇其他人提供的佐证资料或回忆文章,但有无就《陈洁如回忆录》请陈立夫过目,陈立夫表态如何,却从此没了下文。

同样,唐德刚虽自夸"思远先生不遗葑菲,与在下亦时有函电",而他与张歆海的东床快婿——哥伦比亚大学周文中教授亦是知交,《陈洁如回忆录》如何会出现于张档,"不难叩询详情"。但"叩询"与否和"叩询"结果亦无下文。⑤

令笔者尤感困惑的是,如果说在 20 世纪 90 年代初的台湾发表《陈洁如回忆录》仍需冒着一定的风险——恐怕会成为第二个"江南",所以稿件的"提供者""译者"才会悉数匿名,以求自保的话,那么时隔 20 年,海峡两岸的政治环境均已发生巨大变化,为何当年的知情者仍无一人出面披露背后的细节呢?是这些知情人悉数驾鹤西归,还是这个神秘的源头本就是刻意编造的噱头,用来吸引读者的眼球呢?恐怕后者的可能性更大些。

## 四 互参

《陈洁如回忆录》千疮百孔的偏差,随着相关史料的日益公开,几乎不堪一质。但是,陈洁如曾经的"蒋夫人"身份是确凿的。20 年前,唐华

---

① 唐华:《〈陈洁如回忆录〉质疑》,《民国档案》1993 年第 1 期。
② 杨天石:《果真要改写民国史吗?——陈洁如回忆录的产生、遭遇及作伪举证》,载《哲人与文士》,中国人民大学出版社,2007,第 654~664 页。
③ 杨天石:《陈洁如回忆录何以尘封近 30 年》,《社会科学战线》2013 年第 5 期。
④ 《关于"陈洁如回忆录"与"提供者"及"译者"》,《传记文学》第 60 卷第 1 期,1992 年 1 月。
⑤ 〔美〕唐德刚:《私情的感念和职业的道义》,《传记文学》第 60 卷第 6 期,1992 年 6 月。

等人利用毛思诚整理、保存于中国第二历史档案馆的"蒋介石日记类钞"等史料来"对质"《回忆录》,认为日记中有关陈洁如的部分都被黑笔浓墨抹去了。但是现存于胡佛研究院的"蒋介石日记"中有关陈洁如的部分并未全部消失。1921年9月9日,陈洁如第一次出现在蒋介石的日记里:"写纬儿、璐、眉各函,轻浮是我之大病。"这条日记里的"璐"就是陈洁如——1949年起,陈洁如长居上海,就用"陈璐"一名,"眉"则指的是蒋介石多年的欢场相好介眉。

1921年12月13日有条日记,非常值得注意,这条日记被删去一行,但黑墨背后原来的笔迹依稀可辨:"晚,璐妹来省,近侍"①。按照《陈洁如回忆录》的说法,两人的婚礼于1921年12月5日在上海大东旅馆公开举行——若已是明媒正娶的妻子怎未同居,反而只是晚间"来省"呢?由此可以推断,在1921年底陈洁如尚未成为"蒋夫人"。

1922年9月以后,陈洁如便频频以"璐"或"璐弟"之名出现在蒋介石的日记里,但多数为信函往来的记载;直到1922年11月27日蒋日记第一次出现"洁如"的名字:"十时抵沪,往见中师……下午访静江、洁如、克诚等"。当然,目前所见的1922年的蒋日记有多处被涂抹,如2月18日所删一行,依稀可辨为"寄璐妹相片"。而8月16日、8月17日、9月10日、10月4日、10月5日、10月19日等多处被涂墨,原始字迹已无法辨认。但基本可以推断,在《回忆录》所称"蒋陈正式结婚"一年后,陈洁如的身份仍然不是"蒋夫人",仅在蒋介石居沪期间随侍,比如12月15日的日记,"晚洁如来陪"即可为证。② 这期间,在上海的蒋家扮演女主人角色的是蒋介石的妾室姚冶诚,并非自称已经与蒋公开正式结婚的陈洁如,而且,姚、陈二女关系不睦,蒋在日记里愤愤称,"冶诚好妒嫉成性,终欲使人不乐,殊为抑郁"。③

从1922年和1923年的"蒋介石日记"来看,陈洁如的身份更像蒋介石半公开的情妇,扮演着招之来陪,随侍左右的角色。以至1925年4月末,陈洁如到广州后,蒋介石要"探测洁如心理与其在沪行动"④,似乎对

---

① 唐华在《〈陈洁如回忆录〉质疑》一文也引用了1921年12月13日的日记:"晚,璐妹来省",可见在二档馆所藏《蒋介石日记》的毛思诚抄本中仍然保留了此条日记,但删去了"近侍"二字。见唐华《〈陈洁如回忆录〉质疑》,《民国档案》1993年第1期。
② 《蒋介石日记》,1922年12月15日。本文所用《蒋介石日记》除另有说明外,全部引自美国斯坦福大学胡佛研究院藏蒋介石日记,以下不一一注明。
③ 《蒋介石日记》,1922年12月13日。
④ 《蒋介石日记》,1925年4月20日。

陈洁如在上海的生活颇不放心。可惜，1924年的"蒋介石日记"全部佚失，无法窥见这一年蒋陈恋的进展，但到了1925年，可以从日记中看到蒋对陈的依恋渐多，如"近日以来洁如不来，汝为忌刻愤恨悲痛，百感交集，早知有此而终不能防制"。① 日记中不仅有苦等陈洁如来粤的顾盼，② 并且还有美人面前的英雄气短。③ 从日记来看，1925年6月以后，蒋介石决定进一步发展与陈洁如的关系。④ 但此后两人关系的发展也并非一帆风顺，6月28日，蒋在日记里愤愤曰："六时起床想起洁如前事，痛恨不堪，几乎晕倒。"⑤ 可惜不知此处提到的"前事"所指何事。

陈洁如赴粤后，二人共同生活也常发生龃龉，比如8月1日"又与洁如纠葛，不胜愤闷，十时在校睡"。⑥ 到1926年2月，更因姚冶诚和蒋纬国母子到广州过春节，而使陈洁如处境尴尬。⑦ 直到2月19日，姚冶诚母子返沪，蒋介石才又跟陈洁如住到一起。⑧ 这段故事可以在蒋纬国的口述自传里得到印证，蒋纬国并没有否认陈洁如与其父关系，也承认小时候在广州见过陈洁如，甚至"跟她非常熟识"，但对《陈洁如回忆录》他是全盘否定的，认为"这本书是一个不知实情的人，假借陈洁如的名义所写的，而且这本书也不是陈洁如在世时所写的，作者的目的就是要污蔑'老总统'"⑨。

蒋校长、蒋总司令夫人的这段时光是《陈洁如回忆录》的重头戏，占全书几乎一半的篇幅，涉及诸多重大历史事件，因此也是被质疑的火力攻

---

① 《蒋介石日记》，1925年4月11日。
② 《蒋介石日记》，1925年4月18日："往码头迎接，洁如未到，不胜懊丧。"
③ 《蒋介石日记》，1925年5月23日："昨夜又与洁如缠扰，英雄气短，自古皆然也。"5月25日："又与洁如赌气，不能安眠。"
④ 《蒋介石日记》，1925年6月15日："为洁如事犹豫不能决，特令纬国母子来粤。"6月16日："六时起床，为洁如事，呆思许久，男女关系令人不能解决，如此诚令不知其所为也。"6月23日："今日暴戾过甚，闻洁如须月杪方到，心更着闷也。"6月26日："今日恐洁如在港不能来省，思虑半日，望如云霓也。"
⑤ 《蒋介石日记》，1925年6月28日。6月29日："闻洁如已到省城，心略安，即往迎。"
⑥ 《蒋介石日记》，1925年5月5日："看经济思想史……近日与洁如不睦"；8月1日。
⑦ 《蒋介石日记》，1926年2月4日："晚餐吃酱蹄，与冶诚、纬儿等围坐言笑，近日以来以今为最欢也。"2月13日："下午同纬国母子等往游鱼珠炮台……"。2月15日："晚与季新兄往访季山嘉将军，谈至午夜后始返寓晚餐，二时睡，洁如受屈，心甚歉厌也。"
⑧ 《蒋介石日记》，1926年2月19日："今晚纬国母子起程回沪，余回东山寓。"
⑨ 蒋纬国口述、刘凤翰整理《蒋纬国口述自传》，中国大百科全书出版社，2008，第355～356页。据蒋纬国回忆，他9岁时（1925年）在广州初遇陈洁如，而非《陈洁如回忆录》里宣称的蒋纬国6岁时在上海张静江宅碰到，可参见《蒋介石日记》，1925年6月15日："为洁如事犹豫不能决，特令纬国母子来粤。"

击得最集中的一部分。学者们多采用将《回忆录》的描述与正史的相关记载在时间、事件、人物上一一核对的方法来展开质疑,而正史与《回忆录》对这些重大事件记载上的偏差就构成了《回忆录》作伪的一个个铁证。所以杨天石教授认为:"伪造者懂一点历史,但是,又不很清楚,而且,作伪时不曾下过功夫。"但单以这样的方法来质疑《回忆录》并不能证明陈洁如作伪,只能说明陈洁如远离政治事件核心,而她"为了提高回忆录的价值",花了很多笔墨在这些重大事件上,结果反而弄巧成拙。笔者认为,这些尚不足以全盘否定陈洁如整个回忆录——尤其是她对于私人生活的回忆,因此如杨天石这样资深的教授当年也会笔下留情,认为"其中回忆个人生活部分可能真实性大,而回忆政治大事部分可能真实性小"。[1] 这样的证伪方法,恰反映了传统民国史研究中以政治史的时间线索为唯一线索的研究局限,虽然越来越多的历史学者接受了"历史记忆与叙事"存在着多元面貌的认识,但他们仍然将一种量化时间中的线性历史当作是唯一的历史形式,其余对"过去"的叙事方式则被视为神话或传说。这样,远离历史中心事件的人物对历史的建构就被轻而易举地否定或忽略了。[2]

如果抛开这条政治史的主线,将《陈洁如回忆录》这一"个体记忆"与其他的私人记忆"互参",那么我们不难发现另外一些可以互证的部分。比如藏于台北"中研院"近史所,近年公开的《谭延闿日记》的1926年和1927年部分就有多条与陈洁如相关的记载,24岁中进士、28岁点翰林的祖安先生的日记文字远比军校毕业生蒋介石的生动有趣,陈洁如第一次出现在谭氏日记是1926年1月22日:

> 吾与汪四夫妇同赴介石家饭,力子亦来,饭后略谈,遂偕汪至鲍家开政治委员会,五时始散。仍至蒋家,张静江以猪发笔属试,虽硬而锋不匀,吾乃出吾笔,写对凡二十副,屏四,皆三行小行书,数年不为此矣。陈璧君在旁插诨,蒋夫人洁如牵纸,环观者甚众,吾虽不怪,静江为之则大异平日矣。蒋介石以所治肴款客,饭至四碗,碗小故也。

谭的日记还保留了不少他与陈洁如等人一起出游、共进美馔的记录——足

---

[1] 杨天石:《果真要改写民国史吗?——陈洁如回忆录的产生、遭遇及作伪举证》,载《哲人与文士》,第654~664页。
[2] 参见王明珂《历史事实、历史记忆与历史心性》,《历史研究》2001年第5期。

迹从广州、南昌到庐山等处，谭称赞这位蒋夫人"颇知大体，通今事，向未知也"。有趣的是，《回忆录》里详细记载了宋蔼龄摆鸽子宴的故事。陈洁如初遇宋美龄，"想不到鸽子宴竟是夺夫宴"的故事，在美食家谭延闿的日记里竟能觅得互相呼应的证据：

> 介石以电话约赴葵庐，至则鲍罗庭夫妇、嘉伦夫妇去，来保蔡理班诺夫、铁里沙多夫、卜世畸、宋子文及其姊妹、张静江、蒋介石夫妇皆在。宋姊即孔庸之夫人，世所知宋小姐者也。新太平馆菜并鸽，亦不佳矣。客散，与张、蒋、宋谈于树下，十时乃归。①

不仅在谭延闿这样的政府要员眼中陈洁如是识大体的"蒋夫人"，并且《申报》这样的沪上大报亦不乏对"蒋夫人"陈洁如的公开报道，② 甚至还有一篇署名"冰心"的妙文盛赞七夕节出生的蒋夫人是"牛女"：

> 蒋介石夫人陈洁如女士以七月七日生，此次随蒋入衡，将届初度之辰。蒋以军务倥偬，除有内戚系数人外，其余概不令知。蒋素喜诙谐，以夫人七夕诞生，故常戏呼之为天孙。一日，夫人曰，君以反对帝国主义为职志，而呼余天孙，是犹有贵族之见存也。蒋曰，非也。以天帝之孙而下嫁牵牛郎，则平民矣。夫人曰，如是则君为牵牛郎，北伐成功定有希望。蒋问何故。夫人曰，牵牛为河鼓君，气吞幽燕，则一鼓渡河，宁非佳兆乎？蒋笑曰，愿如君祝。是夜，夫人感而成梦……余以此梦之颇有价值也，为条理传述者之语而记之。③

《陈洁如回忆录》称，1927年8月19日，陈洁如在张静江的两个女儿的陪同下，"搭乘杰克逊总统号轮离开上海，前往美国"。④ 这一天，与陈洁如一起启程赴美留学的，共有140人，"计清华生七十二人，由何林一率领，其他自费生有六十八人"，送客众多，其中还有胡适。《申报》当天的新闻并未提及陈洁如，但22日发表的题为《浦江头送别声》的文章有关于陈洁如出洋的详细报道：

---

① 以上几处引文出自台北"中研院"近史所藏：《谭延闿日记》，1926年1月26日，6月1日；1927年2月21日。
② 1926年7月27日，蒋介石挥师北伐，《申报》的报道称："是晚蒋氏在专车住宿，翌日（28日）上午五时向乐昌前进，同行者除参谋副官外，并有俄人四名、飞机四辆，其夫人陈洁如亦随同出发。"载《申报》1926年8月9日，第7张。
③ 冰心：《时人小乘》，载《申报》1926年8月19日，第5张。
④ 陈洁如：《我与蒋介石的七年之痒——陈洁如回忆录》，第321页。

  这次出洋的男女学生中最令人注意的就是已经宣告下野的国民革命军总司令蒋介石夫人陈洁如女士。陈女士同了张静江的两位女公子往来于人群之中,起初知道的人很少,后来因为张静江的第五女公子张海伦女士说出来,人家才知道伊是蒋介石夫人。大家争先恐后的摄影,所以蒋夫人就特别被人注目了。蒋夫人穿一件淡灰色细纱长马甲,下面有白红蓝的间色,里面衬着半节式的背心,脚上穿白皮鞋和粉红的长筒丝袜,短发蓬松,态度自然。在小火轮汽笛吹第一次的时候,伊不觉得怎样,到了大轮船的汽笛吹,小轮的汽笛再吹的当儿,伊就哭泣起来了,同时就在手提皮夹中取出一条手巾揩伊的眼泪了。送伊的人都是女人,男人招呼伊的只有两位,等到送行的人上了小火轮开回去了,伊还是同张海伦女士在一个窗栏上挥着伊的手巾表示无穷的离情别绪。伊是住在一百十五号,两位张小姐住在一百十三号,伊的房间里还有人家送伊的花篮两只。听说蒋夫人是不谙英文的,这次到美国去,不知道是去读书呢,还是游历呢?①

  孰知此番离沪,"蒋夫人"就成了"过去式"。不过,陈洁如与蒋介石之间的纠葛并未就此了断,两年后的6月末蒋介石在日记中记:

    美妻今晚回沪,昨日之函不应撕碎,应交其阅,则不致疑我,而我之心地亦可大白,但见信即恨,故一时心忙,民不问是非,立即撕扯。是出于至诚真心,决无他意,此函或为其来陷害我夫妻二人,如吾人不(顾)反中奸计,是不可审查也。②

  这封被宋美龄撞见时狠狠撕掉的信件正是来自大洋彼岸的陈洁如,蒋心中有鬼慌忙毁迹,宋美龄疑心大发,离家出走。③ 这些纠葛在档案馆里亦有迹可寻。中国第二历史档案馆藏有"陈洁如给张静江夫人朱逸民的信。时间从1927年10月至1936年3月,这些信函是陈洁如留美期间,给其好友朱逸民倾诉其不幸以及在美生活学习情况"④。从二档馆所藏陈洁如与朱逸民的通信来看,陈洁如赴美后曾经写信给蒋介石(有时是通过朱逸民请张静江于方便时转交蒋介石的)讨要生活费,但蒋介石未曾回过"一个字的

---

① 金华亭:《黄浦江头送别声》,《申报》1927年8月22日,第4张。
② "蒋介石日记",1929年6月20日。
③ 参见王晓华《蒋介石的六面疑云》,(台北)先智出版社,1995,第77页。
④ 王晓华:《陈洁如在海外生活录》,《南京社会科学》1994年第2期。

音信"。①

在此文的写作过程中，面对着《回忆录》里千疮百孔的错讹，笔者常常陷入一种两难的迷茫，作为一名研究民国史的学者，质疑《回忆录》的各种"不真实"，全面解构《陈洁如回忆录》并不困难，但作为一名妇女史的研究者，我又很看重陈洁如——一个女人、政治领袖的侧室，一个长期被正史禁言的声音，得以发声的机会。更加值得注意的是，《陈洁如回忆录》被发掘出版后，它的确进入了我们的历史叙事中。

## 五　进入

《陈洁如回忆录》公开发表后，在学界与坊间，到处盛传，经年不衰。有意思的是，即便像杨天石教授这样已经对该《回忆录》基本持否定态度的历史学家，在进行相关论述的时候，仍然不免受到回忆录的影响。当他看到蒋经国的档案中提到"江姓某人"赴港阻止陈洁如出书时，马上推测此"江某"为"江一平律师"，因江系"当年蒋、陈结合的'证婚人'"。由他"处理蒋、陈分离的善后事宜"，自然合适。可就是在同一篇论文里，杨教授对《回忆录》中提到的蒋陈结婚的时间、地点，甚至"结婚"一事都已全盘否定。② 在潜意识里，"回忆录"的细节已经进入了杨教授的历史记忆。可见，"回忆录大量作伪"虽已是学界共识，但"回忆录"提供的"个人记忆"，已经借由它的写作、出版和炒作，成为我们集体记忆的一部分了。

不仅在华文圈内如此，并且《陈洁如回忆录》在西方的中国史研究中同样有深刻影响，本文仅举两例为证。著名的"两蒋"研究专家陶涵（Jay Taylor）在他备受好评的蒋介石新传中，提到陈洁如时基本全盘接受了"回忆录"的说法，包括特别指出蒋染有性病，并在蜜月期间将性病传给了陈，认为"这段经验不像是她编出来"。③

而澳大利亚墨尔本大学安东篱（Antonia Finnane）教授在讨论民国时

---

① 如1927年2月17日的通信："但是可恨介石要他的钱，总是半吞半吐的，不来照你的意思的，你想可恶吗？我要他给我三百美元一月，他音信不通，好当我已死在外面了。"1929年11月3日："爱姐姐，我和你商量，我可以写信去问介石，每月给我美金三百元一月否？"
② 杨天石：《陈洁如回忆录何以尘封近30年》，《社会科学战线》2013年第5期。
③ 陶涵：《蒋介石与现代中国》，林添贵译，（台北）时报文化出版企业股份有限公司，2010，第56~57页。

期中国文明婚礼的变化时也引用了《陈洁如回忆录》的记载,用这场举办时间、出场人物均已被指证为子虚乌有的"婚礼"的情形,来论述近代中国婚礼空间和婚俗的转变。①《回忆录》所虚构的这场"婚礼"的影响不可谓不广。

更不消说"目前国内出版的有关蒋介石家世、生平传记和秘录等著述,大多不同程度地引用了《回忆录》中的一些虚假的'史料',乃至辗转传抄,以讹传讹。更有甚者,有的竟然在《回忆录》的基础上添油加醋,美其名曰'纪实'"②。到近年网络文学流行,"回忆录"的影响面变得更大。比如当红网络作家倪方六就撰有《蒋介石搞女人确有一"套"》,该文在网络上广为流传,新浪网甚至将之置于主页上重点推荐,其文所用材料悉数引自《陈洁如回忆录》。在读者的抗议下,倪方六不得不在博客上将文章名字改为《蒋介石"情史"》。③

相对于公共记忆,边缘人群的个体记忆往往被放逐于宏大历史叙事之外,但在主流历史叙事之外,它们倔强地存在着,它们的生存方式和价值正体现为它们的个体性与具体性,并以这种个体性和具体性抗争着被遗忘与抽象。在这个意义上看,《陈洁如回忆录》的写作正是个体记忆对宏大历史叙事的抗争,历史与个体生命由此发生了真切的联系。我们今天的研究,应该不再局限于将《陈洁如回忆录》简单地视作"史料",一门心思证明它的真伪,而应该看到它作为一种"历史书写",背后的身份政治、时代背景与商业利益。这些比"回忆录"中那些无论是"大路货",还是"错讹百出"的花边新闻本身都更有意义。

正如罗兰·巴特指出的,每一个历史都是意义形成的过程,书写历史的人——不论是历史学家,还是亲历者,都在事实之间建立联系,并把这些事实升华为某个时代的象征,再以政治或道德的"说教"为核心来构建整个叙事,就"实现"了历史的"意义"。④《陈洁如回忆录》和围绕它的发现、发表、出版、再版、炒作,实际就是一种"社会记忆"的构建过程,它关涉的不仅是历史事件,并且更是社会现实问题。

---

① Antonia Finnane, "Changing Space and Civilized Wedding in Republic China", Bill K. L. So, Madeleine Zelin edited, *Brill's Series on Modern East Asia in a Global Historical Perspective*, Volume 2, pp. 15 – 44.
② 谢起章:《陈洁如是蒋介石夫人吗》,第 277 页。
③ http://blog.sina.com.cn/s/blog_ 4851fade0100fgkv.html, 2014 年 1 月 20 日登录。
④ 罗兰·巴特:《历史叙述》,载《社会科学通报》1967 年第 4 期,此处转引自米歇尔·德·塞尔托《历史书写》,倪复生译,中国人民大学出版社,2012,第 25 页。

1950 年，时任香港《新晚报》编辑的严庆澍（笔名唐人）"奉命"撰写一部关于蒋介石的小说，于是就有了连载十年，长达 8 集 320 回，共 230 万字的章回小说《金陵春梦》，有了广为流传的"郑三发子"的故事。1958 年，上海文化出版社在内地出版发行了该书，《金陵春梦》大概是当时唯一能够在内地出版的香港小说。而这一切又都与《新晚报》的左派背景关联密切。1992 年，《陈洁如回忆录》的启封、出版，乃至广为流传，又何尝不与这一时期——政治解严以后，台湾社会对于"蒋家王朝"长期统治的反思、声讨密切相关呢？要抹黑一个"政治家""领袖"，哪有比绯闻、外室、性病、私德不淑更具杀伤力的武器呢？于是，像《陈洁如回忆录》这样的历史记忆虽然不一定是完全真实的，且历史学家们也已经将其中错讹分别指认清楚，但并不妨碍这样的私人记忆四处流传，堂而皇之地进入我们的历史书写。

附：斯坦福大学胡佛研究院张歆海档案中所藏《陈洁如回忆录》的章节（因与公开出版的《陈洁如回忆录》的章节编排有出入，故附录之）：

My Memoire, The Encounter, Dr. Sun's Revolution, Investigation of a Character, Our Marriage, Chi‐Ko Village Honeymoon, The Snow‐Chopped Monastery, Two "Son", Soochow, The Name of Chen Chiung‐ming, Northern Expedition "Dream", Burning of the Presidential Palace, Shanghai Stock Exchange, Living Angel Liu, Mission to Moscow, The Whampoa Military Academy, Canton Merchant Volunteers, Dr. Sun Last Journey, Quest General Chen Chiung‐ming, The Loan of an Army, Blue Shirt, The Northern Punitive Expedition, Hankow Government, Kai‐shek's Ordeal, The Great Intrigue, The Nanking Government, Two Ladies in Waiting, Farewell.

笔者依次译为：1. 身世；2. 相遇；3. 孙中山的革命；4. 调查品性；5. 结婚；6. 溪口的蜜月；7. 雪窦寺；8. 两个"儿子"；9. 苏州；10. 陈炯明；11. 北伐"梦"；12. 火烧总统府；13. 上海证券交易所；14. "活菩萨"刘震寰；15. 莫斯科之行；16. 黄埔军校；17. 广东商团；18. 孙中山的最后之旅；19. 驱逐陈炯明；20. 建军；21. 蓝衣社；22. 北伐；23. 汉口政府；24. 介石的严峻考验；25. 大阴谋；26. 南京政府；27. 宋氏二姐妹；28. 别了。

# 诗名还是宦名?
## ——从朱经农看民国知识分子的职业选择与人生处境

徐保安** 李 萌***

**提 要** 与丁文江、胡适等对从政有着鲜明的态度并坚决付诸行动不同，朱经农在无论是从政还是为学问题上，并没有严格的人生规划，常为巨变的形势所裹挟，在仕、学之间不断游移。他身在官场，但并不像丁文江那样将从政提升到了"义"的程度，似乎不为官就背叛了知识分子的使命，有负于家国重托。执掌齐鲁大学，远离官场后，也不像胡适那样一心以政府"诤友"自居，而是一旦有机会依然出山为仕。朱的一生在为官与为学之间游移，虽然不愿意厕身于败坏堕落的政坛，但迫于生活压力，又很难拒绝"学而优则仕"的强大吸引力，表现出很强的两栖性。他的这种人生状态颇能代表民国时期某些知识分子寻找报国之路的尴尬。

**关键词** 朱经农 知识分子 职业追求 仕学游移

"诗名应共宦名清"，[①] 这是朱经农评价丁文江的诗句，意为丁文江治学、从政都清清白白，没有瑕疵。智效民先生认为，用这句话来形容朱经农自己也同样"恰如其分"。[②] 本来"学而优则仕"是传统士人终生之追求，但在近代社会日趋多元的发展趋势下，是为学还是为官在一些知识分子身上表现得较为复杂。许纪霖曾将"近代中国知识分子的选择，依照从学术到政治的认同强弱，描述为四重层带"：超然治学、学术救国、舆论

---

\* 本文为教育部社科研究基金青年项目 13YJC770058、中国博士后基金项目 2013M530315 的阶段性研究成果。
\*\* 山东大学历史文化学院博士后，齐鲁工业大学文法学院副教授。
\*\*\* 李萌，齐鲁工业大学文法学院硕士研究生。
① 朱经农：《悼丁在君》，《湖南教育月刊》第 33、34 期，《国民教育指导月刊》第 2 卷第 3、4 期联合版，1942 年 10 月 13 日。又见朱经农著，朱文长笺注《爱山庐诗钞》，（台北）商务印书馆，1965，第 59 页。
② 智效民：《胡适和他的朋友们（增补本）》，世界知识出版社，2010，第 303 页。

干预和直接参政。① 蒋耘则认为 20 世纪 30 年代，学者们对待从政的态度有两个，一是丁文江、蒋廷黻代表的"出山要比在山清"，为官才能报国；一是胡适代表的"面折廷争"的诤友、诤臣，坚决不入官场。② 也就是说，民国知识分子除许纪霖认为的陈寅恪等先生"超然治学"以外，大都以"强烈用世之心"，③ 不论在山还是出山，也不论在朝还是在野，都在关注和干预着现实政治。④ 在此，我们的问题是，这些知识分子在"报国方式不再仅仅限于出仕为官一途，而是走向了多元"的时候，⑤ 在决定是为官还是为学之前，是否都像丁文江或胡适那样有着严格的职业生涯之原初设计并坚持不渝？还是为巨变的形势所影响而不断改变人生路径？

对此，朱经农的经历或许可以提供蒋耘所谓两种"态度"之外的另一典型。朱经农（1887～1951），江苏宝山人，原名有畇，后改名经，字经农，以字行。民国时期，其官位不高不低，学术成就不大不小，一个中流知识分子和一个中层官员的身份，使其具有了剖析的价值。朱一生在仕、学之间充满了游移与矛盾，并没有明确的为学或是为官的人生设计，似乎一直都在为形势所左右，不断变更着自己的职业路径。以朱经农为代表的这种知识分子有隐身于乱世之心，不屑厕身于黑暗与堕落的政坛（或者要标榜这种不屑），同时又很难摆脱"学而优则仕"官本位传统的情结，这表现在职业选择上，就是改变路径时的游移、徘徊与事后的追悔莫及。

## 一 求学期间的仕、学追求

朱经农的求学经历可分为三个阶段。第一个阶段是幼年时期所受中西

---

① 许纪霖：《在学术与政治间徘徊的近代中国知识分子》，甘阳编《八十年代文化意识》，上海人民出版社，2006，第 247～250 页。
② 蒋耘：《也谈丁文江——兼评三十年代学者从政现象》，王芸主编《北京档案史料》2005 年第 2 辑，新华出版社，2005，第 171 页。
③ 黄波：《将心托明月，明月照沟渠——民国学者从政脉络》，《书屋》2004 年第 11 期。
④ 代表作品还有许纪霖编《20 世纪中国知识分子史论》，新星出版社，2005；罗志田：《激变时代的文化与政治：从新文化运动到北伐》，北京大学出版社，2006；许纪霖：《大时代中的知识人》，中华书局，2007；吴锦旗：《知识、权力与国家——关于民国时期大学教授的政治参与》，《东方论坛》2008 年第 6 期；张国义：《现代中国知识分子对于学术与政治关系的探讨》，《学术探讨》2010 年第 1 期；许纪霖：《"少数人的责任"：近代中国知识分子的士大夫意识》，《近代史研究》2010 年第 3 期等。
⑤ 许纪霖：《"断裂社会"中的知识分子》，许纪霖编《20 世纪中国知识分子史论》，第 2 页。

并蓄的家庭教育；第二个阶段是其1904年赴日留学旋即归国参与创办中国公学时期，其间他积极参与革命；第三个阶段是1916~1921年，其作为教育部留美学生监督处书记赴美、欧留学，修习兴趣开始逐渐由政治转向教育。

"海上朱家"为明皇族流裔，[①] 宝山朱氏为当地大族，世以航海经商为业，不问政治。但到朱经农祖父朱魁（字子梅）时，开始走向官场，以教谕任职湖南数十年，官至知府。朱魁长子朱其恕官至浙江省浦江知县，后改任石门厘金局长；三子朱其懿曾任湖南善化县令、衡州知府、沅州知府等职；女婿则是清末民初政坛名宿熊希龄。朱经农为朱其恕次子，1887年生于浦江县衙。另外，在李鸿章支持下，创办中国第一个大型官商合办企业轮船招商局的朱其昂是朱经农堂伯父，朱其昂弟朱其诏官至道员，去世后追赠内阁学士。

官宦家庭的幼年生活背景对朱经农不可能没有影响。朱其昂、朱其诏都是捐资入仕，朱其恕则是因功任职，这在注重出身的传统官场很难进一步发达。但朱家既已从仕，当然就有更高的追求。这从朱其恕等人劳心政事、忠于职事，以致累死任所即可看出其积极向上之取向。所以，注重对家族子弟的正统教育、培养子弟以正途走向官场的家风定会出现。朱经农的传统功底深厚，其曾竭力反对胡适等提倡的采用罗马文字作为国语以及以罗马拼音代汉字，也不同意完全废绝文言，改用白话，而是认为文言也能长生不死，白话未必有长久生命，应"吸收文字之精华，弃却白话的糟粕，另成一种'雅俗共赏'的'活文学'"。[②] 另外，朱还写得一手颇有功力的古体诗，并曾"极力反对"胡适等人提倡的白话诗，[③] 这些都说明朱经农受到了传统文化的熏陶。因此，传统的"学以致用""学而优则仕""内圣外王"等思想不可能对朱氏没有影响。

但是朱家毕竟为商贾之家，与长期浸淫于传统之中的士人家庭相比，思想较为开放，因此很容易成为新思想的接受与传播者。比如朱其懿与熊希龄就是戊戌变法时湖南新政运动的中心人物。这样一个家族环境使得朱经农幼年所受教育是中西兼蓄的，其戊戌时即随熊希龄等经受了新学洗礼，后又出洋留学，所以新学印记也十分明显。这种传统与近代的交织，

---

[①] 语出胡适的《怀人诗》。据曹伯言整理《胡适日记全编（2）》，安徽教育出版社，2001，第408页。
[②] 《朱经农原书》，胡适撰《胡适说文学变迁》，上海古籍出版社，1999，第66页。
[③] 胡适著，曹伯言整理《胡适日记全编（2）》，第489页。

直接导致其后来人生道路选择时的复杂与多歧。

朱经农很早就对政治表现出浓厚的兴趣。1904 年，其赴日留学，次年，在日本加入同盟会，冬，因反对日本"取缔清国留学生规则"归国参与创办中国公学。1908 年反对两江总督端方破坏学校民主，率领同学发动学潮，受到开除处分，但很快成为离校学生所组中国新公学三干事之一。后参与辛亥革命，1912 年应宋教仁之请赴北京任《民主报》编辑和《亚东新闻》总编辑，反对袁世凯称帝。1916 年赴美，任教育部留美学生监督处书记，业余入乔治·华盛顿大学听课，半工半读。

后来被王云五称为"全面教育家"的朱经农，① 最初在美国学习的课程并不是教育，而是政治、外交与经济，都是当时从政的热门学问。1917 年朱经农在给胡适的信中说到自己的成绩：公家理财学得 A，两宪法史得 C，② 并未提到教育课程。

其向教育的转变应该是在五四运动后逐渐发生的，原因多少有出于对国民性的失望。1919 年 5 月 21 日，朱经农在给胡适写的信中，列出了中国人的五大毛病：无组织能力、没有判断是非的能力、没有责任心、对于"廉""耻"二字太含糊、没有一点坚忍持久的性格。③ 从此，朱经农认识到教育救国的重要，立志于研究教育。

对国际政治的悲观是其转向教育的另一原因。朱认为"一战"后"万国联盟已为旧式外交家所霸占……中国图强，不能恃外交（美国亦不能帮忙，现在仍是'兼弱攻昧，取乱侮亡'时代），高谈改革政制，不从国民智识方面入手，也不过如无源之水，无根之草，昙花一现，没有实际利益的"。所以，朱"对于政治的兴味已被对于教育的兴味赶走了"。④ 1920 年，朱决计去哥伦比亚大学攻读教育学。

罗志田在分析甲午战后士人思潮时曾说：

> 一般战败多往军事及其相关方面寻找原因，而那时的中国人却因打败仗而举国恍然于教育之无当，非常能体现"教而后战"的传统思

---

① 王云五：《我所认识的朱经农先生》，《谈往事》，（台北）传记文学出版社，1970，第 193 页。
② 中国社会科学院近代史研究所中华民国史组编《胡适来往书信选》（上册），中华书局，1979，第 7 页。
③ 中国社会科学院近代史研究所中华民国史组编《胡适来往书信选》（上册），第 43～46 页，又见朱文长笺注《朱经农致胡适书信（一）》，《传记文学》（台北）第 43 卷第 5 期，1983 年 11 月，第 93～94 页。
④ 中国社会科学院近代史研究所中华民国史组编《胡适来往书信选》（上册），第 82 页。

路，其背后隐伏的则是长期贯彻于中国的政必须教、由教及政的基本原则。①

朱经农向教育的转变，其实也暗合了"政必须教"的思路。也就是说，其此时虽然发生了专业兴趣的转移，但仍未脱离传统士大夫修齐治平的人生诉求，其教育救国的思路仍然是以政治为考量的。

可是，一个重要的现实因素不能不被考虑，那就是朱经农一直十分窘迫的经济状况。

朱经农赴美时年已三旬，上有60多岁老母，下有妻儿，家累十分沉重。所以朱在监督处虽常受压制，身心十分痛苦但却不敢辞职，因其需要这份薪水以贴补家用。其自认若离开监督处，"则明年此日不但无费留学，且将无费归国矣，故不得不仍旧俯首作工，必俟生计问题稍有把握，然后去之"。② 1918年10月，③ 虽得补江苏省官费，已够在美读书，但却无余款养家，只有仍在监督处半工半读。直至1920年暑假得悉家中已有胡适接济后，他才毅然辞职，赴哥伦比亚学习。1921年回国后，还债就成了朱经农的大任务，经济问题在相当大程度上影响了其对职业的选择。

## 二　早期职业生涯的诗、宦两栖

回国后，朱经农在北大与北京女子高等师范讲教育学。但由于北京的学校常常欠薪，他不得不随王云五赴上海商务印书馆编辑新学制中小学用书，并于沪江大学兼国文系主任讲授教育学。

从事教育与出版的同时，朱经农并没有放弃从政的追求。1926年，朱赴广州与国民党中央取得联系，回沪后同吴稚晖、杨杏佛等冒险从事党务工作。1927年，国民党上海市政府成立，朱被任命为教育局长。次年被蔡元培调往南京任大学院普通教育处处长，秋，大学院改为教育部，朱留任

---

① 罗志田：《数千年中大举动：废科举百年反思》，清华大学历史系、生活·读书·新知三联书店编辑部合编《清华历史讲堂初编》，生活·读书·新知三联书店，2007，第270页。
② 中国社会科学院近代史研究所中华民国史组编《胡适来往书信选》（上册），第7页。
③ 关于朱经农得补江苏官费的时间，多数传记均沿用张达人《朱经农先生年谱（初稿）》的说法，即1920年（《湖南文献》（台北）第11卷第4期，1983年4月），但据耿云志编《胡适遗稿及秘藏书信》第25册（黄山书社，1994）第548页，可知时间为1918年10月。

普通教育司司长，1930年升任常务次长。

但是，看似平步青云的仕途突生变故，由于教育部派系倾轧，部长蒋梦麟于1930年12月4日辞职，朱经农随后于15日离部。值得注意的是，此前8天，即12月7日，其长兄朱我农去世，留下一位英国妻子，三个孩子，还有已80高龄的老母亲和一个当时精神已经出现问题的妹妹朱毅农，这些压力都集中到了朱经农一个人身上。

离开教育部后，朱出任考试院考选委员会专门委员，400元月薪常"感竭厥"。恰于此时，母校中国公学迭起风潮，几至不能运转。① 几经妥协，朱经农被"硬"拉出来担任主持校务的副校长。② 对此变动，其十分痛苦。放弃专门委员而任只有200元薪水的中公校长，家用几乎不能维持。但其仍选择了后者，除了昔日师友的力劝与重托以外，官场的不如意也是重要原因。比如陈布雷曾希望朱在考试院与中国公学两处兼职，但考试委员会委员长邵元冲以"专门委员绝无兼办学校之可能"坚决不答应。朱对此的解释是："元冲视我为无足轻重，前此聘为委员，实系悯惜寒士，今寒士不知感恩而欲兼理校务，此大不可。其态度如此，故我去函婉辞，函到即照准，并无一度之挽留，则我之无足轻重可知，辞亦宜也。"一边是对寒士的无足轻重的怜悯，一边是友人故旧的信任、好学青年的呼唤，朱经农毅然"辞专门委员而就副校长"也就不难理解了。

中公的校务"如一把乱头发"，经费问题之外，"学生与党部意见未消除"，朱经农"处于两者之间，所感痛苦，非常之大"。这种吃力不讨好的事，朱"做得非常之苦"。他向胡适表示，自己必须得走。③

其实，朱经农离开教育部后，还有一个机会，那就是济南齐鲁大学的邀请。此时的齐大在持续了3年多的立案问题上毫无进展，第一任中国校长李天禄也由于立案久拖不成被学生赶下了台。

1931年1月3日，朱经农刚从教育部辞职不久，齐大即召开校长遴选委员会扩大会议，决定请他或孔祥熙任校长。④ 但在齐大发出邀请时，朱

---

① 详见蔡爱丽《中国公学学潮研究》，北京师范大学硕士学位论文，2005年，第17～27页。
② 胡适著，曹伯言整理《胡适日记全编（6）》，第67页。
③ 以上资料参见中国社会科学院近代史研究所中华民国史组编《胡适来往书信选》（中册），第48页。
④ Meeting of Nominating Committee, January 3, 1931, J109 - 01 - 371, 山东省档案馆藏齐鲁大学档案（以下简称齐档）。

已出任中公副校长，无法接受聘请，① 便只好由孔祥熙担任非常驻校长（Non‐resident President）。但这样并不能达到立案要求，所以齐大一直期待朱经农的到来。

6月，中公的内斗已让朱不堪其烦，党派势力的插手愈发增其厌恶，只有迅速离开。中公学生余勋绩曾讲道："我们中国公学同学素来钦佩的朱经农师，也为朱应鹏那般党棍所逼迫，不得不离校而他去。"②

从中公离去后，养家问题再度凸显。回归官场先不论是否容易，教育部的派系倾轧以及邵元冲的轻视，都使朱经农对官场已经有了相当程度的厌倦。而齐鲁大学不仅不会有党派斗争问题，并且更吸引朱的是，"6000元"的校长年薪实在是其十分需要的。③ 家境一直十分窘迫的朱经农迫切需要这份安稳的薪水。6月，朱终于表示会出任齐大校长。

可见，回国后的朱经农其实一直在为家累奔波，并没有一个全盘的可执行的人生设计。不论从政还是从教，为官还是学术，似乎都是为形势推着走，而且都不怎么顺利。

## 三　辞鲁赴湘背后的仕、学挣扎

在齐大校长任上，朱经农完成齐大立案，应对九一八事变，闲暇时与同事诗词唱和，④ 生活相当"安逸"。朱在回忆中曾说齐大"风景清幽"，图书馆藏书丰富，"校长职务，本极清闲"，故原本希望"补读平生未读之书，并对中国教育文化，作一系统研究，初无重入仕途之意"。⑤ 但由其"著作系年"中可以发现，在齐大的一年，朱写过两篇文章：一篇题为《教育》的英文文章收入由中国太平洋关系研究所（China Institute of Pacific Relations）出版的《中国文化研讨会论文集》（Symposium on Chinese Cul-

---

① Special Meeting of The Administrative Council, March 31, 1931, *Shantung Christian University*, Archives of the United Board For Christian Higher Education in Asia（亚洲高等教育联合董事会档案，缩微胶卷，齐鲁大学部分，华中师范大学东西方文化交流中心藏副本，下文简称 AUBA），Reel100：243 - 3976，p. 783.
② 中国社会科学院近代史研究所中华民国史组编《胡适来往书信选》（中册），第113页。
③ Minutes of The Administrative Council, February 13, 1931, AUBA, Reel100：243 - 3976, p. 775.
④ 张达人：《朱经农先生年谱（初稿）》，《湖南文献》（台北）第12卷第1期，1984年1月。
⑤ 朱经农：《十年回忆》，《湖南教育月刊》第33、34期，《国民教育指导月刊》第2卷第3、4期联合版，1942年10月13日。

ture）中；另一篇是在《独立评论》第七号上发表的《结束训政的时间问题》。① 这两篇文章，仍然是教育、政治平分秋色。也就是说，朱经农在齐大期间，精力并没有完全放在对教育的学术研究上，而是在忙于校务的同时，对政治表达着自己的关注。比如1932年朱应邀参加国难会议，表达提案较为活跃，被认为是"与现政府最表好意，亦最无成见"者之一。②

另外，当此乱世，偏居治学又岂能如愿？所以不久就有了新的情况。

1932年8月15日，行政院任命朱经农为湖南教育厅厅长。此前，湖南已多次通过朱之旧友、湖南名流徐庆誉等人向其发出过邀请，请其帮助重建教育体系，均为朱所拒绝。但是在政府明令之下，朱只好于19日下午8点，召集行政委员会专门会议，讨论这一问题，朱希望能从会议中获得一点建议。作为齐大校董会成员的张之江也写信给校董会，敦促齐大暂时为朱经农放行一段时间。

面对湖南省的要求以及行政院8月15日的任命，齐鲁大学多少表现出了一些不悦。自立案启动以来，齐大校董会最初邀请诚静怡任副校长，遭拒。后选李天禄为校长，又为学潮赶下台。林济青长期得不到医学院的认可，也无法在众多差会势力中获得一致同意。孔祥熙长校又不可能到校视事。好容易请来各方都可以接受的朱经农出任校长，成绩也是有目共睹，此时将朱调走，对齐鲁大学而言不啻严重打击，学校"会出现极大困难"。③ 8月19日齐大行政委员会"对所有相关问题都进行了漫长细致的审议之后"提出：鉴于"齐大愿意为帮助国家教育工作而牺牲一些自身利益，也为了表示自己与教育部在一些大型工作中进行合作的强烈愿望"，同时考虑到"湖南省政府反复认真要求，朱校长去湖南任教育厅长只有六个月到一年"，而且湖南代表十分肯定地表示只是"借调"（loan），会议决定同意让校长休假六个月到一年，"由其自行决定，去协助湖南省教育重建"，并要求朱"向校董会书面确认其在行政委员会上所做的口头承诺，在一年内回到齐大"，同时上报湖南当局和教育部备案。④ 8月26日，朱经农离开齐大赴湘履职。

---

① 秦孝仪主编《革命人物志》第17辑，台北"中央文物供应社"，1977，第81页。
② 沈云龙：《国难会议之回顾》，张玉法主编《中国现代史论集》第9辑《八年抗战》，（台北）联经出版事业公司，1982，第143页。
③ "President Chu", *Cheeloo Bulletin*, No. 363, September 3, 1932, AUBA, Reel119：265 - 4261, p. 1163.
④ Special Meeting of Administrative Council, August 19, 1932, AUBA, Reel121：267 - 4273, p. 88.

在湖南教育厅任上，朱经农工作风生水起，有声有色。很快，朱本人"既得湖南人民和省主席何键的信任，又消除了多年来地方对中央的隔阂和误解"。① 所以，一年后，当朱经农要践诺回鲁时，不仅遇到了教育部的极大压力，并且同时也遭到了何键的强力挽留。

自1933年6月至8月间，朱经农、齐大校务长德位思、代行校长职权的文理院长林济青、兼任齐大董事长的孔祥熙、湖南省主席何键、教育部官员、行政院长汪精卫，以至委员长蒋介石等人围绕朱的去留函电往来，十分热闹。

6月6日，何键发电报并写信给孔祥熙及齐大校董会，解释说由于朱经农刚到湖南数月，工作只是部分开展，有些还仅仅处于计划阶段，因此不能离开湖南。如果他现在离开将会对湖南利益造成巨大伤害，故请求齐大将朱经农从校长位置上解聘，以使其全身心投入湖南的教育工作中。② 15日至18日，齐大校董会开会决定给何键写信，表示齐大不能接受湖南请求，因为校长的离开"对齐大工作是不利的"，而且湖南最初借调朱校长时一再申明以半年到一年为期。齐大"充满敬意但抱歉"地提出了自己的利益诉求：朱离开湖南会造成对湖南的伤害，校长的离开也会对齐大造成影响。③ 当然用齐大一校与湖南一省相比，可能校董会也感到了底气不足，故而将最初的约定亮出，意图占据谈判中的道德高地。可是政治博弈中，道德的用处并不像想象的那么大。

21日，德位思又给孔祥熙写信报告此事，附上了校董会采取方案的中英文副本及给何键信的副本，希望孔在湖南派团向其游说时能站在齐大一方说话。24日，孔回函称其接受并支持校董会的一致要求。

另一方，何键也在寻找着支持。其先后向孔祥熙与蒋介石写信，要求给齐大压力，让其寻找新的校长而让朱经农留在湖南。28日，孔祥熙给林济青写信，转达了不能让朱离开齐大的理由，并提到自己已向朱经农本人探询观点。

同时作为齐大董事长与政府高官的孔祥熙开始时一直在中立立场上，相互传递信息，希望双方沟通解决，并不想表达自己的意见。但7月13日

---

① 赖景瑚：《一代鸿儒朱经农》，《传记文学》（台北）第42卷第4期，1983年4月，第95页。
② Letter from Ho to Dr. Kung and the Board of Directors of Cheeloo University, June 6, 1933, AUBA, Reel121: 267 - 4273, p. 90.
③ Minutes of Fifteenth Annual Meeting of the Board of Directors, June 15 - 18, 1933, AUBA, Reel100: 243 - 3977, p. 910.

蒋介石的电报与 15 日朱经农的信件使其改变了对形势的看法。13 日蒋介石发电报给孔祥熙，转述了何键电报的意思，让孔通知齐大必须找到其他人担任校长以能使朱经农长期在湘工作。15 日，朱经农的信更引起了孔祥熙的兴趣。朱经农在信中说：

> 经何主席示知，他已派代表去看您，并获得了令人满意的结果。我想知道校董会与蒋委员长两方面的信息。如可以返回齐大，我希望能在 7 月底离开长沙，以便有时间在开学前准备一下工作。如果蒋委员长认为我必须留在这儿，那么我的家人占着齐大校园里的房子是不妥当的，我必须在最近将他们转移。不管结果如何，都希望能以航空邮件的形式尽快让我知道。就个人来讲，我希望为齐大服务，因为我有限的能力更适合那项工作。若您清楚来自政府和大学双方的信息，请给我一个建议，我将向您表达诚挚的感谢。①

这封信所表达的意思其实并不明确。表面上看，朱倾向于回齐大但又迫于压力很难抉择，因此他渴望知道两方面的意见。但此时蒋介石的态度已在 13 日电报中明确表达过，校董会也必然不会轻易放人，双方的态度一开始都很强硬，这一点朱是知道的。但是在当时情况下，齐大一方相对于有蒋介石支持的湖南省当局，力量对比不成比例。所以朱写道："如果蒋委员长认为我必须留在这儿，那么我的家人占着齐大校园里的房子是不妥当的。"其实这句话才是其内心世界有意无意地流露，那就是留在湖南可以，但得将家人接来。同时还有一句话颇能体现朱看似矛盾实则已有下意识倾向的心情："就个人来讲，我希望为齐大服务，因为我有限的能力更适合那项工作。"这句话说明在朱的心里，其实是认为厅长更为重要，也更有价值。

长期浸淫于官场的孔祥熙焉有看不出之理，所以他 20 日给林济青的信中也说了一句模棱两可的话："我收到了朱校长的信。他愿意回来，因此我想我们最好再给他一年时间，但如果大学愿意找一个新校长我也同意。"② 这其实等于明白告诉了林济青如果不想拖一年仍然得找校长的话，最好还是现在就着手遴选。21 日，孔给德位思的信就明确得多了。孔将朱的信附带寄去，希望德位思能读出信中深意，同时附上了措辞明确的蒋介石与何键的信函，明白指出自己也有压力，蒋与何"敦促我要

---

① Letter from President Chu to Dr. Kung, July 15, 1033, AUBA, Reel121: 267 - 4273, p. 92.
② Letter from Dr. Kung to Mr. Linn, July 20, 1933, AUBA, Reel121: 267 - 4273, p. 92.

求校董会邀请其他人来承担校长一职，如此朱先生可以继续担任湖南教育厅长"。①

德位思察觉出了形势的严峻。24 日，他以电报的形式委婉但略显强硬地让朱经农本人明确表达意见，并抬出了朱的母亲和家人："董事会的处境十分艰难，最后的决定真的在于你。你母亲和家人的福利以及齐大的利益都要求你能回来。请电告你的决定。"②

德位思久居中国，明白中国人最大的弱点，也了解朱本人的孝心。其以朱的家人作为筹码，说好听点是以人情来打动人，说不好听的，那就是用朱的家人做人质了。德位思不愧是"中国通"，这招亲情牌显然击痛了朱经农。朱次日立即回电："计划抗令回济。"③

得到了朱经农的肯定答复后，德位思态度更加强硬。27 日，德向孔祥熙写了一篇长信，而这封信显然惹恼了孔大人。

德位思在信中写道，自己与林济青、朱夫人和其他人士意见一致，就是希望朱校长能回到齐大，并表示相信朱"是真的盼望能回到齐大"。在信中，德回顾了朱离鲁赴湘的前前后后，目的是要证明在"聘请朱先生这一问题上，湖南省政府具有不公平的优势并过度地施加了压力"，而齐大作为"一个私立学校，没有校董会的同意"，任何官员无权调入或调出其任何职员。④ 德位思还在信中提到了朱回来的道德意义，那就是朱经农以及政府当局不能出尔反尔，在目前学校竭力要将"学生的思想提升到一个较高的道德责任的层次上"的时候，校长的背信弃义是非常有害的。最后，德仍没忘搬出朱经农的老母亲来向孔祥熙进攻：朱先生母亲 83 岁，"身体已很虚弱，她的眼睛不太好并且也不强壮"，很可能支持不了去长沙的长途跋涉，而且作为佛教徒的田夫人"保留着旧的孝顺的标准，她坦率地说类似于这样的行动是对道德的破坏"。罗列以上理由后，德位思又以几句颇有些犯忌的话作为结尾：

> 我把这些事情告诉您，是考虑到您是齐鲁大学校董会董事长。我当然也深知您与中央政府的关系。如果蒋委员长倾向于命令朱先生留在湖南我将非常遗憾。我知道这样做在这儿的影响很坏。作为一个自

---

① Letter from Dr. Kung to Mr. Davies, July 21, 1933, AUBA, Reel121：267 - 4273, p. 92.
② Telegram from Mr. Davies to Mr. King Chu, July 24, 1933, AUBA, Reel121：267 - 4273, pp. 92 - 93.
③ Reply from Mr. King Chu, July 25, 1933, AUBA, Reel121：267 - 4273, p. 93.
④ Letter from Mr. Davies to Dr. Kung, July 27, 1933, AUBA, Reel121：267 - 4273, pp. 93 - 94.

始至终强烈支持中央政府的人，我感到从政府尊重学校的权利上来说，让其校长回来比让他在湖南服务将产生更大的价值，因为只有这样，才可以保证人们不会抨击在这件事上有人行使了专断权力。如果您能将这些问题呈给蒋委员长与何主席，朱先生能被没有误解和恶感的放回来，我们将比以前尽更大的责任和义务，而且我坚信，您也对中央政府做出了真正贡献。①

这个结尾的要害有三：如果朱经农不回来，政府就会有滥施专断权力之独裁政府的嫌疑；朱经农如果不回来，也就说明孔祥熙在中央没有影响力；如果孔在中央有影响力，而不发挥作用规劝蒋介石、何键等人放回朱校长，就是坐视政府被批评而不管不问，这又是何等罪名！

孔祥熙显然被激怒了。于是，孔在给林济青的信中颇有些恼怒地指出德位思的信"似乎有些过分且没有摆脱误解"。在信中，孔的态度也出现了重大变化，如果说孔一开始还站在政府与齐大之间力求公允中立的话，那么此时他已完全站在政府一边说话了，强调朱经农接受了政府任命就不得不遵从政府，"不能再作为一个自由的公民活动"。孔强硬地要求林向董事们解释清楚形势。②

应该说德位思的这封信是一步臭棋，其不该在事情并没有完全解决之前仅靠朱经农的一个电报就开始咄咄逼人。孔祥熙既是齐大董事长又是政府高官的特殊身份使他可以为齐大谋利益，当然也可以与政府保持一致。德位思把中国政治想得过于简单了。

果然，28日，朱经农在给德位思的信中，已没有了25日电报中那种近乎失态的急切，但仍然十分矛盾与纠结。他写道：

> 自来到长沙后，我就反复向何主席和其他省政府同事强调，我要在八月底回到齐大兑现我的诺言，并做好了走的准备，但是何主席拒绝给予任何允诺。为将我留在这儿他尝试了各种手段，比如请求教育部和蒋委员长施加压力给校董会和我本人。我的处境即使不比董事会更困难也是差不多的。政府如此做的理论基础是国家能要求公民在任何必要的时候为国家服务。虽然我用各种方式向主席和其他人吁求我必须回齐大，但没有人听。

---

① Letter from Mr. Davies to Dr. Kung, July 27, 1933, AUBA, Reel121：267 - 4273, pp. 93 - 94.

② Letter from Dr. Kung to Mr. Linn, July 27, 1933, AUBA, Reel121：267 - 4273, p. 94.

在这种压力下，朱已经接近于屈服。可就在此时，教育部与蒋介石通知他，校董会将批准给他多一年的假期。对此，朱在信中表达了无法遏抑的恼怒："如果我不能在第一年的年底被放走，又如何能在第二年年底放行？"朱为何对此消息如此恼怒，我们不能不做深一步的推想。其发火的原因据他自己说是"让齐大在没有校长的情况下等待两年是很不公平的"，但是如果说完全没有对自己的考虑也不尽然，关键是自己在湘是什么身份？仍是"借调"（loan）？1929 年的《大学组织法》已经规定，除国民政府特许外，大学校长不得兼任其他官职，故在法理上朱过去一年（1932～1933）的身份其实是很尴尬的。那么再这样一年，会是什么结果？以齐大校长的身份负责湖南教育，本身就不伦不类，朱气愤地表示"我希望要么在今年被允许回到齐大，要么干脆从齐大辞职"。朱在信中表示自己决定 8 月 1 日亲自去江西，向在"剿共"前线的蒋介石提出诉求，并再次表达了自己"计划在没有政府同意的情况下离开"的意思。①

但是，德位思在收到这封信之前，已意识到了自己 27 日信的鲁莽，于是匆忙给孔祥熙和朱经农分别写信，对孔大加吹捧并表示给朱自由，解除了朱对董事会所做的承诺，②为校方当局的种种使朱经农"处境更加艰难"的行为道歉。但是，德也许是不甘心失败，也许是急于辩解什么，他在给朱经农的信中，有一句话很巧妙地击中了朱经农的软肋。这句话是"我们之所以迄今才为你放行，是因为你向董事会作的承诺受到广泛关注"。③

一个将教育视为生命的人怎可不注意自己"重然诺"的形象？加之朱对中央政府态度本有不满，8 月 2 日，朱经农即由长沙来电："三号离开湖南。"④于是"潜回"了济南。之所以说是"潜回"，是因为很多人并不知情，包括孔祥熙也是 5 日才从报纸上了解到情况。这种情况定然也出乎孔的意料之外，他认为朱回济南应该是向董事会当面解释自己留在湖南的原因，因此孔 5 日致林济青信中说朱回去"一切就将得到清楚的解释。友好的讨论是最好的"。⑤ 7 日，孔又致信德位思，赞赏德在 1 日信中对朱经农离开齐大的态度，接着提到了朱已回齐大的事情，同时孔将自己拉回了中

---

① Letter from Pres. Chu to Mr. Davies, July 28, 1933, AUBA, Reel121：267 - 4273, p. 95.
② Letter from Mr. Davies to Dr. Kung, August 1, 1933, AUBA, Reel121：267 - 4273, pp. 95 - 96.
③ Letter from Mr. Davies to Pres. Chu, August 1, 1933, AUBA, Reel121：267 - 4273, p. 95.
④ Telegram from Changsha, August 2, 1933, AUBA, Reel121：267 - 4273, p. 96.
⑤ Letter from Dr. Kung to Mr. Linn, August 5, 1933, AUBA, Reel121：267 - 4273, p. 96.

立立场："我当然希望当事各方取得共赢的局面"。①

可是朱经农显然不是仅仅向齐大进行解释的，而是有留下来的准备。由于朱已经突破"封锁"到了济南，何键也只好放低姿态，5日向齐大校董会写信请求其体谅湖南的难处，但仍然不忘强调公务员的责任应该相比学校及个人义务有优先权，并举例说明"世界大战期间，教授被调离其专业岗位而并不在意他们的教学合同"。目前的中国需要像朱厅长这样的人效力。教育部已经两度拒绝朱辞职，"事实上，在没有教育部的同意之前，他不能离开其目前的岗位"。所以何键向齐大表示道歉，但希望"能够宽宏大量予以理解"。②

可是，德位思并不那么容易对付。他采取"拖"的对策，不仅迟至14日才给何键回复，并且不对朱的去留发表任何看法，只简单地说：

> 鉴于暑假里校董会成员散居各地，所以在目下召集校董会是不可能的。我们会尽可能早地召集校董会，您的信在会上将被作为议案提交讨论。③

至此，事情已无法收拾。何键可以搬出教育部，德位思当然就可以搬出整个校董会。相比之下，德位思做得更妙，不仅校董会何时召开尚属未知，并且即使开会，何键的信也仅是"被作为议案提交讨论"而已。

何键自然不甘心失败。他先是电请教育部不要接受朱经农的辞呈，同时让教育部电催朱回湘履职。教育部遂于10日和19日两次发电要求朱回到岗位上，不可拖延。同时何键还发动朱在湖南的朋友发电催促。18日，朱的好友湖南财政厅厅长张慕舟发电报给朱，说不仅何键，并且整个湖南教育界都热切地希望朱能回来，而且"坦率地说，它也严重影响了国家事务"。此信以国命相请的同时也痛陈利害，从当时文人从政报国的逻辑出发，告诫朱经农"不要因为这儿的工作困难就放弃，现在不是你在齐大享受安逸生活的时候"。④ 为将工作做到家，财政厅长直接将搬迁费用一道寄去，真正做到让朱感到"却之不恭"的地步。

---

① Letter from Dr. Kung to Mr. Davies, August 7, 1933, AUBA, Reel121: 267-4273, p. 97.
② Letter from Chairman Ho to Board of Directors Cheeloo University, August 5, 1933, AUBA, Reel121: 267-4273, p. 96.
③ Letter from Mr. Davies to Chairman Ho Chien, August 14, 1933, AUBA, Reel121: 267-4273, p. 96.
④ A Telegram from Hunan Commissioner of Finance to Pres. Chu, August 18, AUBA, 1933, Reel121: 267-4273, p. 97.

其实，在回济南的路上，仍未下定决心究竟去留的朱经农，向包括蒋介石、汪精卫以及教育部在内的各级官员写了很多信。上述财政厅长的电报就是以回信的形式写成的。教育部的回电也是直接针对朱的辞职而发。如果这些还不至于说动朱经农，那么接下来的两封更有分量的电报则是他无论如何都不能忽视的了。

19日，行政院长汪精卫回复朱经农：

> 得悉令堂大人身体失和，十分难过。祝愿她能早日康复。对我们而言，另找合适的人作为你湖南教育厅长的继任者是不可能的。我们要求你回到岗位上，不要耽搁。①

22日，身在江西前线的蒋介石致电：

> 本月4日的信已经认真考虑。请速来江西面谈。②

朱经农是否去了江西，笔者暂未找到有力证据，但委员长蒋介石的意志已经明确表达过。应该说，这两封电报让朱经农下定了从齐大辞职的决心。1933年8月26日，朱经农给校董会写了一封不算短的信，回顾了自己一年来，尤其近段时间为争取返回齐大所做的种种努力，提到了在其返回济南这20天里所收到的敦促其返回湖南的电报。"在此情形下，我唯一能做的是将我的辞呈递给齐大，虽然这样做带着很大的歉意。"③

自此，朱经农彻底离开了齐大。

## 四　余论

选择了湖南的朱经农，似乎已经定下心来，一心一意往仕途努力。1933年6月杨杏佛遇刺，朱千里往吊，作挽联"志士原期为国死，英雄无奈以诗名"，④后又将此联扩为《哭杨杏佛》诗。此两句诗表达悲痛惋惜之余，充分体现了朱此时准备大展宏图，争做为国死难之英雄的思想。

---

① An answer from Mr. Wang Ching Wei to Mr. Chu, August 19, 1933, AUBA, Reel121：267 - 4273, p. 97.
② A Telegram from Gen. Chiang Kai Shek to Mr. Chu, August 22, 1933, AUBA, Reel121：267 - 4273, p. 97.
③ Letter from Mr. Chu to the Board of Directors, August 26, 1933, AUBA, Reel121：267 - 4273, pp. 97 - 98.
④ 朱经农著，朱文长笺注《爱山庐诗钞》，第15页。

朱经农在湖南12年（1932～1943），成绩卓著，"无论学制的革新、学校的增设、教学的改进，均有如荆棘丛中，渐见生机蓬勃，光彩焕然，桃李满门，弦歌不绝"。尤其是在"时局动荡不宁，政府播迁无定"的情况下，"先生以其智者不惑、仁者不忧、勇者不惧的精神，在动乱中求安定，在艰苦中求进步，用能椷朴作人，创造伟迹"。①

可是，1942年，在湘十年后的一个中秋节，朱却感慨万千。显然，外人所看到的湖南教育成就并不能令朱经农满意："自惭树桃李，十载未成荫"，"十年湘水畔，忠孝两无成"，又有"况在烽烟里，驱倭尚未平"，以及"可怜弦诵地，几处变沧桑"等句，②都表达了在乱世中发展湖南教育的无奈。

1943年3月，朱经农调任中央大学教育长。其时中大校长为蒋介石，朱实际主持校务。一年后随蒋一起辞职，转任教育部政务次长。抗战胜利后继王云五任商务印书馆总经理。但商务的人事纠葛让其不堪其烦，③遂于1947年11月借联合国文教会议召开之机，作为中国首席代表赴中东与会，坚决辞去了总经理之职。会议结束时上海解放，朱留在了美国。1950年，他应聘在康涅狄格州哈特福德神学院任教，1951年3月9日因心脏病去世。

终朱氏一生，很明显的，其本人并没有一个一以贯之的人生职业设计，他身在官场，但并不像丁文江那样将从政提升到了"义"的程度，似乎不为官就背叛了知识分子的使命，就有负于家国重托。执掌齐大，远离官场后，也并不如胡适那样一心以政府"诤友"自居，一旦有机会依然出山为仕。朱的一生充满了游移，似乎对于是为官还是为学，他都是无可无不可，表现了很强的两栖性。

当其在为学与为官之间徘徊时，毫无疑问，"学而优则仕"的官本位情结影响到了他的某些决断。如前所述，从其电文、信函不经意的流露中，可以看出其对湖南教育厅长一职的重视远过于齐大校长职位。同时，20世纪二三十年代知识界从政高潮的社会氛围也加强了这一情结的影响力。如张慕舟告诉朱，现在不是他在齐大安逸享福的时候，担任厅长对湖南全省教育，以至对全国事务都是有利的；何键等人以国命说事及朱常有

---

① 赖景瑚：《一代鸿儒朱经农》，《传记文学》（台北）第42卷第4期，1983年4月。赖曾与朱为湖南同事，对其了解甚深，此为赖引用湖南著名教育家余先砺先生对朱经农的评语。余先砺之文载于《爱山庐诗钞》，第148页，赖所引有个别笔误，现据原文改正。
② 朱经农著，朱文长笺注《爱山庐诗钞》，第11页。
③ 详见汪家熔《黎明前后的商务印书馆》，《编辑学刊》1997年第3期。

意无意对国命一说的坚持,都可以看出这种影响的痕迹。"少年有才气"的刘廷芳也常"自夸朱经农是他推荐"当厅长的,①用"自夸"二字充分说明了刘对于朱担任教育厅厅长的决定十分赞赏。朱经农曾评价丁文江"诗名应共宦名清",但这句话似乎也可以作为朱经农自身追求的夫子自道之表达。

但是,朱经农似乎并不满意自己对于仕途的选择。朱经农去世前有一篇日记很好地表达了自己真实的内心世界。

> 我为同盟会员,民元转入国民党,对党始终如一。党当政时,我只守党纪,不争党权。党失败时,流离颠沛,决不背党。国民革命初步成功,十七年国府成立,余因党的关系,舍学从政,浮沉二十余年,至今思之,实为重大牺牲。倘以二十余年光阴从事学术研究,埋头著述,则今日成就决不止此。从政二十余年,所做建设工作,均被战争摧毁。至今回思,一场空梦。今年老力衰,虽欲从事著述,精力不逮,奈何?②

"舍学从政""实为重大牺牲",颇有悔不当初之意。1947年后,朱滞留海外,看到自己的政治成果毁于内战,悲凉无以名状,所以才认为"舍学从政"是一个大错误,于是想复归学术。可是,学术自有其铁的规律,不是想走就走想来就来的地铁公交。朱经农感觉到了自己的无力,并将之归因于"年老力衰""精力不逮"。其实不全是这个原因,20余年的行政事务,不仅仅是占据了读书时间、虚长了年岁、长了胡子这般简单,并且,重要的是生活习惯与思维习惯的定格,复想回归学术谈何容易!

去世前不久,朱经农曾对赖景瑚等人提过,自己拟写一本关于基督教会在中国的教育事业的书。③ 他的这个想法不见于其他资料,或许是与赖聊天时一时心血来潮,脱口而出。当然最后他也没有写成。但也正是这种未经思索脱口而出的东西,或许才更能表达说话人的真实想法。当时,朱经农肯定想起了齐大的岁月,肯定又一次为自己在30年代初那个重要节点上选择的失误而后悔。也许他会想,如果当年选择了齐大,结果又将会如何?倘若朱经农真的选择了齐大,则在那个百废无兴、外患孔亟的时代

---

① 胡适著,曹伯言整理《胡适日记全编(6)》,第193页。
② 王云五:《我所认识的朱经农先生》,《谈往事》,第198页。
③ 赖景瑚:《一代鸿儒朱经农》,《传记文学》(台北)第42卷第4期,1983年4月,第97页。

里，放弃厅长一职，而埋首书斋经营一所与世无争的教会学校，晚年时真的不见得就不后悔。王国维经典诗句"人生过处唯存悔"，或可成为民国时期与朱经农类似的相当一部分知识分子职业选择时两难处境的真实写照。

考察朱经农一生，其之所以不断出现这种仕、学间的摇摆，前文提到的传统官本位情结的影响不容忽视，"学而优则仕"对于中国知识分子来说，几乎是下意识的，对其不可能完全摆脱。然而朱经农毕竟接受过新学教育，新思想的摄取使其无法认同当时黑暗的社会政治现实，因此也有远离官场以"诗名"传世的主观想法。考察近代知识分子的职业选择，有一个很有意思的现象，就是近代政治的黑暗与堕落常让有了西学功底的知识分子们不屑厕身，甚至有意标榜这种不屑。这类"过渡时代的读书人"，也许"的确希望做一个疏离于政治和社会的专业学人"，可适逢"多事之秋"，"国家一旦有事，他们大多还是感觉到不得不出的责任"。① 有些人一旦一不小心从政为官了，也要想方设法地为自己辩护，"出山还比在山清""诗名应共宦名清"，等等，必定要向世人说明自己出淤泥而不染的气节、身在官场却心向山林的志向。

但是，不论哪一种选择，都必须有一个前提，那就是他们首先得要有一个稳定的经济来源，能够养家糊口。综观朱经农一生，其于仕、学间徘徊很多时候都是生活压力使然。其刚刚回国就面临着对胡适等人的沉重债务。长兄朱我农去世后，朱不得不挑起养家重担，对老母亲的孝心及对家人的眷恋在很大程度上影响了其选择。朱经农7岁丧父，全凭寡母抚养成人，故对母亲十分眷恋。出国后，妻儿又由老母亲照顾，因此对母亲常怀歉疚之心，总觉得对于母亲"所负的债甚深"。② 回国后事母至孝，不忍母亲八旬高龄还跟着受苦，在此压力下，朱一直在追逐薪水高一点的职业，这表现于他的职业生涯成了于仕、学间的游移。此或许可说明，如朱经农一般的知识分子对于理想、信仰的坚守在很大程度上会受制于生活的状况。

最后，朱经农的个性与专业能力也是其容易做出职业转型的重要原因。朱"南人北相"，③ 身材高大魁梧，但却"赋性和蔼"，不论在何种恶

---

① 罗志田：《经典淡出之后：20世纪中国史学的转变与延续》，生活·读书·新知三联书店，2013，第3页。
② 耿云志编《胡适遗稿及秘藏书信》第25册，第547页。
③ 赖景瑚：《一代鸿儒朱经农》，《传记文学》（台北）第42卷第4期，1983年4月，第97页。

劣环境下，都能"应付裕如，人缘极佳"，究其原因，在于其"待人以诚，无往而不受欢迎也"。① 正因如此其绝"不会闯祸"。② 另外，查其生平，有一个十分引人注目的现象，即不论纷乱的中国公学，还是公认校长难当的齐鲁大学，还是钻子、皮刀派斗争不已的湖南教育当局，③ 只要朱经农出现，乱象即很快平息，这恐怕不是谁都可以做到的。④ 应该说，正是朱"赋性和蔼"的个性使其不会也不愿"闯祸"，比较易于接受外来压力而变更自己的人生路径；而其专业水平又使其能够胜任于仕、学间两栖。然而不断游移毕竟会有害于成就的最大呈现，必然会以遗憾、"存悔"为代价，朱晚年的后悔即是这一境况的写照。

---

① 王云五：《我所认识的朱经农先生》，《谈往事》，第193、200页。
② 胡适著，曹伯言整理《胡适日记全编（6）》，第185页。
③ 关于湖南当局两派斗争状况及其对教育影响的问题，可参阅湖湘文库编辑出版委员会编《湖南通史·现代卷》，湖南人民出版社，2008，第419~427页。
④ 对于朱经农的专业能力与管理智慧的梳理应该也是很有意义的选题。

【民国政治】

# 民初《五旗共和歌》的政治象征解读

赵飞飞[*]

**提　要**　国歌是一种特殊的艺术作品,是国家的象征之一,能起到统一思想、激发爱国情感、催人奋进的巨大作用。民初的《五旗共和歌》学术界很少论及,但是其表现的政治意义和时代价值却不容忽视。它反映了革命党人对民族国家观念的建构、对欧美民主共和体制的向往以及对中国文明开化和世界和平信念的追求,体现了在辛亥社会转型期革命党人思想由激进到和缓、由排他到整合、由革命到建国的转变。

**关键词**　民初　五旗共和歌　政治意义

现代国家除了各种相应的政治制度之外,还需要国旗、国徽和国歌这些代表国家的符号。而这些符号背后都蕴含着重大的政治意义。"声音之道,与政通矣"[②],国歌作为一种声音符号,更是被赋予了政治象征意义。国歌就其功用和意义来说,其价值远远超越了一般的音乐作品。在某些方面,"国歌是一个国家和民众共同心声的表达和共同意愿的体现,能起到统一思想,激发爱国情感,催人奋进的巨大作用"[③]。民初是中国历史上一个重大的社会转型期,作为一种政治符号,国歌的制定、颁行与流传无不与当时的历史、社会与政治密切关联。

---

[*] 南京大学中华民国史研究中心博士研究生。
[②] 戴圣撰集,朱正义、林开甲译注《礼记选译》,巴蜀书社,1990,第108页。
[③] 王涛:《东方现代国歌歌词与民族主义精神》,《湘潭大学学报》(哲学社会科学版)2010年第5期,第107页。

据笔者所见，有关民初国歌的文章①大多是"简史"性质，偏重介绍国歌的制定和演变，没有对国歌反映的社会问题展开讨论。日本学者小野寺史郎的《平衡国民性与民族性：清季民初国歌的制定及其争议》，虽然对国歌体现的国民性和民族性有所阐发，但不是针对某一首具体国歌，而是通论性的论述。②另外，李静的《民国国歌〈卿云歌〉的诞生与争论》关于《卿云歌》的分析颇有见解。③但对民初国歌《五旗共和歌》所体现的政治价值，学界却鲜有论及。本文以民初《五旗共和歌》为考察对象，通过对其歌词的解读，来探析民初革命党人面对复杂的政治形势如何调适其革命话语以实现中华民族的整合，追求什么样的政治体制，以及如何鼓舞民众为追求民族独立和世界和平而努力这三方面问题。

## 一　《五旗共和歌》小史

中国社会素重礼乐，但在古代却没有国歌。究其原因，主要在于历代王朝并无现代国家意识。在统治者看来，"普天之下，莫非王土；率土之滨，莫非王臣"。④也就是说，统治者"不以国视国，而以天下视国"，认为四境之外无声明文物之大邦，故自"唐虞以来，几至于无国号，无国徽，无国旗，无国歌"。但近代以来，现代国家意识勃兴，而国歌亦被视为"国家精神之代表"⑤。

鸦片战争后，被迫打开国门的清政府没有国歌，这给外事活动造成了诸多不便。1896年清政府派北洋大臣、直隶总督李鸿章为特使，去西欧诸国和俄国访问。在外国政府举行的欢迎仪式上要演奏中国的国歌，李鸿章感到十分尴尬，他从来没有国歌的概念，临时让随行人员找了唐代诗人王

---

① 具代表性的论文有忻平《中国国歌史略》，《社会科学研究》1986年第6期；皮后锋《中国近代国歌考述》，《近代史研究》1995年第2期；和璐《中国国歌的百年发展》，《党史纵览》2010年第6期；李华《旧中国的国歌》，《文史博览》2009年第7期；田伟国《中国国歌之变迁》，《党史博采》2008年第4期；黄斌《中国国歌百年史话》，《云南档案》2012年第11期；丁修茂《中国历史上的八首国歌》，《春秋》2001年第2期；魏庚人《中国国歌简史》，《西北大学学报》1991年第1期等。
② 〔日〕小野寺史郎：《平衡国民性与民族性：清季民初国歌的制定及其争议》，《中山大学学报》（社会科学版）2009年第1期。
③ 李静：《民国国歌〈卿云歌〉的诞生与争议》，《文艺研究》2007年第3期。
④ 程俊英译注《诗经译注》，上海古籍出版社，1985，第416页。
⑤ 《世界各国国歌译意》，《教育部编纂处月刊》1913年第1期，第1~2页。

建的一首七言绝句,配以《茉莉花》曲谱,充当国歌,后来它竟然成为清朝对外场合的代国歌,这首"代国歌"因李鸿章而起,故名为《李中堂乐》,歌词为:

  金殿当头紫阁重,仙人掌上玉芙蓉。太平天子朝天日,五色云车驾六龙。

这首"代国歌"只不过为皇家威严涂脂抹粉,根本算不上国歌,李鸿章回国后,这首歌曲并没有被清政府正式使用。随着时代发展,清政府内部的一些有识之士开始产生国歌意识,不断呼吁创制国歌。1910年曾到日本考察过音乐的礼部左参议曹广权,鉴于"各国皆有专定国乐,极致钦崇,遇亲贵游历,公使宴集,既自奏国乐",他奏请朝廷"整饬礼乐,以正人心"。①

在这种背景下,清政府开始组织人员创制国歌。由海军部参谋官、近代著名思想家严复作词,禁卫军军官、皇室成员傅侗作曲,二人一起创作了《巩金瓯》上报朝廷。1911年(宣统三年)10月4日,末代皇帝溥仪批谕内阁"典礼院会奏,遵旨编制国乐专章一折;声音之道,与政相通,前因国乐未有专章,谕令礼部各衙门妥慎编制。兹据典礼院会同各衙门将编制专章缮单呈览,声词尚属壮美,节奏颇为缓和,着即定为国乐,一体遵行"。② 这就宣告了中国第一首国歌的诞生。歌词为:

  巩金瓯,承天帱,民物欣凫藻,喜同袍,清时幸遭。真熙皞,帝国苍穹保,天高高,海滔滔。

这首国歌仍然是皇家颂歌,以求大清帝国江山永固。但颁布仅六天后武昌起义爆发,各省亦相继独立,清廷随即覆亡。此歌未及推行,即作史存。

辛亥革命推翻了清朝的封建统治,建立了资产阶级民主共和国。为了彰显新生政权的威权和合法性,也为了与世界文明接轨,制定国歌便是其重要举措之一。"今者共和告成,民国基础已立。将于世界各大国周旋提

---

① 上海商务印书馆编译所编《大清新法令(1901~1911)》(点校本)第10卷,商务印书馆,2011,第266页。
② 沈云龙:《近代中国史料丛刊:宣统政纪(卷60)》3编第18辑,(台北)文海出版社,1986,第1051页。

挈于樽俎之间，则夫制定国歌以播之音节，内而乐其所生，而外以表彰风烈，诚当务之急矣。"① 但晚清"帝国苍穹保"的《巩金瓯》国歌显然不合时宜，创制体现民主立国精神的新国歌势在必行。

1912年2月5日，民国临时政府教育部在《临时政府公报》第8号上刊出了一份征集国歌的广告："国歌所以代表国家之性质，发扬人民之精神，其关系至大。今者民国成立，尚未有美善之国歌以供国民讽咏，良用恧焉，本部现拟征集歌谱。"② 2月25日，教育部在公报上刊登了一首歌词拟稿，歌名为《五旗共和歌》，由沈恩孚作词，沈彭年作曲。歌词为："亚东开化中华早，揖美追欧，旧邦新造。飘扬五色旗，民国荣光，锦绣河山普照。吾同胞，鼓舞文明，世界和平永保。"③ 该国歌刊布后，在海外华侨中流传甚广，屡次"使用此歌为中华民国国歌"④。后因袁世凯取得权力，此歌没有流行下去，但是其表现的政治意义和时代价值却不容忽视。它体现了在辛亥社会转型期革命党人思想由激进到和缓，由排他到整合，由革命到建国的转变。

## 二 从革命话语到民族国家建构话语的嬗变

《五旗共和歌》的政治价值之一就是体现了革命者们对中华民族整合的期待。"飘扬五色旗，民国荣光"，作为具有时代特征的政治话语——"五色旗"与"民国"，实际上就是当时革命党人从革命话语到民族国家建构话语嬗变的集中体现。"国歌是一个国家和民众共同心声的表达和共同意愿的体现，能起到统一思想，激发爱国情感，催人奋进的巨大作用。"⑤ 它的传唱起到了其他政治符号所不能起到的效果。

辛亥革命已过百年，但那段峥嵘的岁月给人留下太多的记忆和反思。以孙中山为首的革命党人为了推翻清廷的专制统治，提出了"驱逐鞑虏，恢复中华"的政治口号。这个口号在革命动员中确实起到了很好的效果，它至少在"推翻一个由满族统治的封建王朝时，汉族各个阶层能够比较容

---

① 《世界各国国歌译意》，《教育部编纂处月刊》1913年第1期，第1页。
② 孙必有、蔡鸿源收集整理《临时政府公报》第1辑第8号，江苏人民出版社、江苏广陵古籍刻印社，1981，第16页。
③ 《国歌拟稿》，《临时政府公报》第22号，1912年2月25日。
④ 吴研因：《国歌谈》，《音乐界》第10期，1923年10月。
⑤ 王涛：《东方现代国歌歌词与民族主义精神》，《湘潭大学学报》（哲学社会科学版），2010年第5期，第107页。

易取得一致性"①。而"革命的实质是政治意识的迅速扩展和新的集团迅速被动员起来投入政治",换句话说,"一场全面的革命意味着对现存制度的迅速而猛烈的摧毁,意味着动员新的集团投入政治,并意味着新的政治制度的创立"。② 而"驱逐鞑虏,恢复中华"作为一种激进的革命话语,它起到了唤起各个阶级长期压制的革命激情的作用。"排满革命的宣传固然对于动员民众推翻清朝专制政府很有效,但同时也会造成国内民族关系的紧张,可能形成民族间的冲突以致仇杀,有导致国家分裂的危险性。"由于晚清政治颓废,威权式微,革命党人把各种势力从清王朝这个共同体中剥离开来容易,但是怎么整合剥离后的力量,让他们重新认同一种新的政治共同体却很难。③ 革命党人在革命爆发前为了凝聚人心、推翻清政府统治而动员起来的反清情绪,革命之后是否要改弦更张,怎么改弦更张,对革命者来说又是一个难题,怎样从狂热的革命激情中还原自我是很难的一步。

实际上,"驱逐鞑虏,恢复中华"的革命口号对于完成政治革命十分有效,但对于整合各民族认同民国以及保持中国领土的完整性方面还存在很多问题。武昌首义后,鄂军都督府就以十八星旗为旗帜,所发布的一系列文告体现出强烈的汉民族建国主义色彩。这种过激的政治口号不可能不对边疆少数民族地区产生影响,加上帝国主义从中挑拨,引发了边疆的分离主义运动。1911 年 11 月 8 日,库伦活佛哲布尊巴向清王朝库伦办事大臣三多发出宣布外蒙独立的通告,指出"我蒙古自康熙年间隶入版图,所受历代恩遇,不为不厚。乃近年以来,满洲官员对我蒙古欺凌虐待,言之痛心,今内地各省既相继独立,脱离满洲,我蒙古为保护土地宗教起见,亦应宣布独立"。④ 而随后西藏噶厦政府也发布驱汉通告。由上可以看出,如果革命党人继续固守"驱逐鞑虏,恢复中华"的激进口号,势必造成革命后的民族分裂,民国也很难承继清朝的领土遗产。所以,不仅革命党人,并且就连立宪派也都认识到这一局面的严峻,开始寻求应对措施。比如,武昌起义后,梁启超就指出:"蒙、回、藏之内附,前此由服本朝之

---

① 陈谦平:《国际化发展:中华民国史研究的新视角》,《近代史研究》2012 年第 1 期,第 136 页。
② 〔美〕塞缪尔·P. 亨廷顿:《变化社会中的政治秩序》,王冠华、刘为等译,上海世纪出版集团,2008,第 222 页。
③ 林齐模:《从汉族国家到中华民族国家——孙中山民族建国思想的发展》,《云南社会科学》2008 年第 6 期,第 124 页。
④ 吕一燃:《北洋政府时期的蒙古地区历史资料》,黑龙江教育出版社,1999,第 256 页。

声威,今兹仍训于本朝之名公,皇统既易,是否能维系,若其不能,中国有无危险?"① 革命党人也意识到这一问题,在民国成立之初,政府就从"驱逐鞑虏,恢复中华"转向"五族共和"的政治主张。1912年1月1日,南京临时政府参议院决议:以红、黄、蓝、白、黑五色旗为国旗。红、黄、蓝、白、黑五色分别代表汉、满、蒙、回、藏五个民族,也就是"五族共和"。孙中山在《临时大总统就职宣言书》中指出:"国家之本,在于人民,合汉、满、蒙、回、藏诸地方为一国,即汉、满、蒙、回、藏诸族为一人,是曰民族统一。"② "共和"体现了与清王朝的断裂,而"五族"的表述则体现了与清王朝的连续性。这不仅把其他各族都维系在民国这个共同体中,而且还有效地继承了清王朝治下的人口和版图。

因而,《五旗共和歌》中的"飘扬五色旗,民国荣光"是当时政治态势的反映,是革命党面对革命后的政治形势适时调整举措的集中体现。从"驱逐鞑虏,恢复中华"到"五族共和"实现了由激进的革命话语到民族国家建构话语的嬗变。虽然"以一个地域广袤却国力羸弱的中国来讲,要想建立一个包括蒙、藏、回疆、满在内的五族共和,注定要付出沉重的代价"③,但是这种转变毕竟维系了中国边疆各民族的统一,有效继承了清王朝的领土遗产。

## 三 现代民主国家模式的建构

《五旗共和歌》中的"揖美追欧,旧邦新造",则集中体现了革命党人力追不舍的社会政治目标和为之奋斗不息的政治想象,即要在政治体制上效法欧美,在中国建立一个真正的以"三权分立"为核心的近代民主国家。

1840年以来中国遭受西方列强入侵,山河破碎,民生凋敝。清朝统治危机日益彰显。而中国内部的有识之士,如林则徐、魏源等人开始反思传统的价值观和外交观,开始睁眼看世界,并提出"师夷长技以制夷"的思想。西方侵略的外部冲击催生了清朝体制内的新生力量——洋务派。他们提出"师夷长技以自强"的口号,办企业、练海军、设学堂,力图"自强""求富"。但是不改变腐朽的政治体制,改良最终以甲午战争的失败而

---

① 梁启超:《新中国建设问题》,《梁启超全集》,北京出版社,1999,第2443页。
② 《临时大总统就职宣言》,《临时政府公报》第1号,1912年1月29日。
③ 陈谦平:《国际化发展:中华民国史研究的新视角》,《近代史研究》2012年第1期,第136页。

破产。甲午战争的失败，对日割地赔款，给清廷一个重创，而对西方器物文明的信仰也随之打破。面对"瓜分豆剖"的局面，以康有为、梁启超为代表的维新人士，提出进行君主立宪制改革的要求，力图在中国进行维新变法，但由于封建守旧势力的阻挠和反对而失败。

随后，革命勃兴。革命党人效法欧美，力图建立一个真正的以"三权分立"为核心的近代民主国家。由于革命党人推崇美国和法国，"'追欧'实际上是'追法'"①。法美两国都是通过反对君主统治的共和革命建立了资产阶级民主政体。但是法国跟美国不同，法国大革命并没有创制全新的国家，只不过是"旧邦新造"，而美国则是通过独立战争，脱离了宗主国英国的统治，由十三个州组成了一个国家。而中国的革命党们似乎对美国的建国模式情有独钟，希冀各地脱离清王朝统治，最后联省成国。此外，法国与美国虽都为资产阶级民主国家，但是在政体上却差异很大；一为责任内阁制，一为总统制。"揖美追欧"反映了当时革命党内部对政体的不同诉求。以孙中山为首的革命党人，力图建立美国似的总统制。他指出："我们必要倾覆满洲政府，建设民国。革命成功之日，效法美国选举总统，废除专制，实行共和。"②而宋教仁等则认为"欲建立良好政府，则非政党内阁莫属"，"建立名副其实的责任内阁，盖必使国会占多数之政党组织完全政党内阁"，"盖内阁不善而可以更迭之，总统不善则无术更易之，如必欲更易之，必致动摇国本"。③ 实际上宋教仁是想建立责任内阁制。但是1911年12月份通过的《修正中华民国临时政府组织大纲》仍维持总统制。

无论"揖美"还是"追欧"，革命党开创了中国一个新的时代，它否定了中国长期以来的封建专制政体，引进了西方的共和政体，是中国力图融入世界的体现。随着形势的发展，这种共和思想，已由革命党人长期以来为之奋斗的革命派的意向变成了中华民族的共同意向。因而，《五旗共和歌》中的"揖美追欧，旧邦新造"，就是当时中国政治态势的体现。

## 四 对中国文明开化与世界和平信念的追求

《五旗共和歌》中不仅有"五色旗""旧邦新造""民国"等建国理念话语，而且还有"开化""鼓舞文明""世界和平永保"等对中国文明开

---

① 陈旭麓：《近代中国社会的新陈代谢》，上海人民出版社，1992，第326页。
② 《在檀香山正埠荷梯厘街戏院的演说》（1903年12月13日），《孙中山全集》（第1卷），中华书局，1986年，第226页。
③ 陈旭麓：《宋教仁集》（上册），中华书局，1981年，第422、460页。

化的期待和未来世界和谐共处的话语。清朝曾实行闭关锁国政策,从而中断了与西方文明的连接,也造成了中国的盲目自大,是西方的大炮使中国警醒,从林则徐、魏源,到康有为、梁启超,再到孙中山等人,无不在探寻救国路径和启迪民智的方法。

"亚东开化中华早"是以孙中山为首的革命党人对中国文明开化的期待。在革命党人看来,"当尽文明国应尽之义务,以期享文明国应享之权利"[1]。作为一个现代国家就应该剔除"辱国之举措与排外之心理"[2],兼收并蓄世界之先进文化、技术。比如,孙中山就指出,"欧美近百年来的文化,雄飞突进,一日千里,种种文明都是比中国进步得多"[3]。而中国"素自尊大,目无他国,习惯自然,遂成孤立之性"[4],因而他要求"取西人之文明而尽用之"。也就是中国再也不能像以往那样闭关锁国,排斥外来文化,应该对外来文化兼收并蓄,中华民族才能勃然兴起。

文明的开化,首在加强对民智的启迪。民国时期是一个大的社会转型期,民众不仅要剔除旧习,而且还要实现自我的身份认同。在封建社会,民众处于臣民的地位,而民国的建立,对共和的追求,就要使民众实现身份的转变。必须注意国民建设能力的养成,"提倡有秩序之民气,维持社会之良习惯,以养成共和国民之资格"[5]。也就是实现由"臣民"到"国民"的身份转化。只有这样才能"使世界公认我国国民为世界第一等国民"[6]。

中国不仅要鼓舞文明,而且还要求"世界和平永保"。"世界和平永保"是革命党人追求民族独立以及和世界各国和谐相处的体现。它意味着中国人对理想社会追求的坚持和执着,意味着对民族振兴的坚定信念。近代中国是一个半殖民地半封建国家,寻求民族独立是几代中国人的追求。民国初创时,西方势力依然在中国发挥影响,革命党人十分注重同西方的交往,"与我友邦益增睦谊,持和平主义将使中国见重于国际社会,且将使世界渐趋于大同"[7]。实际上,"世界和平永保"最重要的就是希图西方对中华民族独立的尊重,中国以独立国家身份融入世界,在世界历史中发

---

[1] 柴德赓、荣孟源等编《中国近代史资料丛刊:辛亥革命》(8),上海人民出版社,1957,第17页。
[2] 柴德赓、荣孟源等编《中国近代史资料丛刊:辛亥革命》(8),第17页。
[3] 孙中山:《孙中山全集》第9卷,中华书局,1986,第315页。
[4] 孙中山:《建国方略》,辽宁人民出版社,1994,第77页。
[5] 陈旭麓、郝盛潮、王耿雄编《孙中山集外集》,上海人民出版社,1990,第62页。
[6] 陈旭麓、郝盛潮、王耿雄编《孙中山集外集》,第50页。
[7] 柴德赓、荣孟源等编《中国近代史资料丛刊:辛亥革命》(8),第17页。

挥重要作用。

## 五 结语

  国歌就其政治功用来说，对于激发群众情绪，形成政治态度，产生政治信仰起着重大的作用。各国国歌"就其旨趣言，或诵祷其国家及君主，或推崇其国教，或纪一国最重大之事实，或发挥国家所持政治之主义。立国之根本不同，歌词遂因而大异"[①]。民初的《五旗共和歌》的歌词中提到的"开化""共和""五色旗""文明"等词汇无不体现了时代特色。民初是中国一个大的社会转型期，革命者在革命激情后的理性回归，对现代政体的不懈追求，对民族独立、世界和平信念的向往无不体现了新旧交替的特征。虽然《五旗共和歌》没有传唱下去，但其历史地位不容忽视，但凡提到中国历史上的国歌，《五旗共和歌》是绕不过的篇章，它在中国国歌史上占有一席之地，其体现的时代价值和政治意义更是不容忽视。

**专家荐语：**

  《民初〈五旗共和歌〉的政治象征解读》一文，以曾作为民初国歌的《五旗共和歌》为研究对象，运用大历史观的视角，通过对其歌词的解读，反映了在民初社会大转型期，革命党人思想由激进到和缓，由排他到整合，由革命到建国的转变，由小见大，构思新颖，创新性强，体现出国歌这种特殊音乐与政治之间的微妙关系，正所谓"声音之道，与政通矣"，是一篇很有新意的好文。

推荐专家：南京大学中华民国史研究中心教授 陈谦平

---

[①] 《世界各国国歌译意》，《教育部编纂处月刊》1913年第1期，第1页。

# 少年中国学会与 1920 年北京大学学生游日团[*]

李永春[**]　史　飞[***]

**提　要**　1920 年北京大学学生游日团访日，被誉为五四运动之后中日文化交流的第一步。游日活动主要由东京帝国大学的吉野作造和新人会、北京大学的李大钊和少年中国学会联合组织，经费来自北大几位教授的热心捐助，成员则以少年中国学会会员为主，并以该学会名义在日本进行接洽与宣传。少年中国学会因此与新人会联成友会，还与其他新文化团体交换出版物，从而扩大了其在日本新文化界的影响，也实际了解了日本的社会改造情形。北大学生游日团实际上为少年中国学会提供了赴日宣传和考察的平台。

**关键词**　少年中国学会　北京大学学生游日团　李大钊

1920 年北京大学学生游日团访日，被誉为五四运动后中日文化交流的第一步和"中日交流的曙光"。学术界对游日团的发起组织和具体活动已有比较深入研究，[①] 然而对于其成员组成、经费来源及其影响等问题缺乏深刻的揭示，而且游日团以少年中国学会（以下简称"少中"）名义在日本进行接洽与宣传，其与学会到底是什么关系，也是不容忽视的问题。本文拟就少年中国学会与北大学生游日团的关系做一初步探讨。

---

[*]　课题来源：国家社科基金后期资助项目"五四时期社会改造思潮研究"（13FZ029）。
[**]　湘潭大学毛泽东思想研究中心教授。
[***]　湘潭大学历史系中国近现代史专业研究生。
[①]　代表性的研究成果日本方面有石川祯浩《吉野作造与 1920 年北京大学学生访日团》（《吉野作造选集月报》14 号，岩波书店，1996），国内有王晓秋《"五四"时期的中日文化思想和青年的交流》（郝斌、欧阳哲生主编《五四运动与二十世纪的中国》，社会科学文献出版社，2001）、《近代中日关系史研究》（中国社会科学出版社，1997）、《近代中国与日本——互助与影响》（昆仑出版社，2005）等。

一

　　研究者多认为，北京大学学生游日团是以北大教授高一涵为团长，由北大学生康白情、徐彦之、孟寿椿、方豪、黄日葵五人组成的。其实，高一涵不是游日团团长，也不是游日团的成员。高系北大政治系教师，1920年旅居日本时曾帮助接待游日团，并且陪同他们在东京活动。他在1920年5月9日致胡适的信说道："康、孟……诸人到此，把我的住所桌椅都占去了，又兼有许多接洽的事都来找我，整整的要挡（耽）误我一个月的工夫。他们到处演说，有时也把我拉进去，因此日本报界送我一个'高教授'的头衔。"① 可见，游日团由于住在高一涵所居旅馆并由他负责招待，对外接洽由他帮忙，还拉他随团讲演，因此他有了"高教授"的头衔；至于游日团团长一说，则与吉野作造发起两国国立大学的文化交流之初衷有关。吉野提出："欲调和中日两国间之纠纷，宜聘请北京大学教授来日演说，互相交换意见，以谋疏通之道。"首先是教授的意见交换，其次是学生运动领袖的交流。此举得到北京大学李大钊的赞同，北大同意派遣了解新思潮的青年教授访日，并劝说学生即使为了了解日本进步团体状况，也应该去日本。② 因此，帮助游日团接洽并参与其部分活动的高一涵，被日本方面当作北大教授，自然成为游日团"团长"。

　　游日团成员都是五四运动中的学生领袖，其中除方豪外，均系"少中"会员，而且都是学会执行部的重要职员。其中黄、孟还是《国民》杂志的编辑，康、徐、孟还是新潮社的干事。他们所持介绍信说"诸君多是《新潮》、《少年中国》、《国民》诸杂志的关系者"。③ 这五人都来自国民杂志社、新潮社和少年中国学会三个团体，其中"少中"会员占四席，自然成为游日团的主体。这种成员组成的具体原因尚不得而知，徐彦之4月7日致胡适的信为我们提供了一些线索。信云：

　　　　派代表到日本去的事情，曾经和志希（罗家伦——引者注）几个人商议了一次，到了用人材的时候，真觉得人材不够用。我们想要各具三种特长，才可以去。一能做文鼓吹，二能演说动人，三善交际。

---

① 中国社会科学院近代史所中华民国史组编《胡适往来书信选》（上册），中华书局，1979，第94页。
② 王晓秋：《近代中日关系史研究》，第308页。
③ 《李大钊全集》第3卷，河北教育出版社，1998，第482页。

这人材实在难得，不得已，能有一长，几个人拼起来也可以的。于是我们预备在最近十天之内，把此间事情理了手；再一礼拜或十天，预备点材料，做文和演说用的；在五月十日以前，可以到日本。预备三四个人至多不过五个，是谁还不能确定，规（定）了再和先生说。①

这说明，游日团成员绝非"少中"所指定的，而是依据赴日考察的要求，从 4 月份开始物色，经过徐彦之、罗家伦等人反复讨论，并与胡适等人商议，最后由学校方面确定的。5 月 11 日《北京大学日刊》公布《本校之赴日考察团》消息称："本校前届及本届毕业同学孟寿椿、徐彦之、方豪、康白情君等四人，同翻译员黄日葵君（本校预科同学）以北大赴日考察团名义，持有本校介绍书，于前月底赴日……四君回国后，将以其调查所得详细报告云。"可见，游日团的正式成员只有四人，黄日葵是随团翻译。虽然其中有四人来自"少中"，但他们是以北大学生身份参加游日团活动的。

值得注意的是，康白情等人同时受"少中"执行部的委托，以学会名义在日本进行宣传和接洽。康在 1921 年 2 月致学会诸君的信中说得很明确："去年五月我和彦之、寿椿、日葵他们组成北京大学游日学生团往日本去，曾受执行部委任，以少年中国学会代表名义，接洽其种种新文化运动团体，作相当的宣传。""我们所到之处，只要有机会总为少年中国学会宣传。我实际能为她做底事甚少，只不敢藏她的善处，将随舟车所至，把你们所作的成绩告诉给世界的人们罢了。"②不仅如此，在游日团会员以"少中"名义开展接洽活动时，留学日本的会员田汉一度担任游日团东京站的翻译，郑伯奇充当了京都站的随行人员。③沈懋德也为游日团活动"出得有力"。他们三人与新人会等团体接洽，安排游日团的活动，还参与游日团的讲演或聚谈，完全以游日团为"少中"的代表进行活动。所以，北大游日团实际上成为"少中"与日本新文化团体进行接洽的组织。

"少中"成为北大游日团的主体并以学会的名义进行活动，是与学会和北京大学的密切关系分不开的。学会依托于北京大学，不仅获得了校长蔡元培、文科学长陈独秀等人的支持，而且还有胡适、周作人等知名教授的帮助与指导。其中，胡适对学会"注意最早""帮忙最大"，被会员奉为

---

① 耿云志主编《胡适遗稿及秘藏书信》第 32 册，黄山书社，1995，第 94~98 页。
② 康白情：《致少年中国学会诸同志》，《少年中国》第 3 卷第 2 期，第 74~75 页。
③ 〔日〕小谷一郎、刘平编《田汉在日本》，人民文学出版社，1997，第 501~502 页。

学会的精神指导者。① 他积极支持北大学生组团访日。据来自北大方面的消息，学生游日团的一切旅费均由北大几位教授热心捐助。② 这几位教授的具体所指尚不清楚，但胡适、蒋梦麟、李大钊、陈启修是无疑的。徐彦之在致胡适的信中就提到："……寿椿问梦麟先生款项，对说尚未大妥，仍候与先生接头；请先生快些问蒋先生定规。"5月9日又致信胡适说："蔡、蒋、陈、李诸先生处有孟君写的我们几个的公函，给他们报告一切。关于经费一节，还须与先生商榷一下：5个人八百元，是断断不够的。请先生再设法子接济。"③ 看来，胡适在经费筹措方面起着至关重要的作用，实际上他促成了此次游日活动。再就"少中"而言，北大图书馆馆长李大钊也是"少中"发起人之一，并担任《少年中国》月刊编辑部主任。还有不少会员是北大学生乃至学生运动的领袖，如邓中夏、许德珩、周炳林、康白情、苏甲荣、孟寿椿、徐彦之、黄日葵等，在学会与北大之间起着联络纽带的作用。基于此，北京大学方面支持以"少中"会员为主组成的北大学生游日团，也是情理之中的事。

"少中"和日本新人会的友好关系，对组织北大游日团也有重要推动作用。"少中"发起之初，即宣言永不与其他团体合并，只与宗旨相同的学会联成友会，互助实行"小团体大联合"计划，而且这种友会没有国界的限制，因此与日本的新中学会结成友会在先，与黎明会、新人会接洽在后。学会与日本新文化团体的交往，是与留日会员的努力分不开的。学会规定：在日会员"应注意日本各种从事新运动之团体，并随时报告其近况，关于日本方面学术界新消息之报告"。④ 1920年初，田汉与新人会就开始接触，并介绍初来日本的郑伯奇"认识了日本当时进步的学生团体'新人会'的几个人物"。⑤ 李大钊与吉野作造私谊甚笃，更是促成学会与黎明会以及继之而来的新人会友好往来的重要因素。《晨报》记者陈溥贤在联络李大钊与吉野作造、沟通"少中"与黎明会和新人会方面，也起了重要作用。日本方面的研究表明，北大学生团访日是李大钊和吉野作造互相交流的成果，而在他们之间努力斡旋的是陈溥贤。因为陈在东京任《晨报》特别记者时详细考察了黎明会等日本新思潮团体的状况，与吉野作造

---

① 李永春：《"问题与主义"之争和少年中国学会》，《安徽史学》2006年第3期，第87~96页。
② 《本校之赴日考察团》，《北京大学日刊》1921年5月11日，第2版。
③ 中国社会科学院近代史所中华民国史组编《胡适往来书信选》（上册），第91页。
④ 少年中国学会编《少年中国学会周年纪念册》，出版地不详，1920，第13、14~15页。
⑤ 〔日〕小谷一郎、刘平编《田汉在日本》，第497页。

也有过亲密接触。1919 年 7~8 月就中日两国教授和学生之间的交流进行了协商；回国后，因与李大钊有旧谊，自然成为居中斡旋的最佳人选。1920 年 4 月，他与李大钊等人联名向吉野作造的学生、新人会的发起人之一——宫崎龙介写介绍信，也可资证明。总之，对于北大学生游日活动，日本方面主其事者是吉野作造以及黎明会和新人会，中国方面则是李大钊以及少年中国学会。①

至于游日团的目的，北京大学方面说是"赴日本调查大学学制、课程、图书馆、学生活动、青年思潮等"。②李大钊等人在介绍信中说，诸君"赴贵国观光，调查贵国诸大学的学制，并与贵国青年文化团体中诸同学握手，关于文化上的提携交换意见"。"少中"则公开宣传说，孟寿椿等四名会员"赴日作宣传及视察之事业"③。对此，康白情证实说，他们游日"主要是对日本国民进行外交宣传"，徐彦之说此行目的有宣传与考察两种，宣传主要是将国内学生运动的真相宣传到日本；考察则包括日本的教育、社会现状以及近日举行的大选。④《民国日报》则归纳为，北大游日学生团前往日本，除游览风景之外，一面注意调查京都帝国大学和东京帝国大学之改制情形，以及大学图书馆情形与社会上一般状况，并参观此次大选举之真相。一面与日本各种青年团体接洽，交换文化上的意见，并宣传国内青年种种运动之真相，与日本一般青年交流对于建设新中国之意向，以求彼此青年之谅解，而谋彼此意志上之交换。⑤这样，北大学生游日团肩负着的中日文化交流使命，与"少中"对日宣传与考察任务是统一的。

二

北大学生游日团于 5 月 5 日到达东京，6 日到中国留日学生国耻纪念会演说，7 日开始与日本的进步社团和大学生接洽，8 日与东京帝国大学新人会、辩论会、青年会约定分别开会接洽并交换意见，确定在日的活动计划。⑥他们先后参观了东京新村支部、常宝博物馆、早稻田大学、日本

---

① 黄自进：《吉野作造在五四时期的对华文化交流》，《中央研究院近代史研究所集刊》第 22 辑，1993 年 6 月，第 511~527 页。
② 《本校之赴日考察团》，《北京大学日刊》1921 年 5 月 11 日，第 2 版。
③ 《少年中国学会消息》，《少年中国》第 1 卷 11 期，第 57 页。
④ 《留日学生国耻会盛况》，上海《民国日报》1920 年 5 月 14 日。
⑤ 《北大游日学生团近讯》，上海《民国日报》1920 年 5 月 8 日。
⑥ 中国社会科学院近代史所中华民国史组编《胡适往来书信选》（上册），第 91 页。

女子大学、京都帝国大学、大阪朝日新闻馆、市民博物馆、神户贫民窟，游览了东京、横滨、日光、琵琶湖等地，观察了 10 日的大选举；还接洽了黎明会、新人会、建设者同盟、友爱会、冷忍会、六日俱乐部及东京、西京两所帝国大学学生会、同志社大学生会等团体；会晤了吉野作造、森户辰男、宫崎滔天、细川栉次郎、今井嘉幸、片上伸、北谭新次郎、木村久一、大山郁夫、长谷川如是闲、栉田烟、麻生次藏、西川辉、河上肇、贺川丰彦等名流。① 如《时评》所说，"北大五个人访问的都是日本新思想占有重要位置的人；他所接触的学术团体也都是高挂学术招牌的，所以结果他们都还果有所得"。②

就宣传活动言，游日团先后在中国留日学生国耻纪念会、东京帝国大学、中国学生总会、建设者同盟、东京帝国大学青年会、京都同志社大学、六日俱乐部等地发表演讲。演讲的主题，首先是中日亲善问题，着重宣传扩大国民外交之必要，批判无诚意的中日亲善。康白情在《大和魂与世界文化》中指出："大和魂之精神在重名誉、尚廉耻，勇敢轻死"，但是，"今日本人以此精神作利己国而损世界之事实"，实则以"大和魂"精神对中国进行侵略。方豪演讲《今日青年之责任》时明确地说，今日世界已由国家主义进入世界主义，改善日本这种不合世界新潮的旧教育，实为日本青年之责任。高一涵的《中日亲善之障碍》指出了中日亲善的三个主要障碍：一为帝国主义，二为狭义的国家主义，三为以中日亲善为手段而图达他种目的。其次，宣传中国排日运动真相及其原因。方豪直言不讳地说，"中国青年之所以排日者，实由日本教育上采取军国民教育，致使日本国民有侵略的国民性"。他在《世界改造与思想的关系》中指出，"中国排日乃基于世界主义的意义而非国家主义的意义"。孟寿椿的《最近中国思想之改革》分析了中国思想界由于五四运动而发生的剧变，"即由国家的而变为世界的，由静的而变为动的，由个人的而变为自觉的"。康白情在《中国之社会的改造》中谈到，抵制日货运动是中国民众对日本帝国主义政策的反击，是促使日本资产阶级反省的不得已手段。他严厉批判日本的侵略主义，同时宣传中国学生运动的真相。再者，是中日学生提携问题。方豪强调，"吾人来日，非以国民之资格与政治家之手腕，而为国际运动，乃以人类之资格，在人类间友谊之往来也"。他在中日学生联合演说会上重申，"现今中日学生实际上处于同一难堪之境遇，即皆受军阀官

---

① 《北大游日团与日本思想界》，北京《晨报》1920 年 6 月 15 日。
② 《中国学生团在日运动所得的教训》，上海《民国日报》副刊《觉悟》1920 年 6 月 11 日。

僚资本压迫,我们如果想举提携之实,唯有互相扶助;推倒贵族,推倒官僚,推倒军阀、资本家、特殊阶级"。康白情的《中日学生提携运动》演说也指出,中日学生唯有互相扶助才能达到提携的目的;《东亚之新建设与中日文化同盟》进一步提出:"中日青年既皆有改造世界之意愿,而欲以新建设代替旧组织",为排除旧势力的障碍,"不可不为文化同盟",这种同盟"非形式的,乃精神的,非契约的,乃事实的"。《世界和平与吾人之使命》也认为,知识分子对世界的战争与和平负有重大责任,"吾人欲弭将来之兵端而谋世界之和平,舍打破帝国主义无他法"。最后,交流和讨论社会主义及社会改造问题。康白情在《中国之社会的改造》演说中介绍了中国近日推展社会改造的目的及现阶段实况,指出辛亥革命在政治改造方面甚不彻底,此后当为社会改造,改造的目的在谋全人类之永久的最大安全与幸福,建设一种尽善尽美的制度。他认为此刻在预备时代下,所做预备事可分为四种:(1)鼓吹,如办报及教育等;(2)组织,如设立各种团体,使中国社会有系统有组织;(3)社会的建设,如关于文化上之永久的设备;(4)实际运动,如学生运动及排货运动等。徐彦之还拜访了日本的马克思主义大师河上肇教授。①

此外,游日团应邀在留日学生国耻纪念会上演说,向留日学生报告北京学潮始末,被誉为"北大学生与留日学生第一次海外握手"。方豪首先报告一年来国内运动的经过,强调青年的重要责任在对内灌输知识于一般国民,对外当发扬国光,为东亚谋永久和平。接着,徐彦之讲述了北大学生团与留日国耻纪念问题,提出:"我们是狠望今年有这个纪念,明年就消灭这个纪念。消灭的法子,就是雪国耻。但雪国耻,不单是开个纪念会,就可了事,还需有种种进行的方法,我们当竭力研究日本的优点和劣点,作我们雪国耻的准备。"康白情在《知耻与雪耻》演讲中指出:"我们从今以后,要从感情运动的中心,移到文化运动上面了。办法是组织通信社,创日文日报于东京,组织日本调查协会。"② 最后,纪念会通过决议:要求山东由中国直接管理,废除中日军事协约,福州问题依民意解决,释放京津被捕之学生,承认俄国工农政府等。③

从上述演讲可以看出,"少中"会员在游日团对日宣传中起着关键的作用。据亲历演讲现场的《晨报》记者证实,游日团在日本演说的态度

---

① 《北大游日团与日本思想界》,北京《晨报》1920年6月15日。
② 《北大游日学生团近讯》,上海《民国日报》1920年5月8日。
③ 《留日学生与国耻》,北京《晨报》1920年5月12日。

"都是很彻底明瞭的。譬如他们提起政治问题，总都是极力攻击日本军阀和资本家的侵略主义。提起将来的国交，总都是句句说非打倒军阀和资本家永不能有真亲善的实现。提起排货问题，总都是说排货是促使日本国民反省底手段。日本国民何时能彻底觉悟改造国家，我们即何时停止。并且常常说：我们不是排斥那一国军阀资本家底侵略，凡是抱侵略主义的，任何国家我们都一律排斥。这种态度，很能使日本的政府当局和与当局有关系的人注意，并也很能使日本有觉悟的青年，表示同情"。在日本基督教青年会演讲会上，"中国人底持论，个个都是开心见肠，淋漓尽致。对于日本底官僚军阀、资本家，和最高的偶像，都尽全力抨击"。其中康白情等人的演说，"尤使两国青年盛表同情"。① 此外，留日会员为游日团活动起着联络与组织的作用。前已提及，田汉、郑伯奇、沈懋德均积极参与游日团的一些活动，特别是田汉，在东京站为他们当翻译，还出席11日新人会欢迎游日团的晚餐会，参加17日基督教青年会的演说会，并做了题为"中日文化之组合"的演说，27日还与新人会会员到车站欢送游日团去京都。可以说，他始终参加游日团在东京的活动，并给予多方面的帮助。② 康白情回国后向"少中常会"汇报时特别提到，游日宣传"这种运动，寿昌、伯奇、懋德都很出得有力"。③ 可以说，留日会员与新人会的配合，成功地组织了这次文化交流活动。新人会5月8日到游日团所居旅馆接洽，在11日的共同晚餐会上，新人会负责人赤松克麿提议加强新人会与少年中国学会之友谊，康白情代表学会致答谢词，表示今后要"互通声息和交换印刷品"。两个团体的联谊，也使这次交流活动达到高峰。新人会在他们出版的《先驱》6月号发表欢迎北大游日团和"少中"的社论说："五月初能接待您等远来的同志，对吾辈同学、对两国文化运动的未来前途而言，皆是何等高兴之事。"④ 确如所言，游日团到东京以后"陡然为新人会等增加几多声势"，在罗家伦和胡适等人看来，游日团"在日本成绩很好"，⑤ 而且通过与新人会的联谊和宣传，日本新文化团体对"少中"十分信任，"他们对于少年中国学会非常地欢迎，表示十分信托，他们都以改

---

① 《中国学生团在日运动所得的教训》，上海《民国日报》副刊《觉悟》1920年6月11日。
② 〔日〕小谷一郎、刘平编《田汉在日本》，第501页。
③ 康白情：《致少年中国学会诸同志》，《少年中国》第3卷第2期，第74~75页。
④ 黄自进：《吉野作造在五四时期的对华文化交流》，《中央研究院近代史研究所集刊》第22辑，1993年6月，第511~527页。
⑤ 中国社会科学院近代史所中华民国史组编《胡适往来书信选》（上册），第54~94页。

造中国之责任信仰他"。① 可见,"少中"的宣传与接洽活动,对于游日团取得好成绩是功不可没的。

## 三

鉴于当时日本和中国在精神上有很大隔阂,吉野作造希望青年学生之间的思想沟通成为"两国民族真正的亲善"。② 游日团成员也有同感。孟寿椿在 1920 年 8 月接待来访日本学生代表团时说:"上次游历贵国,是敝国国民自动与贵国国民联络的第一个机会。"同时指出,中日之间的误会导致了两国国民隔阂,"误会的原因甚多,其中最重要的则为向外发展和向外侵略这两个概念,而日日鼓吹这两种观念欲自收其利益者,就是日本财阀和军阀,以此侵略之罪归诸日本,不但中国人有此评论,而且贵国之某某君亦承认之。不过此种责任,日本人当担负,中国国民亦当担负,因军阀财阀之侵略,由于国民不能匡助政府以排除此障碍也",因此,在日本军阀被打倒以前,两国公民恐不能携手。③ 可见,此次游日活动加深了"少中"会员对日本社会的了解。《民国日报》的社论说,这是中国学生在国际上第一次直接开展的政治运动,第一次公开与日本人民交换意见,"现在不过在试验室中,仅有公开批评与改益底余地"。④《晨报》记者进一步总结说,通过此次游日团,"日本青年觉悟中国青年不好利用愚弄,而可怕可注意。中国青年确信日本人民觉悟时期尚未到,即有觉悟,也是极少数,不可不格外努力"。日本当局对于中国青年的失望到零点以下,中国青年对日本新人物的失望至少也要到冰点。⑤ 两国学生首次交换,不能在打倒日本军阀的问题上达成共识,互相提携的目标也终归失败。

对于"少中"而言,此次赴日活动则颇有成效。首先,学会在日本的广泛宣传与接洽,加深了与新人会的友谊,建立了友会关系。新人会在《迎接国民之友》的报道中说:"这回由北京大学派遣了代表自己国家的学生运动的游日学生团","全都是担负着建设支那使命的少壮有为之士"。"诸君既代表北京大学,又是支那学生运动的一枢轴的少年中国学会的干

---

① 康白情:《致少年中国学会诸同志》,《少年中国》第 3 卷第 2 期,第 74~75 页。
② 王晓秋:《"五四"时期的中日文化思想和青年的交流》,郝斌、欧阳哲生主编《五四运动与二十世纪的中国》,第 1476 页。
③ 《中日学生之谈话会》,北京《晨报》1920 年 8 月 24 日。
④ 楚伧:《对日交换意见底评论》,上海《民国日报》1920 年 5 月 20 日。
⑤ 《中国学生团在日运动所得的教训》,上海《民国日报》副刊《觉悟》1920 年 6 月 11 日。

部。由于诸君的来朝,年轻的支那的先驱者组织之一的少年中国学会,与年轻的日本先驱者组织的新人会结下了牢不可破的友谊。"① 康白情回国后专门汇报了此次与新人会接洽情形,学会嘱作书面详细报告登载下期《少年中国》以广宣传。② 这表明学会对于联络新人会活动很满意。其次,学会进一步接洽了日本的许多新文化社团和进步人士,交换了社会改造的意见。据1921年2月康白情向学会所做的报告说,在宣传"少年中国"的理想及成绩的同时,"我们已经和他们相约,互通消息,交换印刷品。我们从日本带回来杂志多种,都是他们送的,已经交结北京总会了。计所接洽的,东京有新人会,日本建设者同盟本部、冷忍社、晓民会和台湾青年杂志社,在京都有劳学会、六日俱乐部、台湾青年会和朝鲜青年会,望执行部长寄本学会机关杂志给他们"。此外,还有偶然接洽的,并没有互通消息,只交换印刷品的团体繁多。③ 正是通过与新人会等团体的接洽,"少中"广泛宣传了学会以社会运动创造"少年中国"的理想,同时与许多日本新文化运动团体交换出版物,交流社会主义和社会改造的意见,达到了宣传自己和考察日本的目的。从这个意义上说,"少中"借助北大学生团游日的机会赴日宣传和考察,也不失为以社会运动创造理想的"少年世界"的一次尝试。

---

① 〔日〕小谷一郎、刘平编《田汉在日本》,第502页。
② 《少年中国学会消息》,《少年中国》第2卷第2期,第42页。
③ 康白情:《致少年中国学会诸同志》,《少年中国》第3卷第2期,第74~75页。

# 易帜后的东北政制转型及其困境*
## ——以东北政务委员会为中心的探究

佟德元**

**提　要**　易帜后，东北走上了政治体制转型的轨道，即由北洋军阀的专制体制向国民党的党治体制转变。但这种政制转型颇为艰难，突出表现为东北地方政权组织形式的难产。而究其原因，主要是奉系内在旧军阀传承的根深蒂固，使其无法摆脱军阀政治的束缚和影响，进而排斥国民党党治。对此，我们从东北政务委员会的委员排名政治到"杨常事件"的善后处理就可见一斑。

**关键词**　奉系　东北政务委员会　政制转型　军阀政治

1928年东北易帜前后，东北面临着政治体制的转型，即由北洋军阀的专制体制向国民党的党治体制转变。而作为易帜后东北最高行政机关的东北政务委员会的成立，正是这种政制转型的体现。但在东北政务委员会成立的过程中，却处处潜藏着北洋军阀的传统与因子。正由于受根深蒂固的奉系军阀政治的影响，东北政制转型最终流于形式，也预示着国民党党治体制难以在东北建立。[①] 本文即以东北政务委员会为探讨中心，试图揭示易帜后东北政制转型的艰难与困境。

## 一　东北政务委员会名称起源

在东北易帜谈判时，国民党与奉系曾达成在东北成立政治分会的易帜

---

\* 本文为国家社科基金项目"南京国民政府东北政务委员会研究"（13CZS030）的阶段性成果，江西省高等学校重点学科赣南师范学院中国史重点学科项目。

\*\* 赣南师范学院中央苏区研究中心讲师。

① 目前学界对于易帜后东北政制转型问题，尚无专文研究。而有关东北政务委员会的研究可参见拙文《东北政务委员会的内部结构及运作机制考察》，《东北大学学报》（社会科学版）2010年第1期。

条件。① 但由于随后国民党二届五中全会做出了裁撤各地政治分会的决议，奉系就此提出了"此种过渡办法，绝不能少"②的要求，即必须在东北成立类似政治分会的组织机构。蒋介石为了促成东北易帜，早日实现统一，最终决定在东北成立东北政务委员会，以替代东北政治分会。对于奉系来说，东北政务委员会只是东北政治分会的另一个名称而已。

而政务委员会这一组织机构，实际早在国民党北伐期间便在各地创建过不少，比如湖北省政务委员会、安徽省政务委员会、江苏省政务委员会、浙江省政务委员会和贵州省政务委员会等。③ 在国民党北伐期间，为了便于在战地开展工作并配合国民革命军进军，国民党在国民革命军到达之省份大都建立过政务委员会，作为省政府④成立前的过渡组织。1926年9月汉口和汉阳为国民党占领后，国民党建立了湖北临时政治会议，在湖北省政府正式成立以前，决定全省军事、政治和财政大权，同时还成立了湖北政务委员会，负责执行与处理湖北临时政治会议做出的有关政务方面的决议。10月公布《修正湖北政务委员会条例》，该条例规定在湖北省政府成立以前，所有湖北政务由湖北政务委员会处理，即将其作为过渡性临时省政权的组织形式，并规定政务委员会设主任委员1人，委员13人，均由国民革命军总司令任命。政务委员会下设一处三科：秘书处、民政科、教育科、建设科，并对各处科职员和职权做了详细规定。湖北省政府正式成立之日，湖北政务委员会即行撤销。⑤ 之后，随着国民革命军的进军，1927年3月于安庆成立了安徽省政务委员会，国民党在南京国民政府成立后又相继成立了江苏省政务委员会、浙江省政务委员会和贵州省政务委员会。在各省军事行动结束后，政务委员会均改组为正式的省政府，比如1927年7月中央政治会议咨南京国民政府，"经议决浙江省军事早经结束，原设立浙江省政务委员会，应即改组为浙江省政府"。⑥

---

① 当时全国由地方实力派所掌控的政治分会主要有5个，即广州政治分会、武汉政治分会、开封政治分会、太原政治分会和北平政治分会。而蒋介石为了促使张学良易帜，同意在奉天成立东北政治分会。
② 《致蒋介石电》，毕万闻编《张学良文集》第1册，新华出版社，1992，第130~131页。
③ 刘寿林等编《民国职官年表》，中华书局，1995，第685、698、714、740、844页；洪喜美编《国民政府委员会会议记录汇编》，台北"国史馆"，1999，第2、7、31页。
④ 广州国民政府曾于1925年7月和1926年11月两次颁布《省政府组织法》，内容均较简略，南京国民政府成立后对《省政府组织法》的修改基本以此为基础，这两次修订的组织法可参见袁继成等主编《中华民国政治制度史》，湖北人民出版社，1991，第124、166页。
⑤ 以上叙述参见袁继成等主编《中华民国政治制度史》，第165~166页。
⑥ 洪喜美编《国民政府委员会会议记录汇编》（一），第244页。

与此时各省政务委员会作用与性质相同的，还有国民党二次北伐后在山东和河北成立的战地政务委员会。1928年3月国民政府公布《战地政务委员会组织条例》，4月又对该条例进行了修正，共计9条，对该会职权与组织进行了详细规定："国民政府为企图野战军之作战便利起见，特设战地政务委员会，受国民革命军总司令之指挥，处理战地民政、财政、外交、司法、交通、工商、农矿、教育、建设各政务"；"战地政务委员会由国民政府特派主席委员一人"，并设"秘书长一人，秘书若干人，承主席之命，办理机要事务"，同时该会下"设民政、财政、外交、司法、交通、工商、农矿、教育、建设等处，每处设主任一人"；"战地政务委员会主席承国民革命军总司令之指挥，掌管全会事务，并指挥各处主任处理处务，随时与各主管部院会联络"；"战地各政务统由本会主持办理，若作战逐次进展，所辖区域内之各部认为已脱离军事范围时，即划归主管机关管理之"。① 可见战地政务委员会是国民革命军作战之地域临时性的最高行政机关。

6月12日，国民党顺直特委会委员萧瑜对"行将结束之顺直特委会，与战地政务委员会及急待产生之北京政治分会"，分三步骤做出如下解释："第一，即在敌人势力下之区域，而军事尚未达到之前，其工作机关即为顺直特委会；第二，为既非如同前所述之情形，其军事亦复达到相当地点，在此期间，负责工作者，即为战地政委会；现在关于二项之工作，均成过去，亟应收束，于是第三步骤则应时而生，即所谓北京政治分会。总之，将来该项分会之应如何组织，必须根据顺委与战委两会过去历史为原则也。"② 6月13日，由山东转赴北京，接管北京直隶一切政务的战地政务委员会主席蒋作宾对记者谈话："战地政务委员会设立之意义，系谋战斗时期之军事政治分而为二。盖军事、民政本为二权，尽分之后，既可令军阀余威下之民间疾苦立时昭苏，又可使前线武装同志专心杀敌。"③

可见，虽然战地政务委员会与前述各省政务委员会性质与作用相同，

---

① 《国民政府公报》1928年3月第39期，"法规"，第4~5页；1928年4月第52期，"法规"，第1~2页。
② 《战委顺委两会今晨正式会商》，季啸风、沈友益主编《中华民国史史料外编——前日本末次研究所情报资料（中文部分）》（以下简称《中华民国史史料外编》）第31册，广西师范大学出版社，1996，第362页。
③ 《蒋作宾对记者谈话》，季啸风、沈友益主编《中华民国史史料外编》第31册，第364页。

均是"处理军事克复后地区之一切行政事宜",但战地政务委员会组织条例对该会职权及其与国民政府和总司令关系规定得更为详细,可以"弥补以往战争克复地区无人承继该地行政之缺点"。①

无论是前述各省政务委员会还是战地政务委员会,都是某一省省政府正式成立前的临时性过渡政权组织,在军事行动结束后省政府正式成立时,其使命便宣告结束。这虽然与东北政委会掌管东北四省行政不同,但二者都具有最高行政机关的性质,而北伐时期在两湖成立的湘鄂临时政务委员会则无论在形式还是在职权上均与东北政务委员会具有相似性。

湘鄂临时政务委员会是1927年桂系控制国民党中央特别委员会时期,对唐生智控制的两湖进行西征后于两湖建立的最高行政机关。国民党中央特委会时期,曾决议取消中央政治会议和各地政治分会。但唐生智和汪精卫等人不承认中央特委会的合法性,成立武汉政治分会与之进行公开对抗,同时进兵安庆,威逼南京。在这种情况下,桂系控制的南京国民政府决定进行西征,讨伐唐生智。11月中旬,武汉为南京国民政府军队占领,解散了武汉政治分会,12月初改设湘鄂临时政务委员会,主席程潜,委员张知本、赵世瑄、甘介侯、白志鲲,秘书长李隆建。②

12月初国民政府颁布《湘鄂临时政务委员会组织条例》,规定"湘鄂两省在战争时期内设湘鄂临时政务委员会,秉承国民政府及该管部,处理两省民政、外交、财政、交通等事务";"临时政务委员会由国民政府任命作战军队总指挥及民政、外交、财政、交通主任人员各一人为委员组织之,以总指挥为主席";"临时政务委员会得委任人员代理两省民政、外交、财政、交通各行政机关官吏,但荐任以上官吏仍呈请国民政府任命";"临时政务委员会处理政务以时机紧迫、须急切处理者为限,但仍随时呈报国民政府及该管部";"湖北省政府或湖南省政府成立时,临时政务委员会即行裁撤"。③ 之后,湘鄂临时政务委员会据此制定了组织大纲,对具体组织和职权做了详细规定:"本会遵照中央政府颁发条例,处理湘鄂两省在战事状态下之一切政务,俟省市政府及中央直属机关自身组织后,分别

---

① 中华民国史事纪要编委会编《中华民国史事纪要(初稿)》,台北"中华民国史料研究中心",1978,第1185页。
② 《湘鄂临时政委会成立详纪》,《大公报》1927年12月13日,第3版。
③ 《湘鄂临时政务委员会组织条例》,中国第二历史档案馆编《国民党政府政治制度档案史料选编》下册,安徽教育出版社,1994,第284~285页。

解除职权";"本会设下列各处:秘书处、民政处、财政处、交通处、外交处、武汉临时财政整理委员会,均受该会之监督指导,并规定各处职权";"本会行政方针及因必要而有重大之设施时,由委员会开会讨论议决施行(每星期二、五开会,但遇紧急事件时,得由主席临时召集之——原文注)"。①

由此可见,在国民党北伐时期,政治分会与政务委员会曾同时存在,并行不悖地进行双轨运作,也曾在政治分会裁撤后由政务委员会临时性地接管其政治指导功能。而随着国民党北伐的胜利,政治分会走向消亡的时间也愈发临近,但在东北易帜这一关系到国民党能否实现中国统一的问题上,政务委员会作为临时性替代者的作用再次突显,因此也就有了由东北政治分会到东北政务委员会的名称转变。如果易帜后东北政委会顺利成立,那么国民党党治体制在东北逐步建立也就指日可待,东北也终将成为国民党的东北。而实际上,无论东北政委会的成立经过,还是该会的委员构成,都潜藏着军阀政治的影子,也就预示着国民党党治体制实难在东北建立,东北依然是奉系的东北。

## 二 北洋旧制向国民党新制的转变

1928年12月29日,东北易帜实现,国家统一告成,则奉系易帜前所建立的地方自治政权便将宣告结束。② 而此前28日,国民政府会议已拟准东北政委会委员名单,并批准奉、吉、黑、热四省政府委员名单。③ 31日,国民政府特任张学良为东北边防军司令长官,张作相、万福麟为副司令长官,并任命奉、吉、黑、热四省的政府主席及各厅厅长。④ 这样,国民党政权组织体系便即将在东北建立起来。

1929年1月12日,东北政务委员会、东北边防军司令长官公署及奉天省政府正式成立,新体系形成,也由此正式开始了新旧的交替。以奉天省政府为例,奉天省政府于12日成立,省政府主席翟文选、委员陈文学等

---

① 《国民政府湘鄂临时政务委员会组织大纲》,《大公报》1927年12月13日,第3版。
② 1928年,在皇姑屯事件后到东北易帜前这段时间里,张学良曾重建了一个由其任保安总司令的东北地方自治政权。
③ 张友坤等编《张学良年谱》(修订版),社会科学文献出版社,2009,第234页。
④ 韩信夫、姜克夫主编《中华民国大事记》第二册(1923~1929),中国文史出版社,1997,第937页。

"先行就职"①，17日，省政府召开第一次委员会议，开始正式处理省务。同日，奉天省政府要求所有下属各机关、县知事，于本日始，"所有呈报省公署文件一律改称省政府"②。于是，从17日开始，奉天省长公署关防便告结束，奉天省政府关防正式启用，省长公署向省政府的转变由此完成。同样，东北政委会于12日成立后，15日召开"首次会议，议决警务处改名等三案，三省保安委〔员〕会即消灭"③，东北临时保安委员会改组为东北政务委员会。东北政委会及东北边防军司令长官公署的成立，标志着北洋时期奉系地方政权转变为国民党时期地方政权。

  最高立法权是国家主权的主要象征，一个国家只能有一个最高立法机关。所以，东北新政权成立后，奉系首先取消当地最高立法机关。东北政委会议决停止省议会，"所有文卷全交省政府保存""省议会基址改为省党部"，④ 省议会裁撤，那么由省议会会员组成的东三省省议会联合会也就自然宣告结束。

  由保安会改组的东北政委会成为真正的东北最高行政机关。因为东北政委会将东北边防军司令长官公署及其前身东三省保安总司令部兼管的部分行政权也并入其管辖范围。东北政委会成立后，"于秘书厅下分设总务、机要、行政、财务、蒙旗等处"，并将东北边防军司令长官公署"之政务处、财务稽查处、蒙旗处议定分别并入本会行政处、财政处、蒙旗处，一切事宜由本会督饬进行"⑤。同时，东北政委会还将掌握全东北某一方面的行政管理权，并且原隶属于东三省保安总司令部的东三省交通委员会和东三省交涉总署等行政机关也改为隶属政委会，使东北政委会成为真正意义上的最高行政机关。⑥ 而由东三省保安总司令部改组的东北边防军司令长

---

① 《奉天市政公所为本月十二日翟文选就任奉天省政府主席，陈文学等分任各厅长给所属训令》，辽宁省档案馆编《奉系军阀档案史料汇编》（8），江苏古籍出版社，1990，第104页。
② 《奉天省政府为所有呈报省公署文件一律改称省政府致各机关、县知事电》，辽宁省档案馆编《奉系军阀档案史料汇编》（8），第101页。
③ 《东北政务会前日开首次会议》，季啸风、沈友益主编《中华民国史史料外编》第32册，第489页。
④ 《东北政委会议决各机关改组事项及奉天省长公署的通令》，辽宁省档案馆编《奉系军阀档案史料汇编》（8），第107页。
⑤ 《奉天省政府刊发东北边防军司令长官公署将政务等处并入东北政务委员会各处的训令》，辽宁省档案馆编《奉系军阀档案史料汇编》（8），第171页。
⑥ 关于东北政委会庞大的组织结构，可参见拙文《东北政务委员会的内部结构及运作机制考察》，《东北大学学报》2010年第1期。

官公署则成为单纯的东北最高军事机关,① 在形式上实现了军政分开,不再以军干政。另外,东北还保留了最高法院东北分院,其司法行政归东北政委会管辖。这样,奉系地方政权的组织形式便由原来的保安司令制度转变为政务委员会制度。东北政务委员会从此成为奉系新政权的象征和标志。

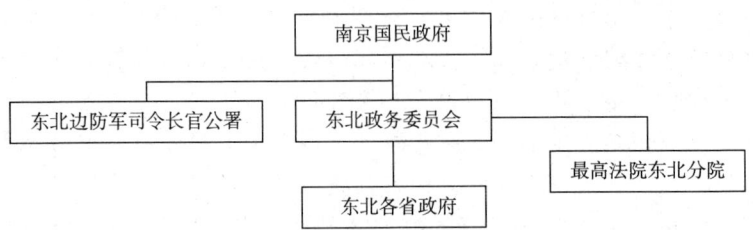

图1 国民党时期东北地方政权组织体系

由此,奉系新政权组织结构也就转变为:最高行政机关——东北政务委员会;最高军事机关——东北边防军司令长官公署;最高司法机关——最高法院东北分院(参见图1)。奉系新政权与旧政权相比,二者的显著区别有两点:一取消了立法机关;二在形式上实现了军民分治原则,行政权集中于东北政委会,军事权则集中于东北边防军司令长官公署。至此,奉系地方政权步入了体制转型的轨道。

## 三 旧军阀传统的凝固与残留:对东北政务委员会委员选任与排序的分析

东北政委会成立后有委员13名,虽然委员没变,但却有委员排序不同的两份名单:一份是奉系对内发布的名单,一份是奉系对外发布的名单。对内名单为:张学良、张作相、万福麟、汤玉麟、方本仁、张景惠、翟文选、王树翰、莫德惠、袁金铠、刘尚清、刘哲、沈鸿烈。对外名单为:主

---

① 东北边防军司令长官公署设四厅十九处及两个委员会,即军事厅及所属参谋处、副官处、军务处、军需处、军医处、军衡处、军法处、航警处,军令厅及所属第一至六处,秘书厅及所属机要处、电务处、政务处、秘书处,参议厅,事务处,购置委员会和军事工程委员会。军事厅厅长荣臻、军令厅厅长王树常、秘书厅厅长郑谦(后为王树翰)、参议厅首席参议何丰林、事务处处长栾贵田、购置委员会委员长张振鹭、军事工程委员会主任高维岳。另外,吉林、黑龙江两省,还有东北边防军驻吉副司令长官公署和驻黑副司令长官公署。上述各公署编制及主官详见东北文化社年鉴编印处编《东北年鉴》,东北印刷局,1931,第253~254页。

席张学良，委员张作相、张景惠、万福麟、汤玉麟、方本仁、翟文选、王树翰、刘尚清、刘哲、莫德惠、袁金铠、沈鸿烈。①

首先，我们来观察名单的构成情况，以对内名单为例。其中方本仁为南京国民政府指定的东北政委会委员人选，其位置靠前主要也是基于国府代表的身份。其余12人均为奉方人物，张学良为奉系首领；张作相、万福麟、汤玉麟三人为分管吉、黑、热三省军政大权的封疆大吏、边防副司令兼省府主席②；张景惠、翟文选分别为东省特区行政长官（省级，相当于省主席）和奉天省省府主席；王树翰为东北政委会秘书厅厅长；莫德惠至刘哲四人为东北文治派代表人物，在东北，甚至北京政府都曾历任要职③；沈鸿烈为东北海军副司令兼东北航务局董事长。

对内名单和对外名单的构成情况，参见表1。

表1　东北政务委员会委员名单构成情况对比表

| 对内名单构成 | | | 对外名单构成 | | |
| --- | --- | --- | --- | --- | --- |
| 姓　名 | 职　务 | 数　量 | 姓　名 | 职　务 | 数　量 |
| 张学良 | 总司令 | 1 | 张学良 | 总司令 | 1 |
| 张作相、万福麟、汤玉麟 | 兼任省政府主席的副司令 | 3 | 张作相 | 兼任省政府主席的副司令 | 1 |
| 方本仁 | 国民政府代表 | 1 | 张景惠 | 特区行政长官 | 1 |
| 张景惠、翟文选 | 省区最高行政长官（特区行政长官和省政府主席各1位） | 2 | 万福麟、汤玉麟 | 兼任省政府主席的副司令 | 2 |
| 王树翰 | 政委会秘书厅长 | 1 | 方本仁 | 国民政府代表 | 1 |
| 莫德惠、袁金铠、刘尚清、刘哲 | 文治派人士 | 4 | 翟文选 | 省政府主席 | 1 |

① 《奉天市政公所转发张学良张作相万福麟等于本月12日就职东北政务委员会委员的训令》，《东北政务委员会为将本会主席及各委员名单照知各国驻奉领事给奉天交涉员训令》辽宁省档案馆编《奉系军阀档案史料汇编》（8），第97、114页。
② 汤玉麟于1929年2月24日被委任为东北边防军驻热军副司令，参见张友坤等《张学良年谱》（修订版），第249页。
③ 如莫德惠曾任奉天省长、北京政府农商部次长；袁金铠曾任奉天咨议局副议长、奉天军政两署秘书长，长期担任张作霖谋士；刘尚清曾任奉天省长兼财政厅长、北京政府农工总长；刘哲曾任北京政府教育总长。参见秦孝仪主编《中华民国名人传》第2册，（台北）近代中国出版社，1984，第490~496页；胡玉海、张伟《奉系人物》，辽海出版社，2001，第278~295页；徐友春主编《民国人物大辞典》（增订版），河北人民出版社，2007，第2426~2470页。

续表

| 对内名单构成 | | | 对外名单构成 | | |
|---|---|---|---|---|---|
| 姓名 | 职务 | 数量 | 姓名 | 职务 | 数量 |
| 沈鸿烈 | 海军副司令 | 1 | 王树翰 | 政委会秘书厅长 | 1 |
| | | | 刘尚清、刘哲、莫德惠、袁金铠 | 文治派人士 | 4 |
| | | | 沈鸿烈 | 海军副司令 | 1 |

其次，我们将两个名单进行对比。与对内名单相比，对外名单发生两处变化：前一处是张景惠的位置发生很大变化，由对内名单第六名，上升到对外名单的第三名，即"特区行政长官"超越"国民政府代表"插到了"三位兼任省政府主席的副司令"之间，而万福麟、汤玉麟、方本仁3人顺序则没变；后一处是"二刘"与"莫袁"对调，即在"四位文治派"之间的调换位置。

通过两个名单构成情况的对比，很显然，对外名单最突出的变化就是张景惠位置的前提。张景惠为奉系元老，在东北军界、政界均有威望，此时担任东省特区行政长官，主要负责管理中东路附近地区行政与外交事务，与苏联打交道甚多。在东北外交方面，最重要者莫过于日本与苏联，与二者关系好坏关乎东北安危。而在奉系对外发布的名单中，奉系将张景惠位置前提，显然是奉系有意突显对外交的重视，也折射出东北此时在外交方面的窘境。

张景惠位置虽前提，超越了万、汤、方三人，但却止于张作相。因为此"二张"都是奉系元老，也均是张作霖的结拜兄弟，在奉系军政界都德高望重，但因张景惠曾与张作霖有嫌隙，不再受其信任而地位下降①；而张作相则始终受到张作霖的信任而手握兵权。皇姑屯事件后，在奉系新领导人之争中，张作相坚决辞去东三省保安总司令职，坚决拥护张学良，因此深得张学良信任。所以在张学良政权时期，张作相被张学良称为"辅

---

① 1922年第一次直奉战争中，因张景惠的西路军行动迟缓，导致奉军战败。战后，张景惠寓居北京，后受曹锟拉拢，出任国道局督办，张作霖因此深恨之。1925年冬，张景惠因母病故，不敢奔丧，求张作相、吴俊升说情，张作霖乃准其回奉治丧。张景惠回到沈阳后向张作霖谢罪，张作霖原谅了他，委任其为奉天督军署参议。1926年后，张景惠虽先后被委任为北京政府陆军总长、实业总长，但已远离军权。参见胡玉海、张伟《奉系人物》，第330～332页。

帅",委以重任,成为奉系第二号人物。

进入名单的东北政委会委员,不是东北军界要人,就是东北文治派代表人物,但有两人资历和威望与其他委员相比,稍显不足,一个是万福麟,另一个是沈鸿烈。万福麟,吉林农安人,1926年他才因平定郭松龄反奉之军功而升任第八军军长,而皇姑屯事件后,继吴俊升成为黑龙江省督办。① 由于万资历较浅,吴俊升之子吴泰来不服,还闹过一场夺黑省督办的闹剧。但由于张学良的支持,万顺利接替吴俊升的督办之职,而后又成为东北保安副司令,而吴泰来则由黑省调任奉军第三和第四方面军骑兵集团军军长。②"杨常事件"后,万福麟又接替常荫槐任黑省省长职,身兼黑省军、政两职,成为奉系仅次于张作相的第三号实力人物。沈鸿烈是湖北天门人,早年留学日本,回国后在北京政府海军部任职。1920年,调入东北江防舰队,从此一直在东北任职。1927年,沈被委任为东北海军副总司令,代理总司令职。皇姑屯事件后,张学良主政东北,仍委任沈为海军副总司令,代总司令职,同时他还兼任东北航务局董事长,管理东北江河航政及航运事业,也是一位身兼军、政两职的实力人物。③

万福麟1880年生人,张作相1881年生人,沈鸿烈1882年生人;虽然三人年龄相仿,但万、沈二人资历威望显然无法与张作相相提并论。他们的升迁主要是由于张学良的提拔和信任,虽身兼要职,但他们二人在东北政委会内的排名却相差甚远。与四位文治派人士相比,万福麟的资历与威望虽然尚浅,但万的排名却远远靠前,这说明在东北政委会内实力对于排名起着重要作用。但同样拥有实力的沈鸿烈却没有排在这四人前面,而是排名垫底,这又说明实力也并不完全决定排序;而实际上导致沈鸿烈排名垫底的原因也很简单,即沈氏并非东北籍人。

总的来看,东北政委会委员选人标准是现任实力派军人加文治派人士;排名原则是实权人物在前,文士贤达在后,实权人物中,军职在前,文职在后;而决定排序的因素除了实力和资历威望外,是否东北籍贯成了主要因素。

东北政委会成立前,还存在过另一份该会委员名单:张学良、张作相、万福麟、汤玉麟、王树常、翟文选、常荫槐、张景惠、袁金铠、刘

---

① 参见徐友春主编《民国人物大辞典》(增订版),第1953页。
② 参见《督办黑龙江军务善后事宜公署为万福麟接替吴泰来代理督办给奉天省长公署咨》,辽宁省档案馆编《奉系军阀档案史料汇编》(7),第278页;张友坤等编《张学良年谱》(修订版),第204页。
③ 参见秦孝仪主编《中华民国名人传》第2册,第59~61页。

哲、莫德惠、刘尚清、方本仁、王树翰、沈鸿烈15人。① 这是1929年1月7日，奉系呈经国民政府核准并任命的。与东北政委会成立后的名单相比，此名单多了两人，即常荫槐和王树常。很显然，"杨常事件"中常荫槐被杀后，即被除名。东北政委会实行委员制，委员人数只有单数才便于表决，所以常被除名后，只有增加或减少委员名额两种方法以保证委员为单数。而最终奉系选择了削减名额的方法，那为什么选择削减王树常呢？

我们先来分析一下名单构成。王树常，奉天辽中人，早年留学日本，历任奉军第二十二旅旅长、第十军军长，东北政委会成立前任东三省保安总司令部军令厅厅长。常荫槐，奉天梨树人，曾任京奉铁路局局长、东北交通委员会副委员长，在吴俊升被炸死后接任黑龙江省省长。王树翰，奉天人，在东北政委会成立前他还不是该会秘书厅厅长，他清末举人出身，曾任奉天财政厅长，吉林代省长，与王永江齐名，并称"二王"，亦是东北文治派重要人员。② 结合前文对东北政委会委员构成的分析，该份委员名单构成情况是：5位司令、1位军令厅长、3位省长、5位文治派人士，加1位国府代表。所以从这份名单的构成来看，王树常以军长出身的军令厅长身份跻身东北政委会，资历稍显不足，所以常被杀后东北政委会要削减名额也只能削减王树常。

可常荫槐被杀后，奉系为什么不选择增添一名委员呢？这是因为在张学良主政东北后，有资历、有威望的奉系人物和东北社会贤达能出来、愿意出来辅佐张学良的基本都出来了。剩下没有出来的，或是因为年老体衰、身体多病，如奉系元老，张作霖的对日交涉大员于冲汉，在张学良主政东北后被委任为东三省保安总司令部参议，但不久即抱病隐退。③ 或是因为心存异志，不愿辅佐张学良，如杨宇霆即是如此，他声称"不任东省职务"，"南京拟不去，出洋亦难遽成行"，④ 摆出一副不与张学良合作的姿态。或是因为沦为政治斗争的牺牲品，如于驷兴，安徽寿县人，长期在黑龙江任职，历任黑省政务厅长、教育厅长，皇姑屯事件前他长期代理黑省省长，然而张学良主政东北后委任常荫槐为黑省省长，从此于不被重用。⑤

---

① 张友坤等编《张学良年谱》（修订版），第238页。
② 参见徐友春主编《民国人物大辞典》（增订版），第177、1658、178页；胡玉海、张伟《奉系人物》，第198页。
③ 参见徐友春主编《民国人物大辞典》（增订版），第28页；《东北人物大辞典》编委会编《东北人物大辞典》，辽宁人民出版社，1991，第663页。
④ 《杨宇霆回奉后谈话》，季啸风、沈友益主编《中华民国史史料外编》第32册，第93页。
⑤ 参见《关于常荫槐接替于驷兴任黑龙江省省长的文电》，辽宁省档案馆编《奉系军阀档案史料汇编》（7），第337页；徐友春主编《民国人物大辞典》（增订版），第33页。

与沈鸿烈相比，于驷兴虽亦是非东北籍人，但由于不受张学良信任而沦为奉系内部张学良与杨宇霆两派政治斗争的牺牲品。另外，从王树常以军令厅长都能跻身东北最高行政机关担任委员一职的角度看，也说明奉系很难再选出"合适"的人选了。

通过上述对东北政委会委员选任和排序的分析，我们可以看出，虽然东北易了帜，但奉系及其新政权中仍然凝固并残留着北洋时期旧军阀的传统与因子。

## 四 军阀政治再现："杨常事件"与东北地方政权的张学良化

一个是"愿意"辅佐张学良的常荫槐，一个是不愿意辅佐，甚至要与张学良争权夺位的杨宇霆，为什么同时被杀？而他们被杀的时间就在1929年1月10日晚，在东北政委会即将成立之前，在奉系由北洋旧政权向国民党新政权转变之前。敏感的时间，发生了本不该发生的敏感事件。张学良是有意为之，还是无心之举？张学良，1901年6月生人，1929年1月他还不到28周岁。虽然年轻，但由于张作霖有意培养，19岁时张学良就成为奉军少将旅长，经过多年的耳濡目染，他对军阀派系之间尔虞我诈、争权夺利之能事必然了然于胸。因此，在奉系新政权即将诞生的前夜，在最需要平稳过渡的时刻，张学良制造了这么一个震惊中国政坛的事件，显然不是无心之举。

前文已述，张杨之间本有夺权之争，不仅在对内，而且他们在对外"应付时局"之主张也"互异"："（一）关于国奉妥协方针，张主联蒋，杨主联桂；（二）关于直鲁军肃清问题，张主纳直拒鲁，杨主直鲁军一体解决；（三）关于东三省交通机关，张主分权，杨主集权。是以交通司令在形式上虽属独立，而实则仍受常荫槐之节制。"① 由此可见，张杨之争已势同水火。杨之争权，已搅得奉系地方政权发生异变，使行政权"下移"。② 如今新政权即将建立，而由保安会改组的东北政务委员会也即将成为新的东北最高行政机关。如果此时杨、常一派再阴谋夺权，若为蒋等其他派系所利用，则奉系新政权也必将失稳。所以为稳定政权计，杨、

---

① 《杨宇霆在奉势力愈增》，季啸风、沈友益主编《中华民国史史料外编》第32册，第59页。
② 关于东北易帜前张学良重新建立的东北地方政权及其异变问题，可参见拙文《政治博弈与制度异化：1928年奉系政权的重建》，《史林》2014年第4期。

常必死。①

"杨常事件"发生后,张学良于1929年1月11日上午召集东北政委会委员张作相、翟文选、张景惠、王树翰、袁金铠、汤玉麟、沈鸿烈,东北边防军司令长官公署秘书长郑谦,东北宪兵司令陈兴亚以及孙传芳等人开会,讨论该事件如何善后。并于是日,奉系发布《东三省保安总司令部布告》及《致三省父老电》,公布了《杨常伏法之判决书》。②

通过奉系对"杨常事件"的善后处理,笔者发现了这样一个现象:即奉系以完全不同的两个名义发布了对该事件的处理结果。一个是以东北政委会委员联名发出对外通电,列举杨、常阻挠统一、把持政务、结党营私等数条罪状。③ 该通电最后署名为除国府代表方本仁以外的全部12名东北政委会委员。这12人同时也是东北临时保安委员会之委员,但保安会有委员17人,显然此12人联名代表的不是保安会,而是东北政委会,即以东北政务委员会名义发表了对外通电。

另一个是以东三省保安总司令部名义发布对内布告。④ 该布告结尾署东三省保安总司令张学良名,其内容与上述通电相同,但二者却是以不同名义,针对不同受众发布的。通电对外发布,是面向全国,以东北政务委员会名义可以体现东北易帜后国家之统一;布告对内发布,是面向东北,而以东三省保安总司令部名义则说明新旧政权转变尚未完成,奉系旧政权尚有效力。

杨宇霆不是东北政委会委员,在南京国民政府亦无任职,奉系在东北新政权尚未成立前杀之,虽无须向国府请示,但杨毕竟是奉系要员而且兼任奉天兵工厂督办,事前不通知国府即杀之,似有蔑视国府权威之嫌。而常荫槐则是国民政府批准的东北政委会委员,奉系未经请示,便擅自主张将其处死,显然无视国府权威。13日,张学良致电国民政府及蒋介石,请任命万福麟为黑省府主席,臧式毅为兵工厂督办,并谓对"杨常事件"所以断然处置者,实因彼等种种行动,不但令责任人无退让余地,并且有危及国家之虞,"事前未及禀商主座者实万不得已,千恳俯视鉴察"。这一

---

① 关于"杨常事件",可详见陈崇桥《试论"杨常事件"》,《近代史研究》1986年第2期,第248~267页。
② 张友坤等编《张学良年谱》(修订版),第240页。
③ 参见《张学良、张作相、万福麟等致各县各法团通电》,辽宁省档案馆编《奉系军阀档案史料汇编》(8),第84~88页。
④ 参见《东三省保安总司令部布告》,辽宁省档案馆编《奉系军阀档案史料汇编》(8),第89页。

"废"一"立",一个事前未请示便杀之,一个事后请示任命,对比鲜明,加之事后又以两个不同名义发布处理公告,如此一来,即便奉系无意,然枪杀之举也已表露出奉系新政权半独立地位之事实。木已成舟,蒋既尴尬又无奈,14日,蒋自找台阶地复电称:"既认杨常有妨大局,临机应变,当无不合。"①

派系内斗,排除异己,无视法律,擅自杀人,等等,这些无不是北洋时期旧军阀见怪不怪的事。"杨常事件"的发生,再次说明了奉系内在的旧军阀传统的凝固性,以及易帜和政权形式的转变并不能改变奉系作为具有独立利益诉求的政治实体的本质。

## 五 结语

1928年6月张作霖死后,奉系政权开始由北洋地方政权向国民党地方政权转变。在转变过程中,奉系建立了一个以张学良为核心的、以"二张"叔侄联合为基础的东北保安政权。该自治政权标榜"主权在民""三权分立""军民分治"等原则,而实际上施行"以军代政""以军管政"的保安制度。

而东北易帜后不久,以东北政务委员会为核心的奉系新政权体系正式建立,随之旧政权宣告结束,新旧转变完成。然而在奉系新政权中,我们却可以发现奉系仍残留着诸多旧军阀的传统与因子,而这种传承的根深蒂固的特性又势必将使国民党的党治体制难以顺利地在东北建立起来。而此后的事实也证明了这一点,虽然奉系以南京国民政府的设计方案为蓝本对东北地方政治制度进行了重塑,但国民党在东北的党部组织直到中原大战后的1931年4月才逐步建立起来并公开开展工作,即便如此,实际建立的却还是奉系地方政权的"官党"②,而且半年后东北便宣告沦陷。因此,易帜后国民党党治体制在东北的推行与建立是失败的。由于作为独立的利益主体而对生存空间和政治空间具有强烈诉求,奉系在对外防范日苏侵略的同时,对国民党和南京国民政府向东北的渗透与控制行为也进行了坚决的抵制。

东北政委会的成立,使奉系得以延续,并由北洋军系演变成为国民党军系。一方面,这使得奉系延续了对东北的统治,使南京国民政府的力量

---

① 韩信夫、姜克夫主编《中华民国大事记(1923~1929)》第2册,第941页。
② 参见拙文《党权之争与奉系军阀国民党化:1929~1931》,《安徽史学》2011年第6期。

难以进入东北,使东北自民初以来长期游离于中央政府有效管辖范围之外的现状没有改变,以致为日本所利用,致使九一八事变发生,东北沦陷;另一方面,这也"培养"了一个新的地方实力派,更增加了南京国民政府整合全国,尤其是北方的难度,并对民国政局产生了巨大影响,而关于这一点,充分地体现在中原大战前后①。

---

① 中原大战前,奉系对蒋派与反蒋派均具有决定意义,参见陈进金《东北军与中原大战》,《近代史研究》2000年第5期;中原大战后,奉系入主华北对民国政局产生巨大影响,参见拙文《东北政务委员会政治空间的膨胀》,《史林》2010年第2期。

【专论】

# 宗族制度与国家控制[*]
## ——以20世纪三四十年代江西万载县为个案的考察

杨吉安[**]

**提　要**　国家对宗族制度的认同与控制程度,决定着民国时期宗族的变化趋向与动态特征。在20世纪三四十年代的江西万载县,随着国民党政权建设的日渐加强,国家对宗族的态度从支持逐渐走向否定。面对这种变化,宗族组织也经历了一个从被动到主动的整合过程,极力谋求有利于自身的发展空间。

**关键词**　制度认同　宗族　万载

墨子刻（Thomas A. Metzger）认为明清时期的中国政治核心是一种"限制性的政治核心"[①],因而帝制时期的政府很难将自身力量直接延伸至乡村共同体,不得不依靠士绅管理乡村社会。在中国帝制时期,以血缘与地缘为基础的宗族组织利用族权将分散的个体农民组织起来进行控制,有着比地方政权控制乡村社会更为奏效的优势,遂成为国家控制系统的有效手段之一。宗族组织作为国家控制主体之所以存在,源于国家政权的认同,而认同的基点在于国家政权的政治需求。进入民国尤其是南京国民政府建立后,受国家政权建设的影响,宗族权威日渐式微,国家对宗族组织的认同成为其生存与发展的关键所在。近年来,学界已有不少论著讨论国民政府时期国家与宗族之间的关系,但这些研究多各执一端,或注重国家

---

[*]　本文为教育部人文社会科学研究青年基金项目"二十世纪三四十年代江西万载县族董会制度与地方社会控制"（12yjc810032）的阶段性研究成果。
[**]　宜春学院副教授。
[①]　转引自黄克武《"民不举,官不究"：从乾隆年间的一则刑案探测帝制晚期私人生活的空间》,载《近代中国的城市与乡村》,社会科学文献出版社,2006,第427页。

而忽视宗族，或注重宗族而忽视国家，少有两者密切互动的个案分析。20世纪三四十年代江西万载县先后出台了族董会简章制度、族联会章程制度以及族董会简则制度，通过剖析国家对这些制度的认同态度，有助于解析国家与地方宗族社会是如何进行历史互动的。①

## 一 由地方政策到国家意志

长期以来，宗族组织及族权是中国传统社会形态的重要组成部分。万载的宗族组织普及于明中后期，至清嘉道时期修谱建祠达到高潮。粗略统计，万载合计有 130 个姓氏，分别来自于 893 支宗源，累计修祠达 1700 余座次，修谱达 2800 多次。② 民国县志记载："族姓观念，县人最深。于何知之，于修谱建祠知之。合数百万人之众，汇其生年月日以及其他而辑之为谱，又萃其散处于数十百千里内者分别出资而建为祠堂。时平则享受祀宴饮而欢洽，急难则呼号奔走相应援扰于守望友助扶持之遗意也。苟充其团结之力，足资捍御而为乡间而动其本原之思，且可兴教养而厚风俗。县境数千人之族不少矣，有族长房长举族之人而董率教导之，纠纷则排解之。"③ 可以看出，宗族组织有利于乡村社会秩序的稳定。基于此，1932年江西省武宁县长宋屏撰写《各姓族董会简章》，提出利用"宗族组织团结社会以增进政治效率"。该宗族制度得到省政府高度认同，经民政厅进一步完善后上升为国家意志。1933 年 9 月 18 日，江西省主席熊式辉发布训令，要求所属各县全力推行族董会制度。④ 档案表明，在实施过程中，国家有效构建了地方社会的宗族组织形态：

第一，族董会董事人数以 9～13 人为限，其中族长为当然董事，其余由各房或各支推举，主任为全族负责人，在族董中互推产生。不难发现，

---

① 杜正贞（《民国时期的族规与国法——龙泉司法档案中的季氏修谱案研究》，《浙江大学学报》2013 年第 6 期）论述了 20 世纪 30 年代族规与国法发生冲突时，龙泉县宗族组织的对策。杜香芹（《论国家、宗族与乡绅的关系——以抗战时期闽中学田案为考察对象》，《福建省社会主义学院学报》2004 年第 1 期）指出，抗战爆发后因福建省内迁带来的学田改革引起了政府与宗族之间激烈的地权之争。李永芳（《民国时期家族文化的历史嬗变述论》，《历史教学》2009 年第 5 期）认为，为稳固封建专制统治的社会基础，民国政府采取了偏向于保护和利用家族制度的态度。王志龙（《1912～1937 年政府的族田政策及其影响研究》，《中国农史》2013 年第 3 期）认为，北洋政府和南京国民政府的族田政策在国家和宗族之间实现了正向互动，使得族田从 1912 年到 1937 年保持持续发展的态势。
② 张芍甫、龙赓言：《万载县志》卷 3《氏族·宗姓表》，1940。
③ 张芍甫、龙赓言：《万载县志》卷首《分序四》，1940。
④ 《武宁县县长宋屏呈拟各姓族董会简章》，万载县档案局藏档，卷宗号：2-21-45。

其中宗族权力被分化，族长地位在下降。尤其重要的是，年长已不再成为优势，国家着意于具有新式教育经历且"年富力强"的人来担任族董会主任一职。如1934年司背宋氏族董会主任宋青和系江西省豫章法政专门毕业，曾任宜丰县培根职业学校主任、万载私立龙河中学校训导主任等职，年龄仅为28岁，比之族长宋式金小31岁。①

第二，各族族董会应将有关族董姓名、籍贯、年龄、履历清册呈报所在地区公所审核转呈县政府备案，并颁发图记，表明族董会的成立为国家所控制。换言之，宗族组织合法与否，国家的认同是关键所在。族董会负有宣传政府政策，宣扬孝悌忠信、礼义廉耻思想；兴办小学公益事务，整理族产、公款收支，维持族内治安，严防族中子弟加入共产党或参加革命活动的职责。这与保甲清查户口、兴办保学、组织合作社的职责在本质上是一致的，或是相互配合的，揭露出族权与政权的一致性。

第三，曾为盗匪通缉有案者、褫夺公权及曾受刑事处分者、植党营私者不得推为族董。曾受处刑之宣告者，褫夺公权尚未恢复者，曾经帮助过红军、虽邀准"悔过自新"而尚在"查看管束期间者"不得充任保长及甲长②的任职规定，表明族董与保甲长的资格限制并无二样。实际上，有些地方的族董会主任本身就曾充任保甲长一职，甚或现任就是保甲长。如1937年何氏族董会主任何汉章曾任万载县第一区第56保、44保、35保保长等职③，同年吴氏族董会吴际男则兼族董会主任与保长于一身。④

## 二 从被动到主动

国民政府通过推行族董会制度构建了地方社会的宗族组织形态，从而强化了对地方宗族力量的控制。然而，地方宗族并不是一味地被动退让，他们寻找一切可能的机会来壮大自己的实力，以便在与官方交往时增加谈判的筹码，获得更加有利的生存和发展空间。

在族董会制度实施四年后，重新崛起的宗族力量在万载地方政治格局中的作用开始凸显。1936年5月12日，司背宋氏族董会主任宋青和，联

---

① 《万载县司背宋氏族董会族董姓名年龄履历清册》，万载县档案局藏档案，卷宗号：2-21-45。
② 中国第二历史档案馆编《国民党政府政治制度档案史料选编》（上），安徽教育出版社，1994，第409~410页。
③ 《万载县何氏族董会族董履历表》，万载县档案局藏档案，卷宗号：2-2-419。
④ 《万载县吴氏族董会族董履历表》，万载县档案局藏档案，卷宗号：2-2-419。

合本县龙、辛、郭、刘等十余姓族董共计18人呈文县长张芎甫：

  呈为组织全县族联会拟具章程请予察核批示祗遵事：窃本县各姓曾奉令组织族董会，以期由宗族扩充到国族，为复兴民族之始基，而借以宣传政令，敦睦伦纪，调解纠纷，为国民自治权舆。然每遇甲族与乙族发生纠纷，非甲姓或乙姓族董单独所能解决，则又殊感困难。代表等有见于及此，乃召商各姓绅董，发起族联会，以期沆瀣一气，互相维护。爰拟具简章，随文呈送钧长察核，候示祗遵。

他们所拟定的《万载全县族联会章程草案》的主要条款为：

  ……

  第二条　本会联络各姓感情，调解纠纷，改善风化，为自治始基。

  第三条　本会由各区各姓推派代表一人至三人举行代表会议，产生委员十三人，评议员若干人，并由委员互选常委三人整理会内一切事务。

  第四条　本会委员任期定为三年，连举得连任，但以二次为限。

  第五条　每年开大会一次，每月开常会一次，倘遇有紧急重大事宜，得由常委召开临时会。

  第六条　开大会时，除委员、职员以外，各区各姓得另推代表一至三人准时到会。

  第七条　开大会时，须于前十日由本会先函通告各区各姓大祠首士，转知与会人员准时到会。

  第八条　本会经费由委员及评议员自由捐输，每人至少一元为限。

  ……

  第十条　本会费用年终结算后，应油印清册若干份，分发各区各姓大祠，俾得明了开支状况。①

县政府接获呈文后，县长张芎甫实感兹事体大，一时难以定夺，思虑再三于六日后做出批示："呈件均悉。俟转呈核专署，再行饬遵，仰即遵照。"几日后，江西省第二行政专员公署危宿钟以族联会组织未奉明文规

---

①　《万载县各族姓绅民宋青和等呈请组织全县族联会》，万载县档案局藏档案，卷宗号：2-21-45。

定为由予以了否定，并且说本省举办保甲，即为人民自治组织，如保内或保与保间发生纠纷，仍可由保长依保甲规约办理，或请各该管区署区民调解委员会予以调解，无须另立族联会组织。①

成立族姓联合会的提议，充分显示了地域社会拓展国家宗族政策发展壮大自身的自主性，另一方面也反映了地方与国家之间矛盾的加剧。显然，倘按照族联会简章成立宗族联合组织，比之单个族董会，势力更为壮大，国家难保地方族绅精英联合起来坐大，从而给地方控制制造难题，这是国家不愿意看到的局面。联系起刚刚发生的米价风波，代表国家的县政府乃至专署否定族联会组织自然在情理之中。1936年5月初，粮食统制委员会采买股主任汪可舟在省城南昌贷款购米2000石运回万载，时万载本地米价已低于汪氏购买价格。为弥补差价，政府勒令派销600石给城厢各族祠。各族祠首士认为贷款购米系商人经营行为，非为接济民食公款购运性质，现跌价亏本，责之祠众负担，于情于理不合，于是众多祠众多拖延不缴，如辛大祠、郭大祠、宋大祠、张大祠等。无奈之下，县政府强令各族祠迅速勒限派销，声称"如有借故推诿，意图抵制，准予拘提究办"。②

应该说，国家与地方宗族之间的矛盾早在族董会成立之初就已显现。国民政府建立以来，财政短缺一直困扰着国家政权建设的进程。为拓展财源确保国家政策的顺利推行，国民政府将目光聚焦于民间社会领域，以国家名义大肆提拨民间公有及共有款产，宗族族产则首当其冲。1933年的夏天，陈赓雅在《赣皖湘鄂视察记》一书中描述了由于国家盘剥族产万载宗族衰败的情景："目前'剿赤'军事吃紧，地方负担加重，各祠公租，除应抽应捐及应缴之正附税外，入不敷出，已渐典卖及于精良桌几、门窗用具，而春秋祀典，尤多无形取消矣。"③ 随着抗战军兴，国家对宗族族产尤其是粮食征拨的力度，甚或超出了地方宗族的承受限度，但官方仍强令为之。1941年4月，万载县政府发布谕令：案查征购各祠众租谷以济公粮一案，早经本府分令饬遵在案。兹查有辛姓公祠、鲍及甫公祠、闻礼公祠、宋辑轩公祠、辛昌房祠、周大祠、郭德公祠、龙东房祠、王东主房祠、王幼房祠、陈大祠、汪成公祠、汪石溪公祠、陈大祠、柳大祠、郭佩公享堂、邹氏宗祠、汪鹏房祠等42处，延至今日尚未遵照认售，殊有未合，谕仰警长即便遵照分别通知各祠首士限于两日内向粮食管理委员会认售谷

---

① 《万载县全县族联会章程草案》，万载县档案局藏档案，卷宗号：2-21-45。
② 《万载县粮食统制事项卷》，万载县档案局藏档案，卷宗号：2-5-929。
③ 陈赓雅：《赣皖湘鄂视察记》，申报月刊社（上海），1934，第24、26页。

石，如再违延准由政警随时拘府惩办。①

面对国家无限制地盘剥族产，宗族组织一直在谋求自身有利的发展空间。因此，族姓联合会虽然在1936年告一段落，但事情到此还没有结束，地方大族族绅并不甘心失败。1947年，他们几乎联合了万载县所有的各姓族董，以"依照官方颁布社团组织之规定"订定章程为理由再次向县政府提交了呈件，只不过此时的县长已变更为江西永修人郝谦，领头者也换成了筹备会主任张立功。②面对此事，万载县政府依然处理得慎重，于是年7月2日将呈文转呈至省政府社会处。不知为何，省社会处直至年底才指令万载县政府：

> 查宗族结合，基于自然的伦理关系，依民法规定及社会习惯不得视为人民团体，该县各族姓组后云，族姓联合会毋庸由官署许可立案。③

从批复可以看出，省政府虽然没有明确否决族姓联合会组织的成立，但否认该组织为人民团体。尤其严重的是，该组织并不像族董会一样由官方备案，这不可避免地会产生合法性的危机问题。事实上，一直以来国家对族姓联合会组织均心怀戒惧，担心地方精英联合起来对抗官方，导致地方社会事务的不可控性。采取这种模棱两可的说辞，可以说是省政府一种灵活的策略。换言之，当宗族势力在国家可控范围内，可以听其自主发展；反之，则可以合法性的理由取缔族姓联合会组织。

## 三 从支持到否定

《族董会简章》作为宗族制度供给的指导性文件在运行了13年后，于1946年发生了变革。就是在这年的5月4日，万载县县长刘励忠呈文江西省政府：

> 钧府民政厅二十二年颁组织简章……各姓先后成立族董会在卷。溯自举办以来，对于协助政府推行政令颇有功效，惟查颁组织简章各

---

① 《万载公产祠会庙产调查及欠交征谷事项卷》，万载县档案局藏档案，卷宗号：2-5-257。
② 《万载县各族姓绅民张立功等呈请组织全县族联会》，万载县档案局藏档案，卷宗号：1-6-26。
③ 《为万载县张立功等呈请组织全县族联会事》，万载县档案局藏档案，卷宗号：2-7-12。

条多注重于当时的"防匪"策划,盖与现时国家建设及地方情形不符,实有修改之必要。本府为整理人民团体,臻近地方自治起见,业经依照原简章并参酌地方自治法令及地方习惯,重拟族董会组织简则一份,提交本年 4 月 26 日本县第四次县政会议修正通过,理合备文缮呈钧府俯赐核准施行指示祗遵。谨呈江西省政府主席王陵基。①

从呈文的内容来看,县长刘励忠要求重拟族董会制度无疑是合乎时势的,毕竟 1946 年与 1933 年的时代背景已有了很大的变化。经历了八年抗战后,在 1946 年的上半年,近代中国迎来了一段短暂的民主化进程,国共两党暂时达成了和平建国的协议草案,这时以"防共"为主旨的族董会制度显然已不合时宜。换言之,族董会制度已失去其预设目标。

两个月后,即 1946 年 7 月 8 日江西省政府给予批示:

1. 民政厅前颁各姓族董会组织简章,应予废止。
2. 该县所拟各姓族董会组织简则用意虽佳,惟地方自治推行之时,于乡甲之外又另设类似自治组织之单位,恐有妨害乡保之自治工作,未便准行。
3. 各宗族团体于不抵触法令范围内可继续存在,惟毋庸备案。
4. 凡专属于乡镇保甲职权以内之事务,各宗族团体只可依据法令协助推行,不能径自办理。②

从批文可以看出,国家对族董会组织的态度前后发生了惊人的逆转。为便于行文,我们把族董会组织简章和族董会简则这两个文本制度分别简称为"简章"与"简则"。如前所述,"简章"得到了国家的极大认同,由地方政策上升为国家意志,族权也由此得到国家的制度化认可,族董会组织则成为配合保甲制度控制乡村社会的有效手段,从而实现了政权与族权相融合的倾向。丁耀庭(曾担任整理万载国民党党务工作的职务,是万载各姓族董会中最早被推选出来的族董会主任)在回忆丁氏族董会组织成立的情形时说:"本省频年'剿匪',当道为奏效迅速,明令各姓组织族董会,以补军事政治力量之不逮。"③ 与之截然相反,"简则"遭受了国家的否定。尤其重要的是,国家以保甲制度来排斥族董会组织,认为族董会组

---

① 《万载县长刘励忠拟就族董会组织简则》,万载县档案局藏档案,卷宗号:2-21-65。
② 《为万载县长刘励忠拟就族董会组织简则呈请核准由》,万载县档案局藏档案,卷宗号:2-21-65。
③ 《砂桥家乘(丁氏族谱)》,万载县档案局藏档案,卷宗号:2-2-285。

织的存在会有碍地方自治的开展，明令剥夺了原先国家认可的职能。所有这些均表明，政权与族权发生了分离，国家着意打压族权。

江西省政府否决万载县长刘励忠呈交的族董会组织简则制度，可能基于以下几点考虑：

第一，国民党在江西的国家政权建设取得了相当的成就，国家权力已成功下沉至"保"一级基层组织，官方的正式机构取代了传统由族绅主导的非正式机构。与此同时，保的管理职能也发生了变化，由单纯的行政管理职能到兼具社会经济管理职能和社会公共设施建设职能，挤压了族绅发挥作用的空间。新县制后，江西省各保保办公处增设副保长一人，又置民政、警卫、经济、文化干事各一人，月支办公经费7元，列入县地方年度概算中。① 随着"保"行政机构的完善，保成为国家政策的着力点，承担起所有地方社会有关民政、警卫、经济、文化的各项职能。其中民政方面掌理保甲选举、户籍、地政、卫生、禁烟、仓储、救恤、民众团体等事项；警卫方面掌理保安、兵役、防空、壮丁组训等事项；经济方面掌理赋税、公款、交通、水利、农、矿、工、商、林牧渔猎、合作、公营事业、度量衡等事项；文化方面掌理学校、图书馆、体育场、妇女组训、少年组训等事项。② 尤其重要的是，基层政府的这些职能并不仅仅停留在文本上，而是有了实践。1941年，万载县株潭镇第三保保长黄学秉因在期限内未完成整田蓄水、卫生整改及禁吸鸦片等事项被勒令具结限期完成。③

第二，国家无法对诸多的族董会实行有效监管，族董会出现了诸多不得其人的现象，以致族内纠纷不已，破坏地方社会团结，有碍国家建设。1935年，唐氏族董会呈文县政府，因唐元祥侵吞族产，撤销其族董席位改为唐鼎祥担任。④ 1937年9月，戴氏族董会改选，推戴定邦为主任，但前主任戴希贤拒绝将族董会钤记及案卷移交给新主任戴定邦接收。无奈之下，新戴氏族董会列举戴希贤七宗违法事件将之告于县政府：（1）每年支主任薪水法币四十元正。（2）民国二十三年（1934年）变造县府印信，侵夺辛石牯职权，后遭管押数月。（3）任第五区书记时窃取驳壳一枝，后经禁烟局搜出处罚。（4）兜收全族粮款不完，将款吸食鸦片，后粮警追粮

---

① 王次甫：《十年来之江西民政》，载《赣政十年》，江西省民生印刷厂第三厂，1941年12月。
② 《万载县政府乡镇保甲办事规则卷》，万载县档案局藏档案，卷宗号：2-16-372。
③ 《万载县政府各乡镇增储积谷切结卷》，万载县档案局藏档案，卷宗号：2-2-363。
④ 《为唐元祥侵吞族产请求撤销族董由》，万载县档案局藏档案，卷宗号：2-21-45。

连累祠中及各户开支火食二十余元。(5) 持棍殴打族人。(6) 本年七月间率领娼妇入祖堂。(7) 兄弟三人把持族产，任意挥霍。①

同年 10 月，朱氏族董会呈请县政府撤销朱汉章、朱长源、朱云凤三人族董职务，言称：

> 朱汉章先年冒充军官通缉有案，近又通奸水南易英氏酿成命祸。九月二十三日附和朱文彦包庇先年朱生春同居之英袁氏登请族谱，号召无知乡民数十人拥至祠中捣乱谱局。又如朱长源、朱云凤皆武断乡曲，品行不正，学术全无，于本年九月间族董改组，趁机钻营为族董，并不呈报区署转呈钧府备案，公然任职。②

因省政府的批文拖延多日才到达万载，并且在此之前，县政府已将"简则"下发给了各乡镇公所，因此族董会制度依然在发挥作用。但由于省府的否定，族董会制度由国家层面转变为万载县地方性政策，这打击了刘县长的热情，决定了县政府在处理族董会事项时不作为的态度。换言之，官方建构宗族由积极主动向被动消极转变。与之相反，宗族则利用这一机会积极主动地重塑自身，充分显示了自主性。这体现在以下几个方面：

1. 族董人数配置灵活。"简章"规定各姓族董会族董人数不能少于 9 人，也不能多于 13 人。因族董由各房或各支平均推举，这种硬性规定给那些房份不足九支或超过十三支的宗族带来不便，以致宗族内部纠纷频生，无法达成一致意见，甚或不能成立族董会。"简则"对于族董的人数未作明文规定，这极大地便利了宗族自身构建。如万载乐平陈氏族董会设族董 7 人，汤氏族董会为 8 人，闻氏族董会为 9 人，韩氏、宋氏族董会设 15 人，杨氏族董会则设族董 17 人。

2. 族董结构呈现多元化。与"简章"相比，"简则"的各姓族董会增添了族董会副主任、常务族董、书记等新的职位。具体而言，深塘钟氏族董会 11 人族董推 2 个常务族董，欧阳氏族董会 15 人族董推 7 个常务族董，1 人为书记；黄茅南家埠刘氏族董会 9 人族董置一人为书记，白良乡小坑黄鼎昌祠族董会 11 人族董置 2 人为书记；镜山陈氏族董会 9 人族董设主任、副主任各 1 人，常务族董 3 人（主任、副主任为当然常务族董），书

---

① 《为呈请火拘藏希贤等到案押缴藏氏族董会钤记由》，万载县档案局藏档案，卷宗号：2-2-419。

② 《为撤销朱汉章等族董以儆奸邪由》，万载县档案局藏档案，卷宗号：2-2-419。

记 1 人（由现任族董兼任）。此外，杨氏族董会还规定直属各房设族董会分会，定名为杨氏族董会某某分会。李氏族董会则规定当选族董如遇不幸可以父死子继、兄终第及，但须经全族大会确认。

3. 族董任期适度延长。"简章"的族董任期为一年，连举得连任，但不得过三次；"简则"的族董任期较长，有利于宗族内部的稳定及其平稳发展。如杨氏族董会、欧阳氏族董会族董任期为三年，连举得连任。镜山陈氏族董会族董任期为二年，连举得连任。

4. 族董会会议形式多样。"简章"的族董会会议于每月月终召开常会，遇有紧急情况由主任或族董三人以上提议召开临时会，全族大会则于每年冬至节举行。"简则"的族董会会议在次数、种类方面依据各宗族的实际情况有了变化。如欧阳氏族董会每年召开常会一次，遇有紧急情况由族董三人以上提议五人附议召开临时会，常务族董会议每月开会一次，常务族董临时会议须由常务族董二人以上提议二人附议始得举行。白良乡小坑黄鼎昌祠族董会每年开会两次，全族大会每年一次。杨氏族董会每年召开常会一次，遇有紧急情况由族董三人以上提议召开临时会，全族大会则每三年举行一次。镜山陈氏族董会大会每年举行一次，常会每四个月举行一次，遇有紧急情况由主任或族董三人以上提议召开临时会。

5. 宗族制度进一步完善。"简章"文本下的族董会在运作过程中，非常关注地方治安，忽视甚至拒绝传统宗族事务管理。如1935年4月4日，万载一区辛氏族董会将修订章程呈报县政府批准，县政府以条文有欠妥当，且无先例可援予以了否决。档案表明，"简则"下的各姓族董会纷纷展开了得到官方认可的宗族制度的制定。如杨氏族董会先后出台有杨大祠族人纠纷调解委员会章程、杨氏家庙祠务委员会简章、杨氏家庙章程。邹氏族董会则颁发了临时整理族风规约。

族董会制度由国家意志转变为地方政策，表明国家着意降低族董会在地方社会的威望。然而令官方始料不及的是，各姓宗族利用万载官方对宗族事务管理不作为的有利时机纷纷展开了自主建构，反而增强了宗族的凝聚力。

## 四 结语

关于政权与族权关系的研究，大致有以下三种观点。第一，作为国家建构的宗族族权与政权互相支持，族权成为维护封建统治的工具。如左云鹏认为雍正年间设立的族正标志着政权和族权的直接结合。① 第二，族权与政权并不完全一致，两者之间存在矛盾，有时斗争甚至非常激烈。如徐晓望提出明清宗族破坏封建法治导致官府打压宗族的观点。② 常建华论证了清代设立族正旨在防范宗族，且清代不存在族权一贯得到政权支持而不断壮大，并在后期完全和政权结合在一起的过程。③ 陈志平认为当国家政权统治比较稳固的时候，乡族势力能够相对地约束自己和配合政府的统治；而当国家政权社会控制能力下降的时候，乡族势力就能更多地操纵地方事务并且侵蚀国家政权的权益。④ 第三，中国传统社会存在着两种秩序：一种是国家秩序，另一种是由宗族构建的具有自治化倾向的乡土秩序。如郑振满指出，明中叶以后福建地方政府职能的萎缩及明中叶后的社会危机迫使政府逐渐把各种地方公务移交乡族集团，从而促成了基层社会的自治化倾向。⑤ 黄志繁在研究赣南社会时，发现宗族被设定为一个赋役征收单位，介于国家与地方社会之间，具有相对独立性的特征。

国民党政权建立后，国家加大了政权建设的力度，其取得的成就超过了中国以往的任何朝代，宗族不可避免地遭受了与既往不同的变革。20世纪三四十年代，官方对万载的宗族在收权与放权之间左右摇摆，这体现在国家对宗族制度认同态度的变化上，始而将族董会章程由地方政策上升为国家意志，利用宗族稳定乡村秩序，置族董会为官方的辅助性组织；继而否决族联会章程，避免宗族势力联合坐大，以致尾大不掉；最后否定族董会简则，族董会制度由国家层面转变为地方政策，族董会成为不带官方色彩的民间组织。然而，在此过程中的万载宗族并不是一味被动地适应甚或顺应国家对宗族制度的认同，而是极力谋求有利于自身生存和发展的空间。当国家放权建构或改造宗族时，宗族也在借助国家的认同积极重建自身。当国家收权限制宗族发展时，宗族利用地方官员的不作为，发挥自主性，强化了宗族内部的管理，增强了凝聚力。需要指出的是，20世纪三四十年代江西万载县的个案表明，国家与地方宗族社会的互动是有限的，互动的前提是国家置宗族于可控范围内。

① 左云鹏：《祠堂族长族权的形成及其作用试说》，《历史研究》1964年第5~6期。
② 徐晓望：《试论明清时期官府和宗族的相互关系》，《厦门大学学报》1985年第3期。
③ 常建华：《清代族正制度考论》，《社会科学辑刊》1989年第5期；《试论乾隆朝治理宗族的政策与实践》，《学术界》1990年第2期；《清代族正问题的若干辨析》，《清史研究通讯》1990年第1期。
④ 陈志平：《清末民间抗粮与乡族势力》，《厦门大学学报》2006年第1期。
⑤ 郑振满：《明后期福建地方行政的演变》，《中国史研究》1998年第1期。

# 南京国民政府家族制度立法探讨*
## ——以《亲属法》《继承法》为中心

易 青**

**提 要** 1930年代初,国民政府立法院在制定《中华民国民法典》之《亲属法》与《继承法》过程中,就是否继续保持家族制度、效法西方采行个人本位主义,进行了充分的探讨。以胡汉民为代表的立法委员虽然同意形式上保存家制,但坚持全面改造传统家族制度。法学界则存在不同观点,胡长清、郁嶷等人要求彻底废除家制,且依西方个人本位主义精神改造两法,而南京三五法学社则持适当保留家族制度的观点;外国法学专家及顾问也主张国民政府改造两法的力度应该适当,太过激烈无益。透过这场立法讨论,可以窥探西方个人本位主义立法思潮对中国的复杂影响。

**关键词** 1931年《中华民国民法典》《亲属法》《继承法》 家族制度

1930年代初国民政府修订民法典中的《亲属法》与《继承法》过程中,首先需要面对的是如何处理传统家族制度,这也关系到立法原则的确立,即是延续家族本位主义还是确立个人本位主义。[①] 就这一问题,在《亲属法》与《继承法》的立法准备阶段,政界以及法学界展开了大范围

---

\* 本文的写作得到日本学术振兴会(JSPS)的资助。
\*\* 南京师范大学社会发展学院讲师。
① 对《亲属法》及《继承法》制定过程的研究,因为缺失立法院历次会议的记录,很难具体展开,但日本学者西英昭在《中華民国民法親属継承編起草作業と慣習調査——Escarra報告書を手がかりに》这篇论文里,借助西方法律顾问遗留的资料,考察了习惯调查与两法制定之间的关系。

讨论。其间，以胡汉民①为代表的立法委员、胡长清、郁嶷为代表的法学专家以及中岛玉吉②、宝道（Georges Padoux）③、爱斯嘉拉（Jean Escarra）④等外国法学专家与顾问，都积极发表了各自的见解。长期以来，学界研究的焦点集中在法典之本身⑤，并没有探讨法典制定过程中官方、学界和第三方在保留与废弃家族制度问题上的不同立场。而对这一问题的解答，则有助于理解国民政府为什么会在法律制度层面继续保留家族制度。与此同时，通过对这一问题的探讨，亦对把握民国时期之妇女法律地位以及家庭、家族的演变有着积极的学术价值。

南京国民政府立法院在相继完成《民法总则》、《债权法》、《物权法》之后，开始酝酿制定《亲属法》、《继承法》。立法院之所以将两部法案放在整个民法制定工作的最后，原因在于前三部法案可以大量借鉴西方的立法经验以及立法技术，但后两部须立足于中国社会。尤其是两法案的核心问题——家族制度，是继续保留，还是彻底废除，抑或是进行适当的改造，一时成了各方关注的焦点，并展开了热烈的讨论。笔者将参与讨论的人物，分为立法委员、法学专家及法学团体、外国法学专家及顾问三类，对其观点进行具体考察。透过不同背景的人物对家族制度的看法，把握民国法学界与政界怎样思考民法与个人本位主义立法的关系。

---

① 因为立法院长胡汉民领导了《中华民国民法典》的制定，加之党治理论的重大影响，因此学界也非常关注胡汉民立法思想的研究，如日本学者光田剛《立法院長時代の胡漢民の立法観》（《近代中国研究彙報》第 32 号，東洋文庫 2010 年）、赵金康《胡汉民立法思想述论》（《史学月刊》2002 年第 6 期）、韩久龙《论胡汉民的民法思想》（《贵州社会科学》2008 年第 9 期）等。
② 中岛玉吉，日本民法专家，京都大学法学部教授，著有《民法释义》。
③ 宝道（Georges Padoux），又译为乔治·帕杜。1916 年起担任中国政府顾问。1929～1930 年南京国民政府起草民法典时，出任民法起草委员会顾问。之前也曾担任过泰国民法典编撰的顾问。
④ 让·爱斯嘉拉（Jean Escarra，1885～1955），中文译名先后有让·爱斯嘉拉、让·艾斯卡拉、让·埃斯卡拉等。法国民商法学及比较法学家。曾于 1921 年至 1930 年在华担任中国政府法律顾问，著有《中国法》，日本学者曾将《中国法》译成日文出版。因为该著作一直没有中文版，很多中国学者借助日文版进行研究。
⑤ 对《中华民国民法典》之《亲属法》展开系统研究的著作，有许莉的《〈中华民国民法·亲属〉研究》（法律出版社，2009），而美国学者白凯（Kathryn Bernhardt）的《中国的妇女与财产：960～1949》（上海书店出版社，2003）也对这一时期的女子财产权进行了细致的研究。

## 一 立法委员的观点

进入正式讨论之前,笔者认为有必要简单梳理"训政"时期第一届立法院的运行,包括委员的任命、委员的构成以及主导此次立法的委员们的状况。1928年10月8日公布的《中华民国国民政府组织法》明文规定,立法院设院长、副院长各一人,立法委员49~99人,由国民政府委员任命;每届任期两年,并不得兼任中央及地方各机关之事务官。① 有资格出任立法委员的标准是"首重其人在党内之历史,以曾为国民党效忠,在革命过程中未尝有违背党义言论行动,而对法律、政治、经济有相当之学识经验者"。② 1928年11月起,国民政府先后任命了49名第一届立法委员。

1930年12月4日,立法院第120次院会正式通过了《亲属法》与《继承法》。笔者参照《国民政府立法院会议录》,统计到1930年6月至12月,立法院共召开过28次院会,其中第24次至第28次院会立法委员到会情况如表1所示。③

表1 立法委员列席会议统计

| 出席次数 | 委员名单 |
| --- | --- |
| 28次 | 陈肇英、焦易堂、史尚宽、吴尚鹰、罗鼎、卢仲琳、卢奕农 |
| 27次 | 朱和中、陶玄、邵元冲、孙镜亚、王用宾、蔡瑄 |
| 26次 | 陈长蘅、刘景新、林彬 |
| 25次 | 傅秉常、吕志伊、楼桐荪、张志韩、刘盥训 |
| 24次 | 魏怀、张凤九、戴修骏 |

针对以上24位立法委员的履历(魏怀、蔡瑄、卢奕农3位履历不详),笔者参考各种资料进行了粗略的统计。其中15人有留学欧美、日本的经历,主要学习政治、经济以及法学。有8人毕业于法学专业,他们是史尚宽(日本东京大学、德国柏林大学、法国巴黎大学,法学博士)、罗鼎(日本东京大学)、王用宾(日本法政大学)、林彬(北京大学)、傅秉

---

① 中国第二历史档案馆编《中华民国史档案资料汇编》第5辑第1编,政治(一),江苏古籍出版社,1994,第24页。
② 转引自徐矛《中华民国政治制度史》,上海人民出版社,1992,第258页。
③ 参考《国民政府立法院会议录》第4册相关内容统计得出。中国第二历史档案馆编《国民政府立法院会议录》,广西师范大学出版社,2004。

常（香港大学名誉法学博士）、楼桐荪（法国巴黎大学，法学博士）、刘景新（美国哥伦比亚大学，法学博士）、张凤九（新疆法政学堂）。笔者结合以上的分析，认为主要是院长胡汉民、5位民法起草委员①以及上述委员主导了此次的立法工作。

1930年5月4日，《法律评论》转载了中央政治会议通过的《民法亲属、继承两编应先决之各点》，②其中写道："我国虽实际上有所谓家，然家在法律上之组织及地位如何，迄无明确规定。……此次起草亲属法，应是否规定家制，此论先决者八。即使规定家制，则各国法律有以家长权为本位者，如日本民法是。有以共同生活为本位者，如瑞士民法。前者之所谓家，以家长权所辖者为分子，以家长权所及者为范围。后者之所谓家乃以共同生活之人为基础，不置重于家长之权利，而置重于家长之义务。我国亲属法如须规定家制，应如何规定？"从上文可以看出，《亲属法》制定过程中，中央政治会议以及立法院首先需要解决的问题是需不需要规定家制。其次，是仿效日本民法重视家长权，还是取法瑞士民法重视共同生活。笔者拟通过对孙中山、胡汉民以及傅秉常、楼桐荪、陈长蘅的观点的分析，来解答上述问题。

孙中山曾说过："中国国民和国家结构的关系，先存家族，再推到宗族，再然后才是国族。这种组织，一级一级的放大，有条不紊，大小结构的关系，当中是很实在的。如果用宗族为单位，改良当中的组织，再联合成国族，比较外国用个人为单位，当然容易联络得多。"③也就是"利用家族做扩充国族的基础"的观点。④立法院长胡汉民深受这一观点的影响，在立法院成立之后的多种场合，他发表了一系列相关的言论。

笔者翻阅了《胡汉民先生文集》，其中主要相关的文章有：《三民主义之立法精义与立法方针——17年12月5日为立法院成立作》⑤、《法律与自

---

① 1928年12月立法院成立后，在该院第10次会议上，指定傅秉常、焦易堂、史尚宽、林彬、郑毓秀（不久郑辞职改王用宾）五委员为民法起草委员，由傅秉常任召集委员，并聘司法院长王宠惠、考试院长戴季陶及法国人宝道（Georges Padoux）为顾问。
② 《亲属法》与《继承法》的立法原则于中央政治会议第236次会议议决通过，两法案于1930年12月26日公布，1931年5月5日实施。
③ 转引自陈顾远《家族制度与中国固有法系之关系》，《中华法学杂志》新编第1卷第7号（1937年3月）。
④ 胡汉民：《民法亲属继承两编中家族制度规定之意义——19年11月17日立法院纪念周演讲词》，中国国民党中央委员会、党史委员会编《胡汉民先生文集》第四册，台北"中央文物供应社"，1978，第873页。
⑤ 胡汉民：《三民主义之立法精义与立法方针——17年12月5日为立法院成立作》，中国国民党中央委员会、党史委员会编《胡汉民先生文集》第四册，第783页。

由——17年12月10日立法院纪念周演讲词》①、《社会生活之进化与三民主义的立法——19年8月20日为中华法学杂志创刊号作》②、《民法亲属继承两编中家族制度规定之意义——19年11月17日立法院纪念周演讲词》③。以上各篇文章的核心观点见表2。

表2　胡汉民有关家族制度的主要观点

| 篇　名 | 主　要　观　点 |
| --- | --- |
| 《三民主义之立法精义与立法方针》 | 三民主义是一切建国工作的最高原则，离开三民主义不能立法。 |
| 《法律与自由》 | 国民政府的立法应该完全站在党、国家、社会的立场上，为整个的中国民族求利益；三民主义指导下的立法，既不同于西方的个人本位，也不同于传统的家族本位。 |
| 《社会生活之进化与三民主义的立法》 | 中国的立法必须重视"有团体、有组织之众人"的利益，即注重公益；中国传统的家族主义，虽然注意到了家族的团体利益，但并没有上升到社会、民族、国家的层面，因此也不适合三民主义的立法精神。 |
| 《民法亲属继承两编中家族制度规定之意义》 | 中国虽然许多都市已经出现了新兴工业，但大部分农村还停留在中世纪的农业组合中，因此，"承认保存家族制度的精神而酌为变革"是民法制定上不得不采取的手段，即"家族制度的精神，因应事实的环境的要求，必须有适度的保存"；保存的家族制度并不是什么"父为子纲，夫为妻纲"，而是经过变革之后的"良好的家族主义"；变革的具体内容包括：亲属分类之改进、男女平等之确立、亲属独立之奖励以及家的制度之规定。 |

从上述4篇文章，我们可以清晰地观察到胡汉民有关中国传统家族制度的思路，即国民政府必须站在党、国家、社会的立场，遵照三民主义制定法律；西方个人主义的立法原则已经不符合当今的世界潮流，而中国传统的家族主义，虽然注意到了团体利益，但并没有上升到社会、民族、国家的层面，因此也不适合三民主义的立法精神。由此，胡汉民提出在改良的前提下，继续保存家族制度。至此，我们可以清楚地看到以孙、胡两人

---

① 胡汉民：《法律与自由——17年12月10日立法院纪念周演讲词》，中国国民党中央委员会、党史委员会编《胡汉民先生文集》第4册，第811页。
② 胡汉民：《社会生活之进化与三民主义的立法——19年8月20日为中华法学杂志创刊号作》，中国国民党中央委员会、党史委员会编《胡汉民先生文集》第4册，第800页。
③ 胡汉民：《民法亲属继承两编中家族制度规定之意义——19年11月17日立法院纪念周演讲词》，中国国民党中央委员会、党史委员会编《胡汉民先生文集》，第882页。

为代表的国民党上层认为必须继续保留中国传统家族制度，但从三民主义立法考虑，在法制层面需要进行改造。

因为缺失立法院的相关院会记录，每位立法委员的发言无从查询。在此，笔者只能通过收集当时的法律期刊以及新闻杂志以展开探讨。民法起草委员会召集委员傅秉常在《法律评论》上发表的《亲属继承法上的几个重要问题》[①]认为，亲属法中最大的问题就是家族、夫妻、父子问题，法律适当与否，关系人民生活以及社会安定。依据起草《民法总则》、《债权编》、《物权编》的经验来看，立法原则上各国大致相同，只存在立法技术的良莠。但《亲属》、《继承》两法的制定就不是那么简单，因为每个国家的亲属、继承法，都必须依据该国的社会、历史、经济的状况而定，不能简单照抄别国的法律。具体到中国，立法院在制定亲属、继承两法时，还必须考虑到社会道德，而道德观念又因时代、环境的不同而有变化，怎样一个标准才是合理的，做出评判也是很困难的。最后，在家族问题上，赞成继续保存家族制的，认为有利于民族观念之形成；要求废除的，认为它助长了依赖心理，且与国民党倡导的男女平等不相适宜。最后，傅氏认为不能简单地判断家族制度的对与错。对待家族问题，立法院必须全盘考虑、慎之又慎。

对于保留还是废除家族制度，傅秉常在文章中并没有鲜明的观点，只是反复强调中国不能简单地照抄西方法律条文，要具体联系中国的实际。笔者个人认为，傅氏的潜台词是家族制度没有绝对的好坏，改造之后继续保留是十分符合中国国情的。从此可以基本判定，傅氏的观点与胡汉民一脉相承，只是胡汉民自认为是三民主义的解释权威，什么问题与三民主义发生关系之后，将会具有神圣的合法性。傅氏只是以法学专家的身份附和了胡汉民的这一观点。

立法委员楼桐荪[②]与陈长蘅[③]各自撰文阐述了他们的家族观。楼氏在文中提出，必须结合普及女子教育，才能彻底解决旧家制所产生的诸多问题。此外，他还提及了"集居独立"，认为"亲属集居就是保存泥块单位的精神，比较西洋以散沙为单位的什么个人主义，什么小家庭，实在还要合理而有效"。中国的家族、宗族制度虽然确实产生了诸如养成懒惰、湮灭个性的恶果，但也曾在宗教、政治、经济、教育方面发挥了巨大的作

---

① 傅秉常：《亲属继承法上的几个重要问题》，《法律评论》第342期（1930年5月4日）。
② 楼桐荪：《中国家制的过去与未来》，《东方杂志》第28卷第2期（1931年1月25日）。
③ 陈长蘅：《对于民法亲属继承两编原则上应先决各要点之意见》（一）、（二），《法律评论》第347期、348期（1930年6月8日、1930年6月15日）。

用。如若一味"模仿他们（西方）的办法，先从破坏家庭着手，把个人作为单位来组织国家，这真是毁弃自己的传家之宝，退三步去学人走路"。陈长蘅在文章中提出缩小亲属范围有利于抑制中国传统的家族主义与宗族主义，培养起全体国民的国家、民族认同感。陈氏谈到，既然法律的使命在于移风易俗、改造社会，且国民党抱有"亲其亲、子其子的大同主义"，因此就有必要借由法律来改造中国传统的家族、宗族主义。就现实而言，虽然立法院倾向于保留家制，但可通过继续缩小亲属的范围，进一步培养国民对国家、民族的认同感。

结合楼桐荪和陈长蘅的文章，笔者认为两人以胡汉民改造家族制度的立论为前提，具体从立法的角度出发，分析了怎样改造传统家族制度、怎样才能彻底解决家族制度的遗留问题，以及改造后的家族制度将会促进新式家庭的出现。可以认为，较胡汉民与傅秉常，楼、陈两人具体分析了某些立法的技术性问题，并提出了解决的办法，凸显了法学专家的顾问职能。

综而观之，以胡汉民为代表的立法委员基本上承认传统的家族制度确实存在不少弊端，但出于以下几点考虑，家族制度还是需要做必要的保留：一是，中国传统的家族制度对于铸造新的中华民族、凝聚民族认同，有莫大的益处。这一点也是孙中山一再强调的。二是，制定法律时，须依据国家的社会、经济、历史状况，中国的城市虽然已经出现了新兴工业，但广大农村仍然停留在中世纪的农业组合状态之下，因此家制需要做适当的保留。三是，从社会的发展来看，传统的大家族势必会被小家庭所取代，但并不意味着家的消亡。四是，从国共对峙的现实出发，家族制度也有着不可取代的作用。基于以上的考虑，这些立法委员认为在法律上不能完全废除家族制度，但保留的前提是改造。改造的基本原则是消除父权、男系血缘中心主义、男女不平等，承认女性的完全行为能力，设立婚姻财产制，取消宗祧继承，鼓励个人独立。这样的改造实际上已经完全抽去了传统家族制度的核心内容，只保留了家的形式，"民法上之家制，虽沿旧习惯，但仍带有确立小家庭之意"、①"（遗产继承）采取强制分割主义，其结果使大家拆碎，资产分散，家制由大而小，本合家庭进化趋势"②。笔者因此推测，以胡汉民为代表的国民党上层，仅要求在法制层面继续保留家的观念，而不再强求家的传统功效。

---

① 戴炎辉：《中国亲属法》，（台北）台大法学院事务组，1955，第346页。
② 范扬：《继承法要义》，商务印书馆，1935，第116页。

也许有学者对以上应和国民党三民主义立法论的现象提出质疑，这是否全面真实地反映了立法委员的观点？但笔者认为，这种现象是可以解释的。首先，胡汉民任内，他事事亲为，是一位强势的领导。与此同时，他长期扮演着三民主义诠释者的角色，因此在立法院内重大问题上，胡汉民完全掌握了主导权。不可否认，众多立法委员有着留欧、留美的经历，他们深受欧风美雨的影响，对中国传统的家族制度有着自己的见解。但我们必须注意到，"训政"时期的立法委员由国民党遴选、任命，一些委员虽然还肩负着其他社会职能，但其政治地位已经决定了某些委员在这场争论中或选择沉默，专职充当立法专家，或起而迎合国民党的三民主义立法论。

## 二 法学专家、法学团体的意见

立法院在三民主义立法论指导下形成了较为统一的立场，而法学界对家族问题，存在两种意见，且发生了激烈的论战。一是以郁嶷、胡长清为代表，认为传统家族制度弊大于利，应予以废除。一是以南京三五法学社为代表，认为个人主义穷途末路，家族制度应当予以适当的保留。笔者在本部分将主要分析胡长清、郁嶷的意见，并结合南京三五法学社的观点，分析把握当时的法学界对家族制度的基本看法。

法学专家胡长清[①]在《法律评论》上发表了《新亲属法草案之特色》及《家制论》[②]两篇文章探讨家族制度。在《新亲属法草案之特色》一文中，胡氏认为法制局制定的《亲属法草案》[③]从个人本位主义的立场出发，取消了家之规定，"其创造精神，令人惊服"。但随着中央政治会议通过《民法亲属编先决各点审查意见书》，胡氏意识到法制局版的《亲属法》无

---

① 胡长清（1900～1988），字次威，四川万县人。1924年6月毕业于朝阳大学专门部法律科第九班，留学日本明治大学。担任过南京国民政府内政部常务次长。著有《中国民法总论》、《中国民法亲属论》、《中国民法继承论》和《中国刑法总论》等。
② 胡长清：《新亲属法草案之特色》，《法律评论》第315期，1929年10月27日；胡长清：《家制论》（一）、（二），《法律评论》第367、368期，1930年10月25日、11月2日。
③ 国民政府奠都南京后，法制局于1928年草拟了亲属法及继承法草案。计亲属法82条、继承法64条，两法均未公布施行。两法案的特点包括：(1)改变了亲属分类标准，即由传统的宗亲、妻亲、外亲，改为血亲与姻亲；(2)改变了亲等计算标准，由寺院法主义改为罗马法主义；(3)废除了宗祧继承，只有财产继承，且男女在继承权上完全平等；(4)规定妻为完全行为能力的人，并承认妻子拥有私有财产的合法性，为此制定了相关的夫妻财产制；(5)没有规定家制。

望成为正式法律条文，原因在于国民党上层仍倾向于保留家族制度。在《家制论》一文中，胡氏以法学专家的身份，不仅从中国社会历史发展的角度，而且从比较法学的视点，探讨了在法制层面必须废除家族制度的理由。法学专家郁嶷①就家族制度问题，著文《论新亲属法草案采取个人制之当否》（中国国家图书馆翻拍的《法律评论》微缩胶片中，原件缺失）以及《家制余论》，②旗帜鲜明地主张中国应该废除家族制度，确立起个人本位主义的立法原则。表3主要列举了胡、郁两氏文章的主要观点。

**表3　胡长清、郁嶷有关家族制度的主要观点**

| 篇　名 | 主　要　观　点 |
| --- | --- |
| 胡长清《家制论（一）、（二）》 | 质疑中央政治会议制定的《亲属法先决各点审查意见书》第八点说明所指"家庭制度"的具体概念；传统家制下之家与家长肩负的对内、对外的功能，已经由近代化的国家与个人的关系取代；中国历史上虽然出现过"累世同居"之家，"不过太仓之一粟"，因此也没必要为少数累世同居者特设家制；中央政治会议通过的有关家的规定，"既不同于历来法律制度之所谓家，亦不同于现行社会制度之所谓家，乃以共同生活为家制之本位，并置重于家长之义务"，实与瑞士之家制无异 |
| 郁嶷《家制余论》 | 法律是为了解决社会环境下之现实问题，如果社会环境发生了变化，则法制因随之兴废；家族制度虽然是我国数千年来之社会基础，但近二十年社会变迁之巨，以及世界潮流之影响，家族制度已渐形崩溃，因此国民党上层也不必抱残守缺；家族制度之危害，即，就政治而言，"重家轻国，勇于私斗，怯于公战"；经济上，"养成依赖性，长游惰之风，阻上进之路，甚少生产，增加消费"；社会层面则"集素昧生平，情感违异之人，强相结合于一室，变起萧墙，纠纷莫解"；法律是为芸芸众生而立，"兄弟姒娌，深明大义，情感素笃，共同居处"的情况，少之又少，因此没有必要让多数服从少数，而保留家族制度 |

综合胡氏的一系列论著，笔者认为他极为推崇1928年法制局制定的《亲属法》以及《继承法》，其原因在于法制局版的条文完全废除了家制以及宗祧继承，缩小了亲权范围，确立了男女平等、婚姻自由，彻底消灭了

---

① 郁嶷（1890~？），字宪章，湖南澧县人。毕业于天津北洋法政学堂，后留学日本。历任江宁地方审判厅厅长、国民政府法制局编审等职（参与1928年南京国民政府法制局版《亲属法》草案的制定）。著有《中国法制史》《亲属法要论》《继承法要论》《法学通论》等。
② 郁嶷：《论新亲属法草案采取个人制之当否》，《法律评论》第306期，1929年8月25日；郁嶷：《家制余论》，《法律评论》第365期，1930年10月12日。

家族主义在法律上存在之可能,最具革命性。因此,胡氏对立法院借鉴瑞士民法、继续保存家制的做法颇感失望,认为这一做法完全遗弃了瑞士民法有关家制规定的精华,存在很大的弊端,是"瑞士家制之余唾"、"我国家制之残骸"。郁嶷在《家制余论》一文中认为中央政治会议通过的亲属编先决各点审查意见书,否定了个人本位主义的立法原则,有开历史倒车之嫌。综合郁氏之专著《亲属法要论》,以及郁氏自身的经历(1915 年曾撰文《记傅氏姑妇》,文中谈及岳父、岳母深受同居之苦,以致发生家庭惨剧),可以大致推断郁氏为当时法学界反对家族制度最为坚决之人。

南京三五法学社的成员①也很积极地参与了这次的讨论,在《法律评论》上发表了《三五法学社对于民法亲属编先决各点意见书》以及《三五法学社对于民法继承编先决各点意见书》两篇文章,主张保留家族制度。②其理由主要有以下几方面:(1)中国数千年来以家庭为社会本位,今欲推翻,则势不可能,况且当今个人主义已经穷途末路。(2)就农业经济而言,以家庭为单位,实则远胜于以个人为单位。中国地大物博,今后之政策,必定将会重视农业,因此不宜破坏农民生活之基础——家。(3)中国传统家庭中,常常设有家长,负责家属的生计、教育、职业筹划等等,但实则只是"为子女作马牛者,盖几乎只有义务而无权利"。目前正在起草的亲属法,既保存了中国传统之特色,又借鉴了瑞士民法的长处,"于旧道德、新生活均能融洽无间",因此完全赞成立法院继续保存家制。

在这场有关家族制度的讨论中,法学界出现了意见相左的两派观点。胡长清、郁嶷两氏以是否保存家制来衡量反对家族主义的彻底与否。两人认为,清末民初以来,历次的《亲属法》及《继承法》草案,基本上原封不动地保留了封建时代家族制度的规定,诸如承认宗祧继承、父权以及婚姻关系、继承权上的男女不平等。至 1928 年法制局制定的《亲属法》《继承法》草案,本着个人本位主义的立法原则,废除了家族制度在法律上的残余,尤其是不规定家制,不设置家长,旗帜鲜明地反对家族主义的立场,最具革命性。因此,两人对立法院坚持保存家制的做法颇为不满,尤

---

① 南京三五法学社的宗旨是运用三民主义研究法律,并出版刊物《法学季刊》。该期刊总共只发行了两期,从 1930 年 12 月的第 1 卷第 1 期到 1931 年 5 月的第 1 卷第 2 期。无论从发行时间和在当时国内外法学界的影响看,都不能和东吴大学法学院的《法学季刊》相提并论。有关该学社的具体情况,笔者掌握的资料有限,在此求教学界。
② 三五法学社:《三五法学社对于民法亲属编先决各点意见书》(一)、(二),《法律评论》第 349、350 期,1930 年 6 月 22 日、1930 年 6 月 29 日;三五法学社:《三五法学社对于民法继承编先决各点意见书》,《法律评论》第 351 期,1930 年 7 月 6 日。

其是郁嶷作为1928年草案的参与者，从两编法案起草作业开始，就要求立法院彻底贯彻个人本位主义，在法律上完全废除传统家制。而南京三五法学社则认为个人主义已经穷途末路，结合中国广泛存在的小农经济的现状，保存家制是必要的。可以说，法学界的两派意见，泾渭分明。

《中华民国民法典》实施若干年之后，胡长清在所著《中国民法亲属论》中重新评价了立法院保留家族制度的做法，"虽经中央政治会议决定，仍应规定所谓家，而现行法律亦有所谓家之规定，然已非复所谓家族主义之立法，盖在我国民法，不过以家为一定亲属间共同生活之方式，而非以其为亲属关系之基础，此与瑞士民法之所谓家，正属相同，初不能谓其有家之规定，即系采取家族主义也。我亲属法即系采取个人主义"。① 经过时间的沉淀，胡长清认同了国民政府对《亲属法》的重大改造，这是否与他身份的转变（胡氏之后从政）有关，颇值得玩味。

## 三　外国法学专家及顾问的观点

这场围绕家族制度存废问题的讨论，除了立法委员以及国内的法学专家积极参与之外，也吸引了宝道、爱斯嘉拉这些外国法律顾问的参与。远在日本的中岛玉吉也对法制局版的《继承法》草案进行了详尽的分析，发表了中肯的意见。笔者将就上述三人的意见进行分析，以了解外国法学专家及顾问对中国家族制度的看法，同时也探讨他们的意见是怎样影响立法院的决定的。

上述三人各有侧重点，但笔者认为国民政府法律顾问宝道的观点最具代表性。他在南京三五法学社主办的《法学季刊》上发表《中国亲属法之改造》一文，② 全面论述中国政府在制定亲属法过程中应怎样处理传统家族制度。宝道认为中国某些学者及政治家，把中国积弱积贫的原因一概归结于家族制度，是极其不客观的。作为民法起草委员会顾问，他提出以下意见，供国民政府参考：一、大多数国民并不认同新家制，因此，虽强行颁布了新的家属法、继承法，但能否真正促进旧制度的改造？二、新民法既不能完全承袭旧制度，但也不能完全忽视中国的国情，最好的办法就是，"政府暂不宜助长任何一方面之势力，而宜听其自然发展，再过若干年，便易知民意之普遍趋向"。三、社会上对妻之私产应改善、女子继承

---

① 胡长清：《中国民法亲属论》，商务印书馆，1936，第6页。
② 〔法〕宝道：《中国亲属法之改造》，三五法学社《法学季刊》第1卷第1号，1930年12月。

权应扩充、离婚要件宜明定，已经有了相当的认识，因此国民政府可以先行解决这些已经成熟了议题，剩下的问题，则假以时日另行解决。四、对于接受了新思想的阶层，可以试行制定一种新制度，以规定结婚、离婚、继承、亲子关系。如果愿意遵行，则在结婚时宣告。

从以上的论述来看，作为国民政府的外国法律顾问，宝道认为既不宜轻率地废除家族制度，也不能毫无保留地继承，应采循序渐进的方式处理。就现阶段，最好的办法是先行解决已经广泛达成共识的问题，如扩充女子继承权等。甚至可以制定特别法律，满足那些要求废除旧家制的社会群体的需要。结合《亲属法》与《继承法》，笔者认为宝道的论述部分地被国民党采纳。例如，在两法条文中，没有明确提出废除家族制度，而是适度保留了家制一编。

京都大学法学部教授中岛玉吉是一名资深的法学专家，他结合日本的家族制度，就南京国民政府法制局制定的《亲属法》《继承法》草案，撰文《读中华民国亲属法及继承法草案》，① 发表了个人的见解。在文中，他谈到了"家族制度为彼国有史以来数千年之古法，社会组织及国民道德胥基于此"，一旦废除，将有可能产生以下问题：（1）法律上虽然废除了家族制度，但事实上不能保证它将不复存在。如果仅为法律的废除而废除，则"流弊所及，为害甚大"。（2）国民政府在废除家族制度之后，没有充分的、配套的社会改造措施出台。家族制度并没有绝对之善恶，如果国家的裁判、警察、救贫等配套措施完善，则家族制度自然会崩溃。如果"社会的国家的设备未周，则个人与个人间为谋生命财产之安全，家族制度势必应运而生"。因此，国民政府必须做好相应的社会改造工作。

时任南京国民政府法律顾问的爱斯嘉拉，应立法委员傅秉常的请求，就中国制定亲属法与继承法过程中应注意的问题之一——各地习惯调查，用法文专门撰写了一份报告书。该报告书比较全面地反映了爱斯嘉拉怎样看待中国传统家族制度。因报告书并没有被翻译成中文，且笔者不谙法语，在此只能借鉴日本学界西英昭先生的论文来简单分析。②

---

① 胡长清对本篇文章的注释是：《读中华民国亲属法及继承法草案》系日人中岛玉吉博士发表之论文，原著见日本法学论丛第 21 卷第 4 号，译者（胡长清）于法制局起草亲属、继承两法案时曾一度参与，兹特将中岛论文撮要译出，以示此两法案在法律上之价值。《法律评论》第 289 期转载，1929 年 4 月 28 日。

② 〔日〕西英昭：《中華民国民法親属継承編起草作業と慣習調査——Escarra 報告書を手がかりに》，鈴木秀光、高谷知佳、林眞貴子、屋敷二郎編《法の流通——法制史学会 60 周年記念若手論文集》，慈学社，2009。

爱斯嘉拉认为国民政府为了解决家族问题，选择了进行根本改造的方式。但要求保存家族制度的观点，也并不是毫无益处。谈到"法"与"习惯"，爱斯嘉拉认为，不能回应习惯和传统的"法"，是没有实际效果的。中国在制定民法的过程中，必须重视实际的经济状况以及广大的农村与农民。都市的"法"并不一定适合农村与农民。北洋时期的大理院在解决上述问题时，采取了渐进、缓和的改革方式，将现行律民事有效部分与依习惯而成的"实际"很好地结合起来。作为后继者，南京国民政府的最高法院也应该采取同样的改革思路，起到调节"现实世界"与"法"之间的矛盾的功能。具体到亲属法与继承法，爱斯嘉拉批驳了那种把"宗法"看作万恶之源的观点，认为"宗法"发挥了诸多的社会功能，完全废除是不切实际的。最好的方法是将"宗法"限制在宗教层面，并对其有益的部分加以利用。他还认为"宗祧继承"违反了两性平等的原则，也有悖人之常情，因此必须与财产继承相分离。

外国法学专家的意见综合起来大致有以下两方面，即：1、中国已经实行了数千年的家族制度，完全、绝对没有任何意义的观点，是十分错误的。家族制度已经深入到政治的、社会的、经济的各个层面，积淀成为了一种国民心理。但是民初以来，家族制度已经成为众矢之的，废除的呼声，一浪高过一浪。如果国民政府只是为迎合一部分人而废除家族制度，其处理方法未免过于简单、草率。2、中国欲在法律上取消家族制，但如果没有配套的善后措施，就会出现制度上虽废除了家族制，但实际仍将存在的现象。因此，在法律上采取革命、激进的方式废除家族制度，并不是一个解决问题的好办法。成熟的做法应该是对家族制度既加限制，又加利用。在此，北洋时期的大理院采取循序渐进的做法，可做参考。

## 四 结语

综合立法委员、外国顾问、法学专家的意见，大致前两者的态度基本一致，即主张保留家制。但在对待传统、改造家族制度的具体问题上，两者又有细微的差别。宝道、爱斯嘉拉一再强调家族制度的传统已经积淀成为一种国民心理，批判了当时的中国知识分子把所有矛头都对准家族制度的偏激观念，认为中国人应该公正地对待传统。但他们的建议注定不会被国民政府完全接受。因为他们没有意识到，中国反家族主义的思潮已经和国民革命、社会改造结合在一起，而不仅仅是法律问题。立法委员的主张基本上可视为官方的意见。这些委员以孙中山的家族观为出发点，认为中国传统的家族制度有利于民族、国家观念的形成，且出于国共斗争的需要，应在改造的前提下继续保留。法学专家在这场讨论中，认为家制存废涉及社会的基本结构能否由传统的家族本位转向现代的个人本位。在家族本位之下，家的成员并不能成为独立的主体，也就是说，家庭成员的独立人格，会被家制所吸收。出于这样的考虑，法学专家呼吁废除家制。但这场围绕家族制度存废的博弈，最后以保存家制而结束。

民国时期虽然在法律上保留了家族制度，但我们不得不承认国民政府对传统家族制度进行了实质性改造。在立法探讨中，我们虽然看到了某些立法委员对实施个人主义存有疑虑，一再表明个人主义与家族主义孰得孰失、难以判明。但具体到《亲属法》与《继承法》，我们看到的是以个人主义为立法原则改造家族制度。例如《亲属法》虽然保留了家制，但已经彻底改变了传统家族生活同居共财的本质特征。传统社会中，家是人和财产的组合，传统律例规定了以家为单位承担缴纳赋税徭役的义务，也赋予了家长统领、教化家族成员的权力。《亲属法》之家制篇，规定了夫妻财产关系、父母子女关系，以及家长与家属间相互抚养的义务，但只字不提家产，也没有言及家以共财为前提，只是规定家以永久共同生活为目的。此外，《亲属法》规定家属已成年或虽未成年已结婚者，得请求由家分离，家长不得以其他理由拒绝，这与传统律例对于别居异财的严厉惩罚有天壤之别。国民政府的立法者施行这样的规定，无疑是要推进小家庭的出现。可以说，民国民法虽仍有"家"的规定，但在实质上鼓励的是以夫妻子女为核心的小家庭的建构；虽有设置家长的规定，但家长不受性别的限制；家已经没有全体家属共同共有的家产，家属合法地拥有了个人财产。所有这些规定都表明，《中华民国民法典》上的家，以个人主义为出发点，将传统组织分化为家长家属、夫妻、父母子女关系，并分别规定了权利与义务，是对传统家族制度较为彻底的改造。

【史料视窗】

# 美国驻汉口总领事馆 1934 年 5 月政治报告[*]

金 玉[**] 以清[***] 译

## 一 概要

政治经济状况在 1934 年 5 月并不能说有了改善：(1) 有更多的证据表明，日本正考虑对长江流域加强经济渗透；(2) 受某些政治因素的阻碍，"围剿"红军的战争在江西虽然有了一定的进展，但是在四川省仍然一无所获；(3) 宋子文在刚完成视察后，关于西北局势的未来，发表了一份相对乐观的报告；(4) 鸦片贸易在 1934 年的前四个月中持续繁荣，但是到了第五个月，由于这种局面的不确定性，鸦片贸易出现了下滑的趋势；(5) 蒋介石发表演讲，竭力提倡"诚"的思想。

## 二 对外关系

1. 与美国的关系

外交部的地方机构在一篇名为《自由的代价》的社论中，指明菲律宾人民刚刚赢得独立所面临的政治与经济任务之后，得出如下的结论：

---

[*] 本报告由美国驻汉口总领事沃尔特·A. 亚当斯 1934 年 6 月 9 日提交美国驻北平使馆，一式五份。除原件呈北平美国使馆外，其余分别抄送美国国务院、美国驻上海、南京总领事馆和美国长江巡逻队司令官（Commander Yangtze Patrol Force）。引自美国驻上海总领事馆档案，原件藏美国国家档案馆马里兰分馆：RG 84, Records of Foreign Service Posts, Consular Posts, Shanghai, China, Volume 2462.
[**] 南京大学中华民国史研究中心硕士研究生。
[***] 南京大学中华民国史研究中心教授。

当详细了解了日本在这个国家做过什么和将要做什么后，我们不知在东方出现了这种紧张氛围的情况下，菲律宾人民仍然接受了独立法案，是否给予我们诚挚的祝贺。随着好战的日本像一只秃鹫一样，盘旋在太平洋上空，随时准备吞噬菲律宾群岛，来打造一条捆绑整个亚洲的铁链，菲律宾人民很快将会失去"山姆大叔"海军力量的保护。许多在乎这一领域而不是甜菜糖业的美国人已经多次发出类似的警告。参议员刘易斯在参议院上也发出了类似的警告，他相信，日本这个自封的东方保卫者，很快就会"对菲律宾宣布他的限制性政策"。

尽管这些困难与危险，作为菲律宾人民获得自由的代价，是一定不可避免的。但不应责怪这些坚持独立的人们，毕竟，没有其他东西比为自由而奋斗更珍贵的。一个自豪地声称拥有主权的独立国家，其价值高于一切。全世界的和历史上的民族已经做出了比菲律宾人民曾经和将要付出的更为巨大的牺牲和代价。①

2. 和其他国家的关系

日本在沿海地区，日本正在垂涎福建。西南当局担心自己将成为日本下一步的进攻目标。还有一些证据表明，日本对于长江流域和四川省也有很大的兴趣。② 他们乐观地认为，所做的一切会有所收获。

日本驻上海总领事馆的商务专员岩井小次郎在5月11日的《大阪每日新闻》中的一篇采访中说道，在最近一次对长江流域的考察中，那里反日运动的消失，给他留下了深刻印象。岩井领事发现，日本的商品正在持续进口。但是，中国的民众宁愿在中国商店中购买这些日本商品，尽量不在日本商店中购买日货。据说"四川政府的财政已经到了破产的边缘"。他继续说道，"然而，我发现，情况并非如此。在四川，政府靠鸦片贸易获得一份稳定的收入，不会受其他农业生产下滑的影响。该省的购买力在长江流域仍是最强的。"其他人，包括英国商人，通过岩井领事的这番话，已经注意到了这一事实，并且正在积极充实他们在这一地区的商业机构。他认为，未来日本在长江流域贸易的复兴，更多地依赖于其在四川商业的发展。对于日本在长江流域的商贸前景，岩井领事持乐观态度，他基于长江流域反日运动的消

---

① 《自由西报》(Hankow Herald) 1934年5月6日。
② 参阅（本馆）1934年4月《政治报告》，第16页。可见日本在长江流域的商贸在增加。

失和四川省较强的购买力做出这一判断。①

根据客观的报道，考虑到四川民众为贫穷所困扰，已经接近全面崩溃的边缘，看起来日本对四川的盘算，如同在福建一样，在相当高程度上是出于政治考量。日本政府仍然顾虑"红色地带"，这个从苏俄一直延伸到台湾对岸，经过新疆、甘肃、陕西、四川、湖北、湖南、江西和福建等省份的"危险地带"将由中华苏维埃开辟出来。日本可能正在考虑是否采取措施与蒋介石合作，来应对这一"威胁"，以利其大陆计划的推行。

一份来自地方的报告说道，如果西南地区在日本威胁面前屈服而不进行抵抗，阎锡山、韩复榘、宋哲元为了保全自己的地位，准备与日本人合作。如果想要通过改进国民心智，以增强国力，抗拒日本成为亚洲霸主，这个国家需要的显然不仅仅是现在这种方式的"新生活"。②

3. 一般国际关系

无报告内容。

4. 5月31日在汉口的外国海军力量

美国："关岛"号炮艇（GUAM）

"吕宋岛"号炮艇（LUZON）

英国："蟋蟀"号炮艇（CRICKET）

"螳螂"号炮艇（MANTIS）

"金龟子"号炮艇（SCARAB）

法国："多达特·德·拉格雷"号炮艇（DOUDART DE LAGREE）

"弗朗西斯·卡尼尔"号炮艇（FRANCIS GARNIER）

"萨沃尼昂·德·布拉柴"号通信船（SAVORGNAN DE BRAZZA）

意大利："艾曼诺·卡洛托"号炮艇（HERMANNO CARLOTTO）

日本："热海市"号炮艇（ATAMI）

"住田"号炮艇（SUMIDA）

"宇治市"号炮艇（UJI）

5. 对外国财产的侵占

在江西赣州天主教传教团的位于大庾、信丰和南康县的某些财产已经被广州的第一集团军侵占。因为关于这一件事所有的谈判都必须同广州部

---

① 《中国评论周刊》（*The China Weekly Review*）1934年5月26日，第492~493页。
② 参阅（本馆）1934年4月《政治报告》，第4~8页。

队的司令部进行，因此，该案将由驻广州总领事馆处理。

## 三 国内政治活动

1. 全国方面

蒋介石和中国中部的政局

在蒋介石取得对福建叛乱的军事胜利之后，随着他企图通过政治手段征服西南计划的破产，这位总司令显然要会同张学良一起经由湖南对广西用兵。这个计划因为何键的反对而紧急搁置。因为这一战略与政略的后果之一就是，何键可能失去湖南省主席的职务。蒋介石所做的一切就是将反对他独裁的力量集中消灭。① 为了拜会蒋介石，何键特地赶到南昌。但是，迄今为止，我们仍缺少关于这次会晤的任何确切消息，我们怀疑何将军并没有屈服于蒋，而是会继续骑墙观望，直到时机成熟才做出最后抉择。在此期间，他将尽可能从拉拢他的各方获得好处。

"围剿"红军的战争

（a）江西：蒋介石最新制订的三个月消灭红军的计划②在5月底失败了，因为革命者们仍旧在江西和福建的12个县进行着顽强的抵抗。同时红军游击队还在这两个省的其他地方袭击中央军部队。中央军在这个月成功占领了（福建）建宁和横峰（江西），但是到了月底，中央军又将兴国包围。这个县城将被人们所铭记，因为就在几个月之前，它被占领的时候曾经大肆宣扬。③ 蒋介石现已经下令，长汀（福建）必须在7月1日之前拿下。④ 同时，蒋也给了红军最后的投降机会，并许诺投降者带来一支步枪每人奖励20（30？）美元，一挺机关枪奖励200美元，那些拒不投降者将被处死。蒋介石声称，江西的红军将在半年之内被全部肃清。

为江西军队补充的大量新兵已经在5月从汉口乘船出发，从中华苏维埃临时中央政府政务委员周恩来的报告来看，国民政府在各条战线上有66个师和8个独立旅，共计60万至70万人，而南京政府的总兵力不过99个师。⑤ 从同一份报告来看，在战斗中，中央军各部兵员如下：

第4师：6000人；第10师：1000人；第63师：1000人；第87师：

---

① 见1934年5月18日给国务院的第453号公文急报。
② 《大公报》1934年3月4日。
③ 《武汉镜报》（Wuhan Jin Pao）1934年3月1日。
④ 《大公报》1934年5月19日。
⑤ 《中国工人通讯》1934年5月25日，参见《1934年4月政治报告》，第7页。另据报告，南京方面共调动70个师"围剿"江西—福建苏维埃（政府）。

3000 人；第 9 师：2000 人；第 43 师：3000 人；第 14 师：3000 人；第 59 师：1600 人。

这也就解释了征募新兵的原因，同时，也解释了为什么蒋介石下令把一些地方监狱的囚犯释放，运往江西从事修路和运输工作。一份从日本方面秘密获取的情报称：

> 一名运输部队的兵团指挥官说，随着围剿红军战斗的残酷进行，人员大量伤亡，逃兵不断增多，填补运输部队兵源的必要性变得十分紧迫。县级官员发现他们没有能力来招募新兵，因此被迫编造各种理由来逃避官方上级的命令，其中一些案例显示了他们的大胆和愚蠢：
>
> A. 例如，在嘉鱼县，由于执行保安团的命令（征兵）十分困难，八九十名乞丐被集中到县里，不考虑他们是否年迈、虚弱或者有无用处，当地官员把他们送到省会（武昌），到那里之后才发现没有一个是符合标准的，所有这些人又被遣送回来，现在征兵工作又重新开始。
>
> B. 在荆门县，因为征兵期限早已超过，却没有招募到一个兵，县长欺骗县里的小学和中学毕业生说，考试将在省会举行，来选拔行政人员，并且这些候选者必须登记在册。当这些学生意识到被欺骗时，已经有超过60人连同他们的论文一起被送到省会。当保安团司令部发现真相并把他们遣返时，他们同样喧哗不已。
>
> C. 最后，在钟祥县，征兵命令已经发出2个月，竟没有一个人响应号召。当保安团司令部发电催促后，有100多名囚犯从监狱获释，他们被装进了3艘帆船，在4名全副武装的保安团士兵的押送下，运往省会。出人意料的是，当驶至距沙洋20里时，囚犯们暴动，缴械并且击毙了4名保安团士兵，然后四散而逃。这起事件如何解决，尚不得而知。

（b）湖南、湖北、河南：5月1日，武昌行营宣称，正在急调部队到河南、安徽、湖北边界"围剿"那里的红军，当地的民众必须把红军藏身之处秘密地报告给国军，而那些为红军工作的地下人员则将受到军法制裁。① 同一天，红军第三师成功地突袭了羊楼司——武汉到长沙铁路上的茶叶转运中心。据称，红军从装运茶叶的商人处，缴获了一批价值100万的战利品，还获得了大量的盐以及其他补给品。不久之后，吴焕先的红25

---

① 《大公报》1934年5月2日。

军占领了罗田县城，在"扫荡"了这个地方之后向南进军，直逼蕲水县。在湖南，何键电告陈济棠，有超过10000名红军正在从宁都和雩都[1]向万安和永新县进军。湖南方面的军队已经从永新县撤回到了莲花县，并请求广东军队增援。[2] 但是，正如在其他地方显示的那样，[3] 何键的部队主要是为了政治目的而动。此时距离蒋介石主导的湖南裁军过去不长时间，相关部队在南昌整编营吃尽苦头之后，蒋介石把痛苦不堪、衣衫褴褛的他们遣送回了长沙。

陈济棠大约5月中旬派遣他的一名下属张亚光到长沙，目的是讨论合作"剿匪"的方式和方法。不久之后，湖南和广东宣布将会加入1936年7月1日对红军的总攻。[4] 李宗仁同时也在影响着十九路军被遣散之后的重组（改编为2个师）。在湖南南部，红军李宗保部仍然活跃在临武和宜章。在湖北，消灭红军的旧限已过。据称，红军残部必须在9月底全部消灭。[5]

贺龙和他的部队在4月份就离开了湖南，并在5月8号，经过一夜大约100里的急行军，不费一枪一弹占领了四川彭水。在贺龙所部停留期间，当地民众并没有被打扰，商业活动照常。但是贺龙在5月9日离开的时候，带走了美国传教士霍华德·史密斯。[6] 在向贵州务川县进军途中，贺龙所部收编了蒋培树麾下一部分——杨畅时（一个旅长）的部队。[7] 在这个月的月底，据报道称，扩充后的部队已经攻占了贵州的后坪、务川县、沿河县、印江县城以及灌水古镇。因为贵阳方面报道，犹国才计划攻打贵州省主席王家烈，这使得贺龙所部很有可能向新的区域扩展。另外据报道，川南的古宋县也被占领，而南川县据说也处于来路不明的土匪和反叛武装的威胁之中。

（c）四川：刘坪、龙成寨和黄忠堡[8] 5月上旬已经被川军攻占，这让人感觉红军在通江的根据地已经动摇。对红军根据地的总攻于5月8日发起，这次进攻旨在拿下红军大本营所在地。[9] 巴棱寨和元山场已经在5月8日、9日的进攻中由中央军分别占领。但是，红军向东、向北方向突围，

---

[1] 今于都。——译者注
[2] 《大公报》1934年5月8日。
[3] 见1934年5月18日给国务院的第453号公文急报。
[4] 《大公报》1934年5月25日。
[5] 《大公报》1934年5月30日。
[6] 见5月11、12日中午发给国务院的第14号电报，以及此后相关通讯。
[7] 此处表述有误。——译者注
[8] 见《1934年4月政治报告》第10页关于川北战线的划分。
[9] 《大公报》1934年5月10日。

并重新占领了万源县（几个月前曾丢失）和陕西省镇巴县。同时，有证据表明，红军正准备向西进军南江县、巴中县。四川的军事将领再次召开会议，旨在将战略应用于第四期"围剿"战斗中。这次会议决定，通江应当在一个半月之内拿下，并消灭红军。中央军在第一师师长、代理总预备队总指挥潘文华①控制的2个师和2个旅的配合之下，力量又得到加强。

(d) 假设：在一篇关于农业问题的名为《假想状况》的中文评论中，作者对于南京国民政府面对农民革命的对策提出了一些尖锐的问题：

去年，虽然仍旧面临着严峻的经济危机，但军费支出仍消耗了政府一半的财政收入。好听的借口当然是镇压共产党。围剿红军，结果会如何？对于国家和民众又将有什么益处呢？让我们来想象一下一些可能的状况吧：

(1) 假如战争的结果是成功地收复了红军的根据地，这些地区会变成什么样子呢？只会有遭到战火破坏的城市、被洗掠的村庄、废弃的农田、无数的战争受害者，接踵而来的便是全面破坏之后的瘟疫，以及在共产党分田运动后再回收土地所引起的民众不满。同时，被如此大规模战争消耗了大量资源的国民政府，将不得不或者宣布破产，或者是继续向已经破产的民众攫取更多的财富。那些被不断增加的令人忍无可忍的经济负担逼得走投无路的人们绝望，只得参加匪帮或共产党。随后，新的战争又会产生。

(2) 假如这场战争没有击溃共产党，那么花费如此大的金钱又有何用？从各种迹象和推断来看，国民政府的确只是在目前的战争中浪费财力和资源，就像之前的国内战争一样。共产党似乎不太可能被武力所消灭，它壮大的一个重要原因在于经济问题。只要大量的人面对死亡和贫困，共产党就会继续在中国存在下去，即使面对不停的杀戮和持续的炮火。

(3) 假如共产党被完全消灭，那么中国将不再遭受分裂、内战和经济困难的威胁了吗？相互争斗的军阀会坦诚相见，组成一个协调的联盟，致力于国内建设活动吗？不幸的是，围剿红军战役尚未取得实质性的成功，福建上空已经飘扬起新的旗帜，新的派系争斗已经在浙江边界区域开始。福建叛军与红军达成了相互谅解，又因为十九路军在日本侵略上海期间的"斯巴达克"式的抵抗获得了全国民众的支

---

① 《大公报》1934年5月29日。

持，因此，他们并不像政府所预期的那样容易对付。有一点是可以确定的：政府将会意识到它在筹措财政和围剿红军方面所扮演的重要角色。除此之外，如果我们纵观全国，会发现到处都潜藏着暴动者，政府能把他们个个都扫除吗？用这样一种眼光来看，我们十分困惑，即使没有共产党的存在，中国能找到一条摆脱内战和避免国家破产的道路吗？

（4）假如共产党被赶出了现在的根据地，这能意味着围剿战争的胜利吗？想必在政府军队撤离之后，红军将会回来，重新占据他们丢失的土地。看来，唯一阻止他们回来的办法就是在那里长期驻扎大批军队，政府能负担得起吗？饥饿、破败的民众能够承担起如此长期的大规模保卫工作吗？①

2. 省级方面

无内容报告

3. 市级方面

无内容报告

## 四 司法与法律状况

无内容报告

## 五 商业、经济和金融活动

无内容报告

## 六 毒品

单独发送公文急报。

## 七 国民政府重要人事变动

行政院于5月15日对新疆省政府做出如下任命：陈德立为省财政厅

---

① 姚兴农（音）：《中国农村的崩溃》，《远东评论》1934年4月，第148~153页。（《字林西报》转载）

长，接替去世的原厅长朱瑞墀；鲁效祖为省政府委员，接替去世的张培元；彭昭贤为省民政厅长，接替原厅长邓聚奎；帅世昌为省委委员，接替马仲英，马继续担任师长；郭大鸣为省政府秘书长，接替鲁效祖。①

## 八　其他

蒋介石在5月28日举行的"总理纪念周"上发表演说，以"放下脸面"为题，详细阐述了他的新生活运动理念：

> 要待人真诚、实话实说。一件事情对就是对，错就是错。如果你做不到，就不要轻易许诺。必须要以勇敢面对的态度和负责任的精神来应对各种问题。②

在湖北西北的竹溪地区，民众极端贫困，以至于死人都被从坟墓中挖出来吃掉了。③

---

① 《武汉镜报》（*Wuhan Jin Pao*）1934年5月17日。
② 《京津泰晤士报》（*Peking & Tientsin Times*）1934年5月30日。
③ 《大公报》1934年5月11日。

【学术综述】

# "民国时期的边疆与社会研究（1911~1949）"学术研讨会综述[*]

吴会蓉[**] 黄雪垠[***]

由四川师范大学、中国社会科学院边疆史地研究中心与四川大学"中国西部边疆安全与发展协同创新中心"联合举办的"民国时期的边疆与社会研究（1911~1949）"学术研讨会于2014年8月11日至12日在成都举行。此次会议的主题为民国时期的边疆与社会。来自京、宁、豫、苏、赣、滇、川、黔、闽、陕、甘、冀、渝、桂、吉等15省市的48位专家学者、40余名列席代表及新闻媒体工作者出席了此次会议。会议共收到论文72篇，与会代表围绕会议的主题和相关问题进行了广泛深入的探讨。归纳起来，本次会议主要涉及以下内容。

## 一 边政、边疆学理论与实践

本次研讨会上，多位学者对"边政"与边疆学理论与实践进行了探讨。宋培君在《民国时代"边政"、"内政"与"边区"概念考察》中考察了吴楚克与吴文藻对"边政"概念及二者关系的不同认识，他指出，二者的看法不一系由于所站视角不同，吴文藻的是人类学为主、政治学为辅的视角，而吴楚克的则是政治学为主、历史学为辅的视角。关于边政与内政的关系，吴楚克认为二者之间为既并列又包含的关系；而吴文藻在"中央政治"之下并置"边政"与"乡政"，认为"内政大于等于边政"。汪

---

[*] 本文为教育部2012年"新世纪优秀人才支持计划"项目"西南区域社会与文化"（项目编号：NCET-12-1059，主持人：王川）的阶段性成果。
[**] 西华大学地方文化资源保护与开发研究中心副教授，四川大学历史文化学院博士生。
[***] 四川师范大学政治教育学院讲师，南京大学博士后。

洪亮以《边政公论》上刊载的文章为对象，考察了1940年时人对南京国民政府边疆政策与边政绩效及其边政兴革的认识。袁剑的《近代以来国内关于"边疆"概念研究的分析与展望——基于相关历史文本的一些分析》梳理了近代以来"边疆"概念的研究历史，该文指出，在近代以来中国政治学界、历史学界与法学界的"边疆"概念存在着历史本位取向和西方话语体系取向，这两种取向在讨论各自问题时较有效果，但在相互沟通方面又存在问题。要解决这一问题，则需建立具有中国自身话语主体性的边疆研究范式体系。陈沛杉《民国时期康区县研究》，在梳理民国康区县制组织形式的基础上，分析了康区县制的运行模式，认为康区县域政治的多元化是民国康区县制的特点。秦和平《论民国时期凉山彝区"政治指导区"及"建设指导局"的由来、内容及作用》阐述了清朝终结后凉山彝区管理制度的变化，他指出，近代以来，彝区因统治格局与社会结构的变化，数十万彝民迁至西昌安宁河流域，需要加以保护，施以管理。"政治指导区"作为过渡型政权因之建立，以管、教、养、卫为政策，发挥职能。其后，国民政府接管西康省"政治指导区"，改为"建设指导局"，进入行政系列，以"建设"为要旨，试图治理凉山彝区。受内外因素的限制，国民政府的"建设"构想难以实现。1950年后，凉山彝区实行民族区域自治，通过"民主改革"，动摇了传统社会的"根本"，在基层民主建政，实现了制度统一、管理有序。

## 二　中央与少数民族关系

民国时期中央与少数民族之间的关系是本次会议探讨的一大亮点。王川《1942年"藏警案"及其对国民政府与西藏地方关系变化的影响》在解释"藏警案"的基础之上，对1942年中央与西藏地方关系及"藏警案"的发生发展过程、中央与噶厦政府对这一事件回应举措进行了阐述，进而分析了噶厦政府系列举措的动因，呈现了这一事件背后中央与西藏地方的关系的演变情况。邹敏《国家在场：1943年蒙藏委员会驻藏办事处传昭布施之个案分析》一文分析了1943年国民政府蒙藏委员会驻藏办事处开展传昭布施时面临的政治僵局与经费困难，以及传昭布施的开展过程。并透过这一事件，解读了中央政府与西藏地方之间的关系。段丽波《隋唐时期乌蛮的民族关系》阐述了隋唐时期的乌蛮与唐、吐蕃之间的重要民族关系及其与境内其他氐羌系、百越系、濮人系民族间纵横交错的民族关系。范德伟《对龙云欲兼领黔地致陈布雷"哿""马"两电年月的订正——兼论龙云兼领黔地事》指出，龙云致陈布雷"哿""马"两电发出的时间当为1936年1月，内容是龙云要求兼领黔地的历史问题，龙云兼领黔地愿望的实现过程，体现了南京中央与西南地方实力派之间的复杂关系。黄雪垠《南京国民政府时期少数民族政治参与研究——以国家议政机构中少数民族代表为中心的考察》通过梳理南京国民政府时期少数民族代表参政情况指出，少数民族代表所占比例虽增加缓慢，代表的广泛性也不够，但南京国民政府不断开放少数民族参政议政权力，少数民族的政治主体性逐步得到承认，客观上有利于维护国家统一。此外，黄天华对新中国成立初期西康省民族区域自治制度的施行及其成效进行了探讨。

## 三 边疆治理与边疆人物

清代民国时期的边疆治理与边疆人物是边疆学基础研究中的一个重要领域。此次会上，亦有学者对此问题进行了深入的研究。

周毓华、彭陟焱《六世班禅热河朝觐》指出乾隆时期通过册封六世班禅，邀请其到内地朝觐，并加以隆重接待，利用其向清高宗祝贺七十大寿之机，借助六世班禅的影响，巩固清朝对内外蒙古与新疆的统治，达到了"敬一人而万人悦"的目的。孙宏年《陆兴祺与民国初年的西藏治理（1912～1916）》依据有关档案，论述了陆氏在民国时期西藏治理中的贡献和影响。边笑非《民国初年袁世凯对藏政策转变评介》指出民初，西藏局势动荡不安。袁氏执政后，对藏政策经历了——由宣誓主权到武力平叛、由武力平叛到改"剿"为"抚"、由羁縻安抚到被迫谈判的三次转变。袁氏对藏政策的转变，与孙中山民族思想的影响、英帝国主义的强力、国内舆论的压力及袁氏的复杂心理有关。民初袁氏对藏政策的底线维持了中国对西藏的绝对主权，他在对藏问题上的软弱外交一定程度上降低了民国政府的公信力，加速了袁氏政府的垮台。许建英《国民政府经略》指出，南京国民政府成立后，克服重重困难，维护西藏内部稳定，使西藏保持与中华民国的正常关系，有效行使对达赖与班禅系统的管理，建立西藏办事处等，确保了国家统一与领土完整。

付娟《杨增新治疆方略与新疆城市发展》阐述了辛亥革命后（1911～1928），杨增新面对俄、英对新疆的殖民渗透日益加剧的政治形势，采取了稳定与发展的治疆方略，并围绕这一方略振兴实业，发展经济，新设县治。其治疆之策为新疆政治、经济和社会的稳定奠定了基础，促进了新疆各地城市的形成与发展。但因其指导思想上的闭关自守，导致其治新成效稳定有功，而发展不足。周卫平《1949年以来中央政府的治疆政策》从民族区域自治在新疆的实施、新疆生产建设兵团的建立与发展、经济发展与西部大开发、新疆的民族宗教政策、上合组织下新疆与中亚地区的交流与合作等方面对新中国成立至今中央政府的治疆政策进行了梳理和积极的评价。

邓绍辉《锡良与清末川边"改土归流"》分析了清末川边康区面临的形势，锡良督川期间（1903～1907）提出了"保藏必先安康""安康必先改制"的方针，对康区采取了加强行政管理、迅速处理"巴塘事件"、奏设川滇边务大臣、颁布《巴塘善后章程》、开设藏文学堂及筹办川边垦务等治康举措，从而促进了汉藏交流，增进了汉藏民族间的相互了解与团结，对稳定川边，进而增强中央在西藏的统治地位，维护祖国统一和领土完整，具有积极意义。张华腾、冉杰《锡良与清末四川新政》阐述了锡良在四川采取的新政举措——整顿吏治、创办川汉铁路公司、编练新军、开办警政、兴学育才、振兴实业，从而极大地改变了四川原有的社会局面，有力地推动了四川近代化发展进程。廖华西《民国时期刘文辉治理西康的实践》对1927年至1949年期间刘文辉治理西康的对策与举措进行了梳理。

邓海春、尔布什哈、李金凤从不同角度对岭光电进行了研究。邓海春《民国时期西南历史人物岭光电先生进步思想形成历程分析》一文分析了岭光电思想的形成过程及其影响因素。该文指出，以孔孟儒家思想为启蒙，经正规的国民党三民主义、天下至公、新爱精诚、礼义廉耻思想的洗礼，融合了彝族传统思想，岭光电逐步形成了其彝族改革、民族统一发展的思想体系。尔布什哈《试论民国时期岭光电的彝语〈改革歌〉及改革实践》分析了其《改革歌》产生的时代背景、内容，阐述了岭光电在彝区进行改革的原因、举措及其成就与影响。李金凤《"一石激起千层浪"——浅谈岭光电先生在凉山彝区兴办医疗》阐述了岭光电在彝区实行医疗改革举措、"病与鬼"的理论，并分析了其医疗改革的显著成效。王海燕《民国时期超一法师弘法活动研究》梳理了民国时期超一法师的弘法活动及讲经法要，分析了其显密佛教融通理论的内涵及其复兴、发展汉地佛教的思想。

此外，陈鹤初步编成了张怡荪的年谱，丁小文对国民政府赴藏使者刘曼卿的家庭成员、婚姻、藏回族性、赴藏考察申请、首次赴藏随员、会晤背景、抗日活动贡献、赴康藏区次数及其个人著作文献等信息进行了考证。苟德仪利用民国《渠县档案》对任炜章研究中的三题——任炜章之名、任职渠县时间及捐资慰劳十九路军的史实进行了考证，进而指出历史研究要想取得突破，需要大力收集与整理原始资料。

## 四 边疆教育、宗教与民族关系

在民国时期的边疆研究中，教育是相对较弱的领域。本次会上，大量学者对边疆教育较为关注。

成飞《民国中后期边疆教育理念变迁——以〈边政公论〉为中心的考察》以《边政公论》中刊载的边疆教育研究报告为中心，考察了当时学界关注和涉及的边疆教育问题，进而认识到民国中后期学界的边疆教育理念及其历史地位。凌兴珍《国民党筹办边疆教育的意图和成效：以国民党中央政治学校筹办边疆教育为线索的考察》一文考察了国民党中央筹办边疆教育的历史动因、过程、成效及其历史地位。周润年、韩觉贤《试论民国时期雍和宫寺院教育》阐述了民国时期雍和宫寺院教育机构及制度、雍和宫寺院教育的变革，并指出民国时期雍和宫寺院教育一方面延续了传统寺院教育，另一方面也维护了国家统一和社会稳定。张永攀《民国初期蒙藏事务机构管理下的蒙藏教育新探》对民初蒙局管理下蒙藏学校的初建状况、经费与课程设置等情形进行了探讨。张屹《浅析影响民国时期西藏教育发展的若干因素》从人口、传统教育文化、边疆教育的兴起及帝国主义的文化侵略四个方面分析了影响民国时期西藏教育发展的因素。周正龙《抗战时期西康省职业教育发展之研究》阐述了抗战时期西康省职业教育发展的成就，并指出当时西康职业教育的兴办与发展为当今职业教育的发展提供了启示——职业教育须以政府为主导，联合社会多方力量，形成多元化的办学格局；职业教育须与地方经济建设紧密结合，注重职业教育的社会化；职业教育须与生产、生活实践相结合，注重职业教育的实用性。徐德莉《抗战时期西南边疆教育与社会变迁》指出，抗战爆发后，国民政府为抗战建国之需特别注重西南少数民族不良风俗习尚的改良，积极推进边疆教育的革命与发展，从根本上启迪、教育了少数民族民众，掀起一场西南边疆教育现代化运动，促进西南民族教育现代化与西南地区现代化的发展。

何毅等《民国时期西康省、青海省宗教政策之探析》一文指出，在西康，民国政府对宗教的政策控制有所松懈，并支持藏传佛教的发展，刘文辉经营西康时采取开明政策，推动了西康宗教的发展；在青海，马步芳家族大力扶植伊斯兰教，对藏传佛教施以高压政策，并与天主教相互利用。何文华对清末民国初期的蒙藏关系进行了探析，他指出，清末民初，蒙古和西藏受外国势力和本地区分裂势力的影响相继走上"独立"道路，辛亥革命期间二者选择相互扶持的道路，并于1913年签订了分离中央的《蒙藏协定》。尽管其"独立"计划失败，但这段时期的蒙藏关系为新时期民族政策提供了重要启示——对少数民族地区的治理应当注重文化融合与国家身份认同的建设，这样才能有效地预防"地方分裂主义"的出现。

## 六　边疆社会研究

社会史是边疆学研究中的弱点，需要加强研究。本次研讨会上，部分学者对此亦有所关注，充实了边疆社会史的研究。

陈廷湘《抗战时期西南少数民族地区的教会医疗卫生事业》指出，抗战时期基督教会通过中华基督教会边疆服务部在西南少数民族地区开展医疗卫生事业，包括创办医疗卫生机构，开设门诊服务；开展巡回医疗；组织暑期学生服务团赴边疆服务；开展保健防疫和突击扑灭流行性疾病工作；向边民传播医疗卫生常识，开展地方发病规律与地方性疾病调查研究；等等。经过十余年的努力，现代医疗卫生开始在边疆西南少数民族地区传播并形成一定规模，一定程度上有利于解决某些边远民族地区人民遭受疾病威胁的严重问题，且传播了现代医疗卫生知识，开始改变这些地区落后的生活习惯，在推动边疆社会向现代文化转型过程中起了一定作用。何一民《清代民国时期西藏居民婚姻家庭形态论析》一文指出，清代民国时期，在农奴制下的藏族居民一般遵循严格的等级内婚制和血缘外婚制，在婚姻家庭形态上有鲜明的民族性、地域性和复杂性，存在着一夫一妻、一夫多妻、一妻多夫等多种婚姻家庭形态。这一形态与自然地位环境、社会历史变迁、经济因素的影响密切相关。

曹必宏、木霁弘、田茂旺对民国时期的边茶进行了探讨。曹必宏《民国时期内地与西藏的边茶贸易》以二档馆所藏档案为主，对民国时期内地与西藏的边茶贸易，包括川茶、康茶和滇茶运销西藏和藏区的情况进行了梳理，并指出，尽管民国时期内地与西藏的边茶贸易不尽顺利，数量也呈下降之势，但川康滇地区的茶叶，仍源源不断输往藏区，为藏民提供了生活必需品；在维系祖国内地与西藏地方关系方面亦有重要作用。木霁弘《民国时期新茶道的开辟与云南边疆经济文化》，通过考察云南佛海、车里、勐腊等地的新茶路开辟的背景、开辟情况，他指出，这一新茶路的开辟解决了藏域的缺茶之苦，也有力地维护了边疆的稳定。田藏旺在《赵尔丰在川边的茶务整顿与边政建设》梳理了清末赵尔丰茶务整顿的背景、具体内容与方式、过程与成效,指出赵的茶务整顿体现了中央王朝以茶治边的思想。李峻杰在《迁入与迁出:云南腾冲和顺侨乡的宗族与社会(1382～1944)》文中,以和顺的十大宗族为中心,考察了宗族力量在和顺社区形成和发展中的作用,特别是和顺宗氏侨民在中缅交流和侨乡建设方面的重要作用。胡宝华《国家权力与乡村社会——龙胜县广南村的社会史考察》运用"国家-社会"理论,对民国时期广西龙胜县广南村的社会史进行了考察,将民族村落纳入开放性的、宏观的国家视野中进行叙述,分析国家权力如何渗透并影响乡村社会,从国家方向上来把握少数民族社会的流动状态。

徐文渊和尚季芳考察了边疆的交通与运输。徐文渊《民国时期西康地区的公路建设及影响》在考察清季以来西康公路建设历史背景的基础上,梳理了民国时期西康公路建设的历程,并分析了其社会影响。尚季芳《抗战时期西北驿运事业研究》分析了抗战时期西北驿运事业兴起的原因,西北驿运机构的组建与管理、运输业务及其贡献。

## 七 边疆史料的整理与研究

此次研讨会上,学者们极为重视对边疆史料的整理与研究。

姚乐野《民国时期有关康区和藏事研究的三种学术期刊的整理与研究》以《康藏前锋》《康导月刊》和《康藏研究月刊》为对象,对这三种刊物的产生背景、概况与特点以及出版、整理与研究的情况进行了介绍。何芳芳以《康藏研究月刊》为中心,考察了其与民国边疆学术之间的关系,文章指出以《康藏研究月刊》为代表的康藏研究刊物,从信息交流角度促使中国边疆走向第二次高潮。左茜从创刊背景、宗旨、发行、主要内容及学术价值方面分析了民国时期九世班禅在内地创办的两种机关刊物《西藏班禅驻京办公处月刊》与《西陲宣化使公署月刊》之间的共性,从载文数量、栏目、核心作者方面分析了二者的区别,进而指出——这两种刊物对研究民国边疆问题、汉藏民族关系及保存和传播蒙藏文化极具价值,应加强对这两种刊物的整理。李玉指出,1874年日本侵台事件发生后,《申报》对其进行了广泛报道,由此引发了一场关于"振兴中国"的讨论。随着《申报》对这场讨论的展开,民族危机的信息被广泛传播,进而为许多国人所知晓。经过《申报》的讨论,国人对民族危机的认识由接收上升到接受的层面,国家危机感越来越强,导致求变、求强、振兴中国的思潮不断涌现。总之,作为晚清社会主要记录者和晚清社会思潮与变革运动积极参与者的《申报》，对于考察晚清内政与外交、经济与社会、文化与教育及中国近代化的细微进程，均有十分重要的学术价值。杨才塔让对《甘南史料丛编拉卜楞部分》的内容进行了概述，并分析了其对纂修方志、研究拉卜楞寺、拉卜楞及其周边地方的社会文化地位、边陲社会的价值。

总之，本次研讨会，体现了"中国史学重视边疆、民族、区域、宗教、文化研究的传统"[①]，具有理论探讨充分、现实关怀强烈、海疆陆疆、涵盖八方，重视新材料、探讨新问题、得出新结论，沟通各方、科研协同等几大特点。学者们就边疆学的基础理论进行了较为广泛深入的探讨，为边疆学的建立奠定了坚实的基础。同时，学界对海疆的研究仍显不足，需要进一步加强。

---

① 四川师范大学历史文化与旅游学院院长王川教授接受《中国社会科学报》记者采访之语。见吴运亮《"民国时期的边疆与社会研究"研讨会在成都召开》，《中国社会科学报》2014年8月14日，又载中国社会科学网，http：//www.cssn.cn/sjxz/zxdt/zxzx/201408/t20140814_1291896.shtml。

# 2013年中华民国史研究综述

黄　鹏[*]

2013年中华民国史的研究，继续呈现繁荣景象，各方面均有不同程度的进展和突破。民国政治史的研究依然处在由若干新史料的出现所引发的热潮当中，而政治史研究的复兴，又滋润了政治文化史的发生发展；社会文化史的研究依然保持蓬勃发展的势头；在中外关系史中，中日关系则为重头戏。此外，经济史、思想史方面均有若干学术亮点。

## 一　政治史研究

政治史向来是民国史研究的重点，虽因客观原因一度饱受冲击，但其价值依然为研究者所关注。杨天宏认为，抓住政治史是获得了解民国全部历史密藏的锁钥，呼吁加强民国政治史研究，特别是民初及北洋政治史研究。他认为研究政治史必须结合国外政治史在多学科交叉的基础上翻新，并对政治史的本色保持必要的学科认同，由此形成"新政治史"取径。[①]
2013年学界民国政治史研究，主要体现在政府管理与施政、政治实态与法制建设、政治人物、政治文化史等方面。

### （一）政府管理与施政

对于民国政府的管理体制，曾桂林则考察了民国时期政府慈善管理体制。[②]

---

[*] 南京大学中华民国史研究中心博士研究生。
[①] 杨天宏：《政治史在民国史研究中的位置》，《南京大学学报》（哲学·人文科学·社会科学）2013年第1期，第113~119页。
[②] 曾桂林：《民国政府慈善行政体制的演变与慈善立法》，《安徽史学》2013年第1期，第64~70页。

宋俊华、黄纯分析民国时期广州市政府对城市戏剧活动的管理。① 崔跃峰梳理了刘峙主政河南期间，形成的一套颇具特色的县长管理制度。②

国民政府对边疆与少数民族地区的治理。赵峥选择西康这一特殊的边疆区域，叙述了抗战时期这一地区国民党组织开展的各项活动，考察其过程、绩效及存在的问题，阐释战时边疆党务的组织和运作实态。③ 刘永连探讨了民国时期广东地方政府与新旧海军部门之间关于东沙群岛管辖权之争，认为维护领土主权的斗争绝不仅在外交层面，并且还包括边疆地方政府管辖权的落实到位及其对边疆地区的有效开发和经营等层面。④ 王尤清以多民族共居的贵州为例，分析了由政府与社会团体发起的抗战动员活动，揭示出此项活动增强了少数民族对国民党政权合法性的认同，也加强了国民政府对该地区的社会控制。⑤

关于民国政府的施政表现方面，王志龙重点分析民国政府的族田政策，认为该政策是在继承中不断发展的，政府将其进一步法律化并全面实施。⑥ 郝银侠研究了抗战时期国民政府应对粮食危机策略。⑦ 李继业、王卫平考察了近代城市卫生管理中的市民参与问题，指出以20世纪30年代为界，地方公共事务领域中的政府和公共团体力量对比发生了变化，这能使我们更加清晰地认识政府职能转变的过程。⑧ 肖如平考察抗战胜利后行政院善后救济总署在浙江的善后救济活动。⑨

---

① 宋俊华、黄纯：《民国时期广州市政府的戏剧管理：以〈广州市市政公报〉中的戏剧史料为对象》，《广东社会科学》2013年第4期，第130~137页。
② 崔跃峰：《刘峙主豫时期县长管理制度探析》，《史学月刊》2013年第7期，第77~87页。
③ 赵峥：《党化"边疆"：抗日战争时期国民党西康党务活动（1938~1945年）》，《抗日战争研究》2013年第1期，第60~73页。
④ 刘永连：《广东地方政府与东沙群岛管辖权之争》，《民国档案》2013年第1期，第67~72页。
⑤ 王尤清：《国民政府在贵州少数民族地区的抗战动员》，《抗日战争研究》2013年第1期，第74~84页。
⑥ 王志龙：《1912~1937年政府的族田政策及其影响研究》，《中国农史》2013年第3期，第102~113页。
⑦ 郝银侠：《抗战时期国民政府应对粮食危机策略研究》，《民国档案》2013年第2期，第121~130页。
⑧ 李继业、王卫平：《民国时期城市卫生行政中的社会参与：以1912~1937年的苏州卫生委员会为中心》，《学习与探索》2013年第3期，第155~160页。
⑨ 肖如平：《抗战胜利后浙江的善后救济》，《抗日战争研究》2013年第1期，第126~137页。

## （二） 政治实态与法制建设

政治实态研究方面，罗毅重点考察外交系的政治生涯，认为其政治性格通过"好人政府"得到了充分的展现：标榜"独立"，却深深地卷入政争；自诩"超然"，却成为多方攻击的目标，这实际上正是1920年代初北京政治生态的反映。① 刘志鹏、方艳华通过爬梳华北党政军联合办事处组织机构及沿革、自身运作情形及对党政军系统的联络推动，展示了沦陷区特殊的社会政治处境下国民党的生存状态及其为应对民族危机所进行的调整以及其中存在的问题。②

中央与地方的关系依然备受关注。汤水清通过1946～1948年间，在江西省南昌县小蓝乡境内发生的一系列窃割电话、电报线案的处理，考察地方政府、乡镇基层政权与乡村社会间的政治关系。③ 黄伟英试图将"地归原主"放在赣南特定的历史场景中，就土地继承、业权改革、族田庙产、整理田赋等问题，考察政权建设中国家与乡村社会之间的互动。④

至于法制建设，学界主要是从选举制度、司法诉讼角度进行考察。熊秋良、李玉分析了1936年5月国民大会选举法通过后的现实实践，认为国民党在法律技术层面设置障碍，使得选举权的平等自由原则大打折扣，引起社会各界不满，国民党虽然进行了修正，力求借助合法性维护党治，但依然表明其政治思维难以适应国内民主政治建设的需要。⑤ 汪澎澜以《妇女共鸣》杂志提供的资料为中心，考察了1931年妇女团体争取国民会议代表选举权运动的始末，认为这在现代选举制度史和妇女参政史上都具有开创性意义。⑥

唐仕春以《政府公报》所载1916～1928年间大理院审判的数万个案

---

① 罗毅：《好政府主义·好人政府·外交系：1920年代北京政治生态一瞥》，《史林》2013年第2期，第122～133页。
② 刘志鹏、方艳华：《国民党华北党政军联合办事处探析》，《近代史研究》2013年第6期，第149～156页。
③ 汤水清：《施压与抵制：从"窃线"案件看1940年代后期国家权力与乡村社会的关系》，《近代史研究》2013年第3期，第67～77页。
④ 黄伟英：《"地归原主"中的国家与乡村——土地革命后赣南社会状况分析》，《近代史研究》2013年第3期，第57～66页。
⑤ 熊秋良、李玉：《1936年国民大会代表选举权问题探析》，《南京社会科学》2013年第7期，第130～137页。
⑥ 汪澎澜：《1931年妇女争取国民会议代表选举权运动述论：以〈妇女共鸣〉杂志为中心》，《民国档案》2013年第2期，第103～108页。

件和《司法公报》所载 1916~1925 年间各省司法人员的任免奖惩及收结民刑案件等资料，以及 1914~1923 年度"民事统计年报"与"刑事统计年报"所载各项统计资料为基础，从省级管辖与司法行政等领域考察政治分立格局下司法系统的维持与断裂，并进一步讨论政治与司法的关系。①杨树林通过阐述南京国民政府反省院的设立、异化过程，认为国民党以党治国理论的逻辑困境、党内高度集权的管理体制、蒋介石特务政治的极度扩张等是"司法党化"沦为"特务司法"的原因。②

### （三）政治人物

近年来，随着有关蒋介石新史料的发现，学界对其的研究成为热点，2013 年依然成果累累，内容涉及政治、外交、人际关系、经济等诸多领域。

在阐释政治层面的蒋介石方面，陈红民、王丛丛考察蒋介石对"李闻惨案"的处置。③潘晓霞探讨 1934 年蒋介石的西北之行。④

在分析蒋介石的外交策略方面，鹿锡俊主要依据蒋介石日记及相关档案，分析 1945~1949 年国共相争以两党隔阂对抗为结局，这与日本人发挥的作用有密切关系。⑤汪朝光以蒋介石日记为中心，讨论战后蒋介石对日处置的双面性。⑥张祖龑考察蒋介石在抗战期间实行的"首脑外交"，该书为审视蒋介石在战时外交方面的实践提供了一个较新的视角。⑦此外，鹿锡俊还重点考察蒋介石对中日战争、欧战、日德意三国同盟的分析，揭示蒋介石在判断形势、制订对策和开展多边外交时的综合考量，从而反映出蒋在此时期在外交决策上的特色。⑧

---

① 唐仕春：《北洋时期的政治分立与司法统一》，《近代史研究》2013 年第 3 期，第 28~40 页。
② 杨树林：《论国民党"司法党化"的异化：以南京国民政府反省院制度为例》，《西南大学学报》（社会科学版）2013 年第 5 期，第 169~174 页。
③ 陈红民、王丛丛：《蒋介石与"李闻惨案"的善后处置》，《民国档案》2013 年第 4 期，第 124~127 页。
④ 潘晓霞：《1934 年蒋介石西北之行》，《抗日战争研究》2013 年第 2 期，第 14~22 页。
⑤ 鹿锡俊：《蒋介石与战后国共相争中的日本人角色》，《抗日战争研究》2013 年第 1 期，第 6~19 页。
⑥ 汪朝光：《抗战胜利的喜悦与对日处置的纠结——由蒋介石日记观其战后对日处置的双面性》，《抗日战争研究》2013 年第 3 期，第 5~18 页。
⑦ 张祖龑：《蒋介石与战时外交研究（1931~1945）》，浙江大学出版社，2013。
⑧ 鹿锡俊：《蒋介石对日德意三国同盟的反应》，《近代史研究》2013 年第 3 期，第 4~26 页。

探讨蒋介石的人际关系方面,肖如平对始自20世纪20年代的蒋陈关系进行分阶段剖析,将蒋对陈的栽培和陈对蒋的忠诚,概括得恰到好处。① 陈红民通过对新史料的解读,发现蒋陈在合作过程中存在不少矛盾,重点阐释蒋对陈的看法,陈对蒋的真实感受与应对等,并探析其中内在原因,通过较长时段的发展脉络去廓清历史真相,构建完善的蒋陈关系。② 刘超、李越通过考察清华学人与蒋介石的关系,力图阐释20世纪20年代至40年代中国知识精英与国民党政治精英之间复杂、暧昧的关系。③

探究蒋介石与经济的关系方面,吴景平系统梳理蒋介石对于战时外汇问题,尤其是对平准基金和平准基金委员会的态度,分析蒋介石在战时重大外汇政策与实施中的作用,进而探讨相应的体制与机制问题。④ 方勇较为系统地探讨了抗战14年间蒋介石的经济思想及活动,考察蒋介石如何在经济领域进行谋划及如何运用个人强权推动经济运作,并从现代化视角盘点其成败得失。⑤

另外在政治人物研究中,学界从不同角度考察其他人物。蒋宝麟考察中央大学首任校长张乃燕,反映了南京国民政府初期"元老政治"对教育行政产生的重大影响。⑥ 吴燕、刘一民重点考察四川都督尹昌衡率军西征平叛。⑦ 卢艳香依据台北"国史馆"藏"阎锡山档案"等史料,对孙殿英屯垦青海事件进行重新考辨。⑧ 尚小明对袁世凯的法律顾问有贺长雄进行考察,理清了《观弈闲评》《共和宪法持久策》与民初制宪活动的关系,纠正了以往学界不科学的看法。⑨

另有民国人物评传,如考察民国时期的重要法律人物张耀曾,以其生

---

① 肖如平:《蒋介石对黄埔军校系陈诚的培植》,《近代史研究》2013年第2期,第30~45页。
② 陈红民:《台湾时期蒋介石与陈诚关系探微(1949~1965)》,《近代史研究》2013年第2期,第4~29页。
③ 刘超、李越:《清华学人与蒋介石(1926~1948)——兼论国民党与清华(联大)学术共同体之离合》,《社会科学论坛》2013年第6期,第171~201页。
④ 吴景平:《蒋介石与战时平准基金》,《民国档案》2013年第1期,第106~116页。
⑤ 方勇:《蒋介石与战时经济研究(1931~1945)》,浙江大学出版社,2013。
⑥ 蒋宝麟:《"党国元老"、学界派系与校园政治——中央大学首任校长张乃燕辞职事件述论(1928~1930)》,《社会科学研究》2013年第3期,第165~175页。
⑦ 吴燕、刘一民:《尹昌衡西征三题》,《近代史研究》2013年第3期,第95~109页。
⑧ 卢艳香:《孙殿英屯垦青海事件之重考——以"蒋介石档案"为中心》,《民国档案》2013年第3期,第108~116页。
⑨ 尚小明:《有贺长雄与民初制宪活动几件史事辨析》,《近代史研究》2013年第2期,第129~137页。

平为经,以其法政活动为纬,述论其法政世界。① 另有如研究孙中山②、宋庆龄③的人物传记,等等。

### (四) 政治文化史

受西方新史学思潮的影响,近年来崛起的新政治史,采用新的研究范式、新的研究方法、拓展新的研究视野,可谓实现对政治史的一大突破,政治文化史的兴起,就集中体现了这一趋势。

在社会心态和集体记忆方面,王春林重点考察1931~1945年间东北流亡民众纪念"九一八"的言论与走势,再现了民众与国民政府对抗日战争态势的认识与应对,透视了民众社会心理与政治诉求的嬗变轨迹。该文认为"九一八"纪念在一定程度上成为中日关系与战争态势的晴雨表。④ 季剑青考察民初对于清室古物的处置问题,揭示出王朝体制崩溃后皇室的物质遗存,在观念和制度两个层面上,被纳入和整合到现代国家架构中的复杂过程。⑤ 谷秀青对比了南京国民政府、革命根据地及日伪政权编写的教科书在辛亥革命的记载、评价与认识上的不同,认为这既折射出彼此不同的政治立场与史观差异,又是各政治派别的政治理念和政治需求的隐性表达,成为形塑当时民众辛亥记忆的重要文本。⑥

在节日与仪式方面,陈蕴茜特别选取国民党中央党史史料陈列馆同辛亥革命史的叙述作为研究对象,认为党史陈列馆及其展览强化了辛亥革命史叙述,也强化了党化意识形态的教化功能。⑦ 郭辉考察了北伐前后国民党对国庆纪念日的不同态度,探析了国家纪念日与政权交替之际的政治的关系。⑧ 同时他通过考察民国前20年国家仪式的相关问题,试图反映国家

---

① 董彦斌:《追寻稳健宪政:民国法律家张耀曾的法政世界》,清华大学出版社,2013。
② 尚明轩:《孙中山传》(上、下册),西苑出版社,2013。
③ 尚明轩、唐宝林:《宋庆龄传》(上、下册),西苑出版社,2013。
④ 王春林:《国难中的九一八纪念——以东北流亡民众为中心》,《抗日战争研究》2013年第1期,第34~45页。
⑤ 季剑青:《"私产"抑或"国宝":民国初年清室古物的处置与保存》,《近代史研究》2013年第6期,第62~81页。
⑥ 谷秀青:《南京国民政府时期教科书中的"辛亥革命"》,《江苏社会科学》2013年第2期,第213~218页。
⑦ 陈蕴茜:《国民党中央党史史料陈列馆与辛亥革命史叙述》,《江海学刊》2013年第5期,第143~151页。
⑧ 郭辉:《北伐前后国民党对国庆纪念日的整合与运用》,《史学月刊》2013年第7期,第52~59页。

仪式作为政治文化的丰富面相，以此揭示民国前期政治文化的特征。①

## 二 经济史研究

2013 年民国经济史的研究主要集中在金融、对外经济关系、经济制度、区域社会经济发展等方面。

### （一）金融

马建华在介绍内汇的产生、种类及经营机构的基础上，从钱庄申汇网络的形成和新式银行国内汇兑业务的开展两个层面分析内汇市场的发展趋势。② 孙建国、贾瑞探析民国时期债券信用担保问题，认为国民政府重视债券信用担保问题，利用关余、盐余担保内债争取更多主权利益，并保证了债券的顺利发行。③

### （二）对外经济关系

中国与战后国际经济组织的创建是民国对外关系的重要内容。国际货币基金组织、世界银行和关贸总协定是战后世界最为重要的三大经济组织，张士伟重点探讨中国在其创建过程中发挥的重要作用。④

王春英通过考察战时日占区统制经济与商人经营之间的关系及战后民众与国家如何对他们的行为定性等关键问题，拟对"生存利益论"进行修正。⑤ 杜俊华、刘洪彪主要探析重庆自来水公司在应对日机"大轰炸"的紧急情况下，所采取的积极有效措施成功解决了经营困难，在经营规模上有较大发展，维护了社会稳定，促进了城市工业和社会发展。⑥ 谭刚以抗战时期西南重要土产的外销为中心，系统分析日本发动全面侵华战争对西

---

① 郭辉：《民国前期国家仪式研究（1912~1931）》，社会科学文献出版社，2013。
② 马建华、王玉茹：《近代中国国内汇兑市场探析》，《近代史研究》2013 年第 6 期，第 114~124 页。
③ 孙建国、贾瑞：《民国时期债券信用担保初探》，《史学月刊》2013 年第 7 期，第 66~71 页。
④ 张士伟：《中国与战后国际经济组织的创建》，《近代史研究》2013 年第 1 期，第 122~137 页。
⑤ 王春英：《服从与合作：抗战时期日占区统制经济下的同业工会》，《近代史研究》2013 年第 6 期，第 125~139 页。
⑥ 杜俊华、刘洪彪：《论抗战时期重庆自来水公司的日机"大轰炸"应对》，《抗日战争研究》2013 年第 1 期，第 85~96 页。

南土产外销路线变迁的影响,揭示抗战时期中国经济发展的特殊性。① 张晓辉指出粤商促进了广东与南洋地区的物资交流,为侨居地开辟了一个长期而固定的国外市场。②

### (三) 经济制度

庞俊峰、庞俊丽从财政监督的视角,探讨了南京国民政府主计制度的创设原因、设计原理与制度特质及其实际运行中的制约因素,总结出国民政府推行主计制度的历史经验。③ 胡婷考察中华邮政的财务管理制度,认为这一制度包括邮政财务管理和财务监督两方面,有力地推动了邮政的近代化进程。④

### (四) 区域社会经济发展

近代中国铁路的修筑对地方社会产生了重大影响。葛玉红考察了沪宁铁路与江苏经济发展的关系。文章认为沪宁铁路改变了江苏传统交通运输格局,进而影响了近代江苏经济格局的重构,促进江苏沿铁路经济带的形成,成为江苏经济对外开放的纽带。⑤ 胡勇、琚婕论述陇海铁路的通车,使西安交通环境得到改善,促进了该市工业、金融、市政建设等方面的近代化发展。⑥

社会生态史依然为学界所关注,注重本土化,在人与自然等研究领域取得了不少成果。汪志国关注了郑州花园口决堤,对皖北黄泛区的生态环境的影响,认为黄河南泛,致使皖北地区耕地被淹没、水利设施被破坏、灾害频发,农业生态环境大为恶化,灾民疾痛惨怛,其负面影响极为严重。⑦

---

① 谭刚:《西南土产外销与大后方口岸贸易变迁(1937~1945)——以桐油、猪鬃、生丝和药材为中心》,《近代史研究》2013年第2期,第97~110页。
② 张晓辉:《近代开拓南洋市场的广货商(1912~1937)》,《民国档案》2013年第1期,第52~58页。
③ 庞俊峰、庞俊丽:《国民政府时期主计制度探析》,《河北学刊》2013年第3期,第184~187页。
④ 胡婷:《中华邮政(1912~1949)财务管理制度研究》,《民国档案》2013年第2期,第97~102页。
⑤ 葛玉红:《沪宁铁路与民初江苏经济发展》,《民国档案》2013年第3期,第97~101页。
⑥ 胡勇、琚婕:《论陇海铁路对西安城市的影响(1934~1949)》,《史学月刊》2013年第5期,第75~82页。
⑦ 汪志国:《抗战时期花园口决堤对皖北黄泛区生态环境的影响》,《安徽史学》2013年第3期,第108~113页。

"三农"问题的研究有新意。王先明分析了造成20世纪30年代乡村危机的深层原因，认为随着近代中国工业化、城市化和现代化的发展，"城乡背离化"趋势的负效应累积至极点，加之其他因素的推助，乡村危机猝然爆发，且愈演愈烈。①

此外，企业史研究也在不断深入，赵伟梳理了民国苏南企业史的研究动态。②

## 三 思想史研究

五四新文化运动的研究，一直是学界关注的热点问题。张太原通过探讨20世纪30年代知识界心目中的"五四"，来揭示那个时代的思想图景和社会关怀，并映照近人的"五四"研究。③

近年来，学界在着力探究民国思想界的争鸣及其社会影响问题。胡逢祥考察抗战中的"战国策派"及其史学，将之置于抗战时期的特殊学术生态和历史场景中来加以理解。④ 杨卫华主要考察20世纪20年代中国反宗教理论的非宗教话语，追索反教思想资源的来源及其在近代中国的投影。⑤ 张平仁梳理了民国时期围绕经学是否阻碍民主政治、是否有助于增强文化自信等焦点问题而展开的经学价值方面的争论，认为应该肯定经学应有的价值。⑥ 郑翠斌、逯慧娟分析20世纪20年代思想界关于恢复科道制与代议制之间关系的争论，对支持者与持异者进行客观评价。⑦ 张凯考察民国学人对"新儒学"、宋学与宋史、中国文化的义理与制度等问题的多歧认知，深入辨析传统学术近代出路的多元抉择与路径。⑧ 郑师渠考察东方文

---

① 王先明：《试论城乡背离化进程中的乡村危机：关于20世纪20年代中国乡村危机问题的辨析》，《近代史研究》2013年第3期，第44~59页。
② 赵伟：《民国苏南企业史研究动态及思考》，《民国研究》2013年秋季号总第24辑，第206~220页。
③ 张太原：《20世纪30年代知识界言说中的"五四"》，《近代史研究》2013年第2期，第111~128页。
④ 胡逢祥：《抗战中的"战国策派"及其史学》，《史林》2013年第1期，第139~149页。
⑤ 杨卫华：《中国反宗教理论的成型：1920年代非宗教话语分析》，《澳门理工学报》（人文社会科学版）2013年第3期，第102~109页。
⑥ 张平仁：《民国时期关于经学价值的争论及启示》，《中州学刊》2013年第2期，第123~127页。
⑦ 郑翠斌、逯慧娟：《1920年代中国思想界关于恢复科道制的讨论》，《河北学刊》2013年第2期，第214~217页。
⑧ 张凯：《经史分合与民国"新宋学"之建立》，《近代史研究》2013年第6期，第95~113页。

化派与学衡派对于反省现代性的异同之处,认为 20 世纪初国人追求现代性与反省现代性并存,正构成了新文化运动的内在张力。① 文韬分析民国时期有关国学究竟是"国故学"缩写,还是"中国学术"简称的争论,认为关于国学概念的争执,实际上已经超出了时间的界定和价值的论断,因关乎具体的治学方法和学术理念,而出现互相渗透,乃至颠倒的现象。②

## 四 社会文化史研究

2013 年民国社会文化史研究,既有对底层民众生活状况、社会救济与慈善以及一些社会问题等方面的考察,也包括民间社会大众政治、社会生活、身体等方面的研究主题。

底层民众的社会生活状况方面,卢忠民拟以旅京冀州商帮中的五金商铺员工为中心,对其在京的收入问题进行初步探讨。③ 杨齐福以民国时期沪宁杭人力车夫为代表,以底层视角揭示城市化时代背景下人力车夫的劳作、收入、日常生活等状况,描绘他们的整体形象,进而凸显民国时期城市苦力的边缘场景。④ 岳谦厚、翟一帜考察日占期太原市民的日常经济生活问题,认为综合捐税、物价、工资等多方面因素,沦陷期市民生活状况整体较差。⑤ 马军描绘了华籍舞女初兴时的历史背景、从业状况,及其在公众眼中的复杂形象,反映了早期华籍舞女群体的整体状况。⑥

社会救济与慈善方面,孙江考察伪满洲统治下的红卍字会,认为其表现出的多面性,使人或视其为宗教团体,或被目作慈善团体,甚至被人称为"邪教",而红卍字会在历经伪满的政治压抑后,最终不得不放弃政治

---

① 郑师渠:《反省现代性的两种视角:东方文化派与学衡派》,《北京师范大学学报》(社会科学版) 2013 年第 5 期,第 31~43 页。
② 文韬:《"国故学"与"中国学术"的纠结——民国时期两种"国学"概念的争执及其语境》,《中山大学学报》(社会科学版) 2013 年第 5 期,第 31~46 页。
③ 卢忠民:《近代旅京冀州商帮的收入问题初探——以五金商铺员工为中心》,《近代史研究》2013 年第 2 期,第 138~145 页。
④ 杨齐福:《民国时期城市苦力的多维研究:以沪宁杭城市人力车夫为考察中心》,《福建论坛》(人文社会科学版) 2013 年第 6 期,第 97~103 页。
⑤ 岳谦厚、翟一帜:《日本占领期间太原市民的日常经济生活》,《民国研究》2013 年秋季号总第 24 辑,第 148~164 页。
⑥ 马军:《与君共舞:论 20 世纪 20 年代中后期上海华籍舞女的形成》,《史林》2013 年第 4 期,第 104~111,26 页。

中立的立场，成为伪满统治的附庸——教化团体。① 江沛、耿科研以民国时期天津租界的外侨精英社团——扶轮社为例，考察其内部组织与实践活动，认为通过天津租界外侨与华人间以社团为媒介展开的群体互动，探析了外侨精英社团公益性、慈善性的社会服务宗旨。②

社会问题方面，马金生梳理了民国时期北京地区盗墓活动的态势演变，指出这一时期盗墓活动日益猖獗，这与当时动荡的社会现实和民生的凋敝，以及北京地区独特的墓葬文化是息息相关的。③ 王先明、王琳描绘了近代天津公墓的筹创及公墓制度的建立过程，认为公墓虽屡经筹划，始终筹而未建，但却为现代公墓制度的建立奠定了基础。④

近代中国的法制在西方法律的影响下经历了艰难的转型，2013 年学界在这一领域的研究更为深入。马金生论述了 20 世纪 30 年代发生的颇具影响的西医诉讼案，注意到了中西医之争在诉讼案中的表现及其产生的影响。⑤ 柳岳武具体考察了抗战前十年国民政府治下法院对别居案件的审理情况。⑥

民间社会的大众政治方面，卢淑樱以杂志作为文化制成品的历史研究视角，分析《东方杂志》刊载的与日本帝国主义相关的照片和漫画，认为其加速了反日信息的传播。⑦

社会生活方面，姚霏、苏智良、卢荣艳从社会文化史的角度研究影院，考察这一特殊公共空间的生成发展及其与近代都市生活、文化变迁、社会生态之间的互动。⑧ 田明分析近代邮政的发展与中国近代社会交往方式的转型问题，认为随着邮政体系规模的扩大，信息交流的多样化与自由

---

① 孙江：《救赎宗教的困境——伪满统治下的红卍字会》，《学术月刊》2013 年第 8 期，第 138～147 页。
② 江沛、耿科研：《民国时期天津租界外侨经营社团——扶轮社述论》，《历史教学》2013 年第 12 期，第 3～11 页。
③ 马金生：《民国时期北京地区的盗墓活动述略》，《北京社会科学》2013 年第 1 期，第 120～125 页。
④ 王先明、王琳：《亡灵"公共空间"的制度建构：近代天津公墓的历史考察》，《史林》2013 年第 3 期，第 1～18 页。
⑤ 马金生：《中西医之争与民国时期的西医诉讼案》，《浙江学刊》2013 年第 2 期，第 52～59 页。
⑥ 柳岳武：《抗战前十年国民政府别居案件审理研究》，《史学月刊》2013 年第 4 期，第 71～79 页。
⑦ 卢淑樱：《图像、杂志与反日情绪——以〈东方杂志〉（1928～1937）为例》，《南开学报》（哲学社会科学版）2013 年第 3 期，第 63～73 页。
⑧ 姚霏、苏智良、卢荣艳：《大光明电影院与近代上海社会文化》，《历史研究》2013 年第 1 期，第 115～131 页。

化逐渐改变了社会的交往方式,而特定政治环境的制约,使得其推动中国社会近代化的作用难以充分发挥。①

身体研究方面,侯艳兴考察民国时期知识分子间的自杀论争,认为这些争论映射出知识分子思想脉络中的个人、社会、国家三种面向的内在逻辑嬗递,进而凸显出他们力图通过自杀言说,使得身体社会化与国家化,达到对身体的塑造,满足其对国族的想象。②

## 五 对外关系史研究

不平等条约的修订与废除问题继续为学界所关注。张丽探讨了列强是如何应对北京政府提出修约要求的问题,细致梳理了美、英、日三国为主导的相关各国对此问题的协商过程,将各国的对策及其对中外关系格局的认知给了比较完整地呈现,从另一视角对修约外交做解读。③ 马建标突破传统外交史的研究窠臼,利用国际史研究方法,探讨中国在1912年至1922年间突破国际旧秩序的束缚、捍卫国家主权的艰难历程,并探寻其后中国参与创建远东国际新秩序的历史根源。④

此外,二战后期反法西斯同盟建立的国际政治和经济秩序也值得深入探讨。受国际关系和相关各国内部多重因素,尤其是受冷战的影响,战后国际秩序从构想,到成型,到实施,颇多变化。《近代史研究》编辑部特约一批知名学者,从各个角度对上述问题进行深入解析。⑤

中日关系是研究的重头戏,成果颇丰,此外就中英、中美关系也有新的解读。

钓鱼岛与琉球归属问题依然是中日关系研究中的热点话题。隋淑英、陈芳利用《日本外交文书》及其他国家外交文件对战后初期日本对琉球的领土政策进行更为深入的分析,以期理清日本利用冷战实现对琉球领土拥

---

① 田明:《邮政发展与中国近代社会交往方式的转型刍议》,《民国研究》2013年春季号总第23辑,第141~156页。
② 侯艳兴:《身体塑造,国族想象:民国时期的自杀论争》,《江苏社会科学》2013年第3期,第219~226页。
③ 张丽:《接收还是拒绝?——列强对北京政府修约照会的反应》,《史学月刊》2013年第8期,第71~79页。
④ 马建标:《冲破旧秩序:中国对帝国主义国际体系的反应(1912~1922)》,社会科学文献出版社,2013。
⑤ 《中国与战后国际秩序》一组笔谈,《近代史研究》2013年第6期,第4~41页。

有残存主权的脉络。① 尤淑君梳理了战后台湾当局对于琉球归属问题的政策，认为由于主客观因素的限制，台湾当局只能维持"冷战"的东亚局势，未能妥善处置琉球归属问题。②

还有的以留学生视角解读日中日关系。徐志民以日本外务省外交史料馆的档案为资料，尽力还原日本全面侵华战争时期的中国留日学生政策。③ 张昭军利用日本外交史料馆所藏档案，就武昌首义后中国在日留学生的反应做专门探讨，认为武昌首义后在日中国汉族留学生的反应值得重视。④

此外，姜良芹认为南京大屠杀是一个具有国际性特征的事件，日军暴行所及，不仅给中国民众造成巨大伤害，并且也给在南京的外国人的资产带来严重损失。⑤ 臧运祜、张展主要依据汪伪政府驻日大使馆的侨务档案，考察战时中日"特殊"关系之下的日本华侨的生活状况。⑥ 李少军对民国时期在汉口的日本陆军派遣队问题进行专门探讨。⑦

奚庆庆以解密的英国外交部和殖民部档案、英国议会和内阁文件集等原始文献为主要依据，考察国共内战前后英国对国民政府的态度变化的动因及其实质。⑧ 张丽对影响五卅惨案交涉的外方势力予以较为细致的分析，探究各自的立场、观点、外交策略以及相互之间的矛盾冲突。⑨

付辛酉重新检查蒋介石日记以及美国外交档案用以解读中美关系，研究发现华莱士访华本身是中美关系陷入僵局的产物，而且在华莱士抵达重庆前，蒋就已经决定对美国妥协，同意美军观察组进入延安。华莱

---

① 隋淑英、陈芳：《战后初期日本对琉球的领土政策——兼论钓鱼岛问题》，《近代史研究》2013 年第 5 期，第 4~20 页。
② 尤淑君：《战后台湾当局对琉球归属的外交策略》，《江海学刊》2013 年第 4 期，第 155~164 页。
③ 徐志民：《日本的中国留日学生政策（1937~1945）》，《历史研究》2013 年第 3 期，第 71~84 页。
④ 张昭军：《武昌首义后中国在日留学生的不同反应——基于日本外交档案的考察》，《近代史研究》2013 年第 6 期，第 140~148 页。
⑤ 姜良芹：《南京大屠杀期间日军对外人资产之掠夺——以美德两国在宁资产被劫情况为中心的考察》，《南京大学学报》（哲学·人文社会科学·社会科学）2013 年第 3 期，第 96~109 页。
⑥ 臧运祜、张展：《战时日本华侨的生活状况——基于汪伪大使馆有关档案的考察》，《抗日战争研究》2013 年第 1 期，第 46~59 页。
⑦ 李少军：《民国时期在汉口之日本陆军派遣队述略》，《近代史研究》2013 年第 2 期，第 79~96 页。
⑧ 奚庆庆：《国共内战前后英国对国民党的态度演变——以英国档案文献为中心的考察》，《安徽师范大学学报》（人文社会科学版）2013 年第 4 期，第 486~493 页。
⑨ 张丽：《有关五卅惨案的中外交涉——以外方为中心的考察》，《近代史研究》2013 年第 5 期，第 21~33 页。

士访华对中美关系的影响之所以被夸大，是因蒋介石对他的印象较为恶劣所致。①

## 六 军事史研究

近年来民国军事史研究趋势渐冷，2013 年主要是对民国时期军队建设与相关军事活动等方面的考察。

军队建设方面，袁成毅评析了全面抗战前国民政府的空军建设。研究表明由于抗战前期国民政府已认识到空军建设的重要性，并初步构建空中防御力量，因此也在一定程度上抵御了日军的空中侵略，推进了中国空军建设。②陈默分析抗战时期国军整理问题，认为在抗战初期，国军一面对日作战，一面持续对部队进行补充和整理，逐渐形成了一套较为成熟的整军标准，同时为了适应战争需要，逐步确立 1938 年的新编制。③

军事活动方面，李翔考察由"革命"到"宪政"，青年党军事活动的曲折命运。④张智丹探讨了 20 世纪 40 年代国民政府派兵入越计划，认为其是国民政府西南防务筹划的重要环节，亦是其争取国际军事合作的关键步骤，重点分析了国民政府派兵入越被搁置的原因。⑤

## 七 余论

关于民国史研究的未来走向问题，学界已经展开了专题讨论，可谓仁者见仁，智者见智。罗志田认为需要从更长时段观察、思考民国究竟在哪些基本的面向上带来了变化，这些变化产生了怎样的影响。⑥杨念群主张

---

① 付辛酉：《再论华莱士访华与 1944 年的中美关系》，《史林》2013 年第 4 期，第 121~130 页。
② 袁成毅：《全面抗战前国民政府空军建设评析》，《杭州师范大学学报》（社会科学版）2013 年第 2 期，第 50~57 页。
③ 陈默：《抗战时期国军整理：部队的整补扩充和新编制的形成（1937~1938）》，《抗日战争研究》2013 年第 1 期，第 20~33 页。
④ 李翔：《"体温表"与"试金石"：青年党的军事活动（1923~1935）》，《近代史研究》2013 年第 4 期，第 41~56 页。
⑤ 张智丹：《1940 年国民政府派兵入越计划及其搁置》，《民国档案》2013 年第 1 期，第 125~133 页。
⑥ 罗志田：《知常以观变：从基本处反思民国史研究》，《南京大学学报》（哲学·人文科学·社会科学）2013 年第 1 期，第 94~100 页。

从传承的角度考察民国与清朝历史的关系。① 桑兵从方法论角度提出研究民国史"撰述有专题,研究无界域",倡导随着海内外相关史料的大量涌现,治学当超越发现,进入发明阶段,重心由看得到转向读得懂,从做什么变成怎么做,从而进一步提升民国史研究的学术水准。② 叶文心主倡民国史研究应当从空间入手。③ 孙江阐释切入民国史至少有两条路径可循:一是着眼于文本的意义层面,一是关注社会情境层面,前者可谓之概念史研究方法,后者则是社会史研究方法。④ 也有学者反思如何在学术研究的严谨性和稳定性与社会需要的通俗性和时效性之间找到平衡,让学术研究走出象牙塔,为广大民众服务,这的确是对学术研究的一大挑战,应该成为民国史未来的努力方向之一。⑤

通过对2013年民国史相关学术论著的简要分析,我们可以发现,中国大陆的民国史研究取得了相当的进展,但是未来民国史的研究仍然任重而道远,还有十分广阔的发展空间,也存在着诸多有待深入探讨的领域与问题。这主要体现在民国史研究对象与范围的重新界定,继续发掘与运用更加丰富的历史资料,开拓新的研究领域,加强与海外民国史研究者的交流对话,运用国际化的研究视角等。

---

① 杨念群:《"断裂"还是"延续"？——关于中华民国史研究如何汲取传统资源的思考》,《南京大学学报》(哲学·人文科学·社会科学) 2013年第1期,第108~112页。
② 桑兵:《超越发现时代的民国史研究》,《南京大学学报》(哲学·人文科学·社会科学) 2013年第1期,第103页。
③ 叶文心:《空间思维与民国史研究》,《南京大学学报》(哲学·人文科学·社会科学) 2013年第1期,第123页。
④ 孙江:《切入民国史的两个视角:概念史与社会史》,《南京大学学报》(哲学·人文科学·社会科学) 2013年第1期,第106页。
⑤ 刘文楠:《民国史研究的再出发——"中华民国研究的回顾与未来走向高峰论坛"综述》,《南京大学学报》(哲学·人文科学·社会科学) 2013年第1期,第129页。

# 稿 约

《民国研究》系教育部哲学社会科学重点研究基地南京大学中华民国史研究中心主办的学术专刊。创办20年来，在国内外民国史研究专家学者的关注与支持下，产生了良好的社会影响与学术效应，现为CSSCI来源集刊。

为适应民国史研究学科发展的需要，本刊现改由社会科学文献出版社每半年出版一辑。本刊主要刊载关于1949年前之中华民国时期相关史实与理论的研究文章，注重实证，提倡探索。热诚欢迎海内外专家、学者赐稿。

来稿要求文风朴实、论从史出、观点新颖、逻辑严密、引文准确、注释规范。本刊采用社会科学文献出版社的投稿格式和注释体例，请各位作者投稿前务必参照改妥，并校订无讹，否则恕不受理。

由于人力所限，对于来稿不能一一回复。作者自投稿之日起三个月未接到本刊备用通知者，请自行处理。本刊对决定采用的稿件，有权进行修改、删节。

根据著作权法规定，凡向本刊投稿者皆被认定遵守上述约定。

本刊专用电子邮箱：minguoyanjiu06@ sina. com

电话（兼传真）：025 - 83594638

南京大学中华民国史研究中心

《民国研究》编辑部

## 图书在版编目(CIP)数据

民国研究.2014年.秋季号:总第26辑/张宪文主编.—北京:社会科学文献出版社,2014.11

ISBN 978 - 7 - 5097 - 6630 - 9

Ⅰ.①民… Ⅱ.①张… Ⅲ.①中国历史 - 现代史 - 研究 - 民国 Ⅳ.①K258.07

中国版本图书馆CIP数据核字(2014)第237103号

## 民国研究

(2014年秋季号 总第26辑)

主　　编 / 张宪文

出 版 人 / 谢寿光
项目统筹 / 宋荣欣
责任编辑 / 李丽丽　李建军

出　　版 / 社会科学文献出版社·近代史编辑室(010)59367256
　　　　　　地址:北京市北三环中路甲29号院华龙大厦　邮编:100029
　　　　　　网址:www.ssap.com.cn
发　　行 / 市场营销中心(010)59367081　59367090
　　　　　　读者服务中心(010)59367028
印　　装 / 北京季蜂印刷有限公司
规　　格 / 开　本:787mm × 1092mm　1/16
　　　　　　印　张:17　字　数:291千字
版　　次 / 2014年11月第1版　2014年11月第1次印刷
书　　号 / ISBN 978 - 7 - 5097 - 6630 - 9
定　　价 / 39.00元

本书如有破损、缺页、装订错误,请与本社读者服务中心联系更换

▲ 版权所有 翻印必究